迎變世代

臥底經濟學家，教你用失敗向成功對齊

ADAPT

Why Success Always Starts with Failure

TIM HARFORD

提姆・哈福特——著

洪慧芳——譯

目次

致謝

喝了再寫，醒了再改。

——海明威

嘗試過，失敗過，無所謂。再次嘗試，再次失敗，越敗越精彩。

——薩繆爾．貝克特（Samuel Beckett）

我個人最成功的試驗，就是寫了《誰賺走了你的咖啡錢》（早安財經文化出版）這本書。那時候，友人大衛．波戴尼（David Bodanis）告訴我，我應該花點時間寫書，而不是一週五天待在石油公司當個上班族。換句話說，就是多角化經營。

當這個寫書的案子停滯不前時，我一度打算放棄，另闢蹊徑。但是另一位朋友保羅．多米揚（Paul Domjan）勸我打消念頭，要我把這個寫作計畫完成——因為，這是紀律。第三個朋友安德魯・懷特（Andrew Wright）幫我反覆看了幾次書稿，告訴我哪些內容好，哪些不好。當時我壓根沒有想到，他們就是我的「可信團隊」，要是沒有他們，我不可能開啟作家這個職業生涯。所以，我要謝謝他們。

你手中的這本書，我花了很多年才定稿，期間經歷了多次試誤，也獲得許多協助。我特別感謝以下幾位讀了本書部分草稿，並提出意見的朋友：David Bodanis、Duncan Cromarty、Mark Henstridge、Diana Jackson、Sandie Kanthal、John Kay、David Klemperer、Paul Klemperer、Richard Knight、Andrew Mackay、Fran Monks、Dave Morris、Roz Morris、Martin Sandbu，以及Tim Savin。

此外，我還要感謝我在《金融時報》和ＢＢＣ《*More or Less*》的同事，尤其是Lionel Barber、Dan Bogler、Lisa MacLeod，在我忙著寫書時，他們對我的耐心與包容；領導力寫作小組的同仁：《金融時報雜誌》的Sue Norris、Sue Matthias、Andy Davis、Caroline Daniel；金融時報圖書館的Peter Cheek、Bhavna Patel；《金融時報》的經濟小組成員：Chris Cook、Chris Giles、Robin Harding、Martin Sandbu、Martin Wolf；以及ＢＢＣ的Richard Knight、Richard Vadon。

感謝許多人好心地接受我的訪問，或提供建議和意見。本書也採用了一些記者的報導內容，希望都在附註裡標註妥當了。不過，我還是想在這裡特別感謝以下幾位讓本書得以順利出版：

第一章：Thomas Thwaites、Eric Beinhocker、Philip Tetlock、John Kay、Paul Ormerod、Donald Green、Michele Belot、Richard Thaler、David Halpern、Matthew Taylor、Jonah Lehrer。

第二章：H.R. McMaster、Andrew Mackay、John Nagl、George Feese、Dennis de Tray、Jacob Shapiro、Steve Fidler、Toby Dodge、Adrian Harford。

第三章：Will Whitehorn、Paul Shawcross、Richard Branson、Suzanne Scotchmer、David Rooney、Steven B. Johnson、Alex Tabarrok、Bob Weiss、Owen Barder、Robin Hanson、Jani Niipola、Ruth Levine。

第四章：William Easterly、Owen Barder、Jeffrey Sachs、Michael Clemens、Edward Miguel、Sandra Sequeira、Esther Duflo、John McArthur、Ben Goldacre、Sir Iain Chalmers、Gabriel Demombynes、Michael Klein、Macartan Humphreys、Daron Acemoglu、Dean Karlan、Chris Blattman、Joshua Angrist、Jonathan Zinman、Clare Lockhart、Mark Henstridge、César Hidalgo、Bailey Klinger、Ricardo Hausmann、Paul Romer。

第五章：Gabrielle Walker、David King、James Cameron、Cameron Hepburn、Mark Williamson、 Euan Murray、Justin Rowlatt、David MacKay、Tim Crozier-Cole、Geoffrey Palmer、Prashant Vaze。

第六章：Sophy Harford、James Reason、Charles Perrow、Gillian Tett、Philippe Jamet、Ed Crooks、Steve Mitchelhill、Peter Higginson、Andrew Haldane、Martin Wolf、Raghuram Rajan、Jeremy Bulow、Paul Klemperer。

第七章：Sandie Kanthal、Peter Higginson。

第八章：Richard Wiseman。

雖然寫這本書時，我沒有採訪過以下幾位，但我在書中大量提及他們的文章或研究，也一併在此申謝：Loren Graham、Thomas Ricks、David Cloud、Greg Jaffe、George Packer、Leo McKinstry、Dava Sobel、Ian Parker、Sebastian Mallaby、Andrew Ross Sorkin、Jennifer Hughes、Gary Hamel、Peter Day、Michael Buerk、Twyla Tharp，以及 Kathryn Schulz。

另外，我也要感謝以下幾位提供的研究協助：Elizabeth Baldwin、Kelly Chen、Bob Denham、Cosmina Dorobanţu。

謝謝我的編輯 Eric Chinski、Iain Hunt、Tim Rostron 及 Tim Whiting 的大力支持，以及經紀人 Sally Holloway 和 Zoe Pagnamenta。一如既往，摯友安德魯．懷特的無條件支持及精闢評

論，都讓我受益匪淺。

最後，我要感謝法蘭克、史黛拉和艾芙里卡耐心包容我這個長期缺席的丈夫和父親，我愛你們。

寫於倫敦

第1章

從一台最簡單的麵包機掛掉說起

好點子，往往偷偷跟在爛點子後面

經濟學有個獨特任務，就是向世人證明，人類對於自己能設計出什麼，所知極其有限[1]。

——弗里德希．海耶克（Friedrich von Hayek）

摸著石頭過河。

——鄧小平*

烤麵包機這東西看似簡單，是一八九三年發明的，時間點約在燈泡和飛機這兩大發明的中間。這項上百年前的科技發明，如今已是家庭必備的電器用品。一般人花不到一小時的工資，就能買到可靠又有效率的烤麵包機[2]。

不過，倫敦皇家藝術學院的設計系研究生湯瑪斯．斯韋茨（Thomas Thwaites）展開「烤麵包機專案」後，才發現這玩意兒還真不簡單。他打算從頭開始製造一台烤麵包機，先從拆解一台便宜的烤麵包機著手。拆開後才發現，光是大大小小的零組件就有四百多個，連最陽春的版本都需要：銅（製作插頭的插片、電線、內部的線路）、鐵（製造烤箱主體及彈出吐司的彈簧）、鎳（製造加熱元件）、雲母（類似板岩的礦物，纏繞著加熱元件），當然，還有塑膠（製作插頭、絕緣線，以及重要的亮麗機殼）[3]。

這項任務的規模之大，在機器拆解後可看得更清楚。想要取得鐵礦，斯韋茨必須大老遠跑到威爾斯的一座舊礦場，現在那裡已變成博物館。他試著用十五世紀的技術熔煉鐵礦，但一敗塗地。他以吹風機和吹落葉機取代手動的鼓風器，依舊好不到哪裡去。接下來，他換了另一個形同作弊的嘗試：使用一種最近剛獲得專利的熔鐵方法以及兩台微波爐，其中一台還因此燒毀了，結果只煉出硬幣大小的一坨鐵。

製造塑膠也不容易，斯韋茨想說服英國石油公司用飛機載他去近海的鑽井台，採集一些原油來提煉塑膠，當然沒人理他。他又試著用馬鈴薯澱粉製造塑膠，但黴菌和貪吃的蝸牛壞了好事。最後，他只好去附近的垃圾場找廢棄的塑膠，融化後，塑造出烤麵包機的外殼。接著，他乾脆投機取巧到底，利用電解法從安格爾西島（Anglesey）一座舊礦場的髒水裡提煉出銅，從幾個紀念幣熔化出鎳，再用皇家藝術學院珠寶系的專業機器把它拉成電線。

這樣的妥協實在是情非得已，「我發現真的要完全從頭開始的話，你很可能要花一輩子才能製造出一台烤麵包機。」他坦言。儘管斯韋茨費盡千辛萬苦，但成品看起來更像是烤麵包機造型的生日蛋糕，外殼就像融得一塌糊塗的糖霜垂掛著。「裝上電池後，稍微可以把麵包烤熱。」他開心地告訴我：「但我不確定如果插上插頭會發生什麼事。」後來，他還是鼓起勇氣插了電，兩秒後，烤麵包機就灰頭土臉地掛了。

每一次解決一個小問題，你就創造了一個小奇蹟

現代社會複雜到令人難以想像，就算是遠比烤麵包機簡單的東西也脫離不了全球供應鏈，以及世界各地許多人的通力合作，其中很多人甚至不知道自己辛苦生產的東西最終是用在哪裡。伐木工人砍倒加拿大森林的參天大木時，不知道那木頭究竟是拿來做床架，還是鉛筆。在智利廣袤的丘基卡馬塔（Chuquicamata）銅礦區，一輛大如屋舍的黃色卡車在坡道上轟隆隆前進，司機不會傷腦筋去想，他載運的銅礦最終是用來做烤麵包機的線路，還是做彈殼。

---

*編按：「摸著石頭過河——穩穩當當」是中國民間常用的歇後語，被當成中國共產黨的行事方針是在一九五〇年的政務會議上由當時的副總理陳雲提出，後來成為鄧小平在領導改革開放時所抱持的態度。

現代社會的產品種類更是五花八門，多得令人吃驚。一家普通的沃爾瑪超市（Wal-Mart），裡頭就有十萬種左右的商品。艾瑞克・班恩霍克（Eric Beinhocker）是麥肯錫全球研究院（McKinsey Global Institute）專門研究複雜性的專家，他認為如果把不同大小、樣式的鞋襪和襯衫，以及不同品牌、口味、容量的果醬和醬汁，數百萬種的圖書、DVD和音樂加總起來，你會發現紐約、倫敦之類的重要經濟體，有上百億種不同的產品，其中有很多東西是烤麵包機問世時大家還想像不到的，而且每個月還有上百萬種新東西不斷出現。我們被包裹在自己所創造的複雜社會裡，沒有因此昏頭轉向，反而覺得再自然不過了[4]。

以前我覺得身處在如此精細的社會裡是值得慶幸的事，現在倒是沒那麼肯定了。這樣複雜的經濟確實創造了豐厚的物質財富，即使不是人人都能享有，但如今確實有更多人過著比以往更好的物質生活。即使偶爾出現經濟不景氣，社會財富仍持續以前所未有的速度成長。創造這番財富的過程近乎奇蹟，遠比我們所知的還要艱鉅。其他的經濟體系，從封建制度到計畫經濟，都曾經試圖達成同樣的任務，卻已是史書上的舊章。

但這個「烤麵包機專案」卻值得讓我們停下來想一想，因為它既象徵著這個複雜精細的世界，對想要改變世界的人來說，也代表著他們所要面臨的重重障礙。從氣候變遷到恐怖主義，從整治銀行體系到消除世界貧困，這世界從不缺少重大議題，總是可以掀起話題，卻似乎無法解決。商業與日常生活上的一些不起眼的問題，往往也隱藏著像「烤麵包機專案」如此出人意料的複雜性。

這本書有部分就是在講這些問題，但本書更根本的目的是想帶大家了解，在這個連烤麵包機都複雜到令人費解的世界裡，要如何解決大大小小的各種問題。

烤吐司並不難，不要烤焦、不要觸電、不要引起火災就行。吐司稱不上是一個主動性的角色，不像投資銀行家那樣會刻意糊弄你，也不像伊拉克的恐怖組織或叛亂分子那樣威脅你的國家，摧毀你主張的一切。烤麵包機只是以更好的方式去解決一個古老的問題（羅馬人愛吃烤吐司），不像網際網路或個人電腦那樣，解決的是我們未曾了解的問題。相較於改善孟加拉的貧窮，烤吐司的問題——讓家家戶戶都買得起烤麵包機、買得起吐司——簡直簡單得令人發笑；與氣候變遷的問題相比，更是小巫見大巫，後者需要付出的心血遠遠超過改造十億台烤麵包機的代價。

這些就是本書要談的問題：如何對抗頑強的叛亂分子，如何醞釀想都想不到的絕妙點子，如何重新構建經濟體系以因應氣候變遷，如何幫助窮國邁向富裕，以及如何防範心懷不軌的投資銀行家再次摧毀銀行體系。在這個瞬息萬變的複雜世界，這些都是我們面臨的複雜難題，它們同樣瞬息萬變。我認為這些問題的共同點，比我們知道的還要多。有趣的是，它們和日常生活中那些微不足道的問題也有一些共通之處。

每當這類問題被解決時，都是一個個的小奇蹟。本書就是要探討那些奇蹟是怎麼發生的，為什麼它們如此重要，以及我們能否創造出更多奇蹟。

英明領導人、能言善道的專家，能解決我們的問題？省省吧

> 入主華府的第一個一百天，我們為這裡帶來的改變感到自豪，但各位也可以看到，還有很多任務等著我們去做。所以我想稍微談一下，接下來一百天，我們團隊的施政計畫。在未來的一百天，我們將設計、建造並開放一座圖書館，以紀念我就職後的頭一百天……我相信一切都會很順利，七十二天就能完成計畫，第七十三天我就可以休息了。[5]

這是歐巴馬總統在白宮記者晚宴上的演講，這個場合向來會開一兩個玩笑。二〇〇八年十一月，歐巴馬挾著超人氣入主白宮，幾個月後召開了這場晚宴，如今看來，這已是陳年往事了。但即使在當時，歐巴馬的玩笑還是一針見血：大家對一個人抱持太多的期望了。

我們亟欲相信領導人真的能力過人，當我們面臨複雜挑戰時，直覺反應就是找個能人來

解決。不只歐巴馬如此，每一任美國總統都是因為承諾改革而當選，而當現實不如預期時，幾乎每任總統的民調支持率都會開始大跌。這不是因為我們老是選錯人、看走眼，而是因為我們對於領導人在現代社會裡的能力有過度的想像。

我們之所以有這種直覺反應，或許是因為人類當初的進化，是為了能在狩獵採集的小部落裡有能力解決狩獵採集的小問題。就我們的現代腦來看，那個社會沒有那麼現代，裡頭只有數百種而不是上百億種東西。那種社會面臨的挑戰再怎麼可怕，對睿智、精明又勇敢的領導人來說都易如反掌。那些問題相較於新任美國總統面臨的挑戰，顯得微不足道[6]。

無論原因為何，我們老是想靠領導人解決問題的想法是根深柢固的。當然，領導人不必事必躬親，他們身邊總是有許多的專業顧問，有最聰明的專家提供最深入的見解供他們隨時請益。但是，即使是資深專家，也不足以解決當今面臨的複雜問題。

心理學家菲利普．泰特洛克（Philip Tetlock）的研究，或許最適合用來說明這種現象。泰特洛克於一九八四年啟動一項為期二十年的研究，探索專家的局限[7]。在美國國家科學院，他是某個委員會裡最年輕的成員，負責研究冷戰期間蘇聯面對雷根政府的強硬態度可能有什麼反應：究竟雷根政府的做法，是只會引起蘇聯虛張聲勢的恫嚇，還是即將觸發致命的反擊？泰特洛克問遍了他能找到的每個專家，卻一再發現那些深諳冷戰議題的權威竟然看法互相矛盾。也許我們對於名嘴意見相左已經習以為常，但是當我們發現頂尖專家連當代的重要問題都達不到基本共識時，我們開始明白，這種專業遠不如我們所想的那麼實用。

泰特洛克並未就此罷休，他為了「專家判斷力」這個問題鑽研了二十年，找來近三百位專家（亦即專門為政經趨勢發表評論或建議的人），個個來頭都不小，有政治學者、經濟學家、律師、外交官，還有間諜、智囊團成員、記者和學者，其中半數以上是博士，幾乎人人都有碩士學位。泰特洛克評估專家判斷力的方式，是直接問個明白。他對這些人總共提出了二萬七千四百五十個問題，要求他們做明確的量化預測，然後等著看他們的預測是否成真。結果發現：鮮少人命中。這些專家預測未來都失準，可見他們無法充分了解當前局勢的複雜程度。

這並不是說專家們的看法就一無是處。泰特洛克找來一群大學生當對照組，比較雙方的回答，專家組的確更勝一籌。但是以任何客觀的標準來看，專家們的表現都稱不上優異，專業判斷的投資報酬率有限。一旦專家們對政治界多所涉獵，有了全面的認知之後，更高的專業知識似乎對他們幫助不大。就準確度來說，對俄羅斯的預測，俄羅斯專家其實沒有比加拿大專家高明多少。

泰特洛克的多數研究讓專業權威頓時失去光環，例如其中一個令人玩味的發現是，知名度越高的專家（常上電視的名嘴），實際上能力越差。路易斯・梅南（Louis Menand）很喜歡「專家只是裝模作樣的預言家」這個概念，他在《紐約客》寫道：「泰特洛克那本書帶給我們的最佳啟示，或許也是他最不願意下的結論：你應該自己動腦思考。」[8]

不過，泰特洛克不願妄下那樣的結論是有原因的：他的研究結果清楚顯示，專家的表現確實優於非專業人士。這些聰明、受過良好教育、經驗豐富的專業人士確實有過人的見解，只不過那些見解頂多也就是那樣了。問題不在於專家本身，而在於他們生活的世界——亦即我們生活的世界——就是那麼複雜，任何人都無法成功分析。

既然人類社會如此多變又複雜，專業見解的助益又如此有限，我們該如何解決眼前的問題呢？也許我們應該從已經成功的故事中尋找線索，亦即從擁有驚人物質財富的現代已開發國家去尋找答案。

企業不分大小，該敗則敗

一九八二年，就在泰特洛克開始鑽研專業判斷力的兩年前，兩位管理顧問湯姆・畢德士（Tom Peters）和羅伯・華特曼（Robert Waterman）針對卓越企業做了詳盡的研究，兩人的著作《追求卓越》（*In Search of Excellence*）出版後，佳評如潮，畢德士也因此成為全球最廣為人知的管理大師之一。這兩位作者和麥肯錫的同事合作，運用大量的數據和主觀判斷，得出一份「卓越」企業的清單，共有四十三家企業上榜。接著，他們對這些企業做密集研究，找出它們成功的祕訣。

兩年後，在《商業週刊》以〈哎呀！如今哪家企業卓越依舊？〉（*Oops! Who's Excellent Now?*）為題的封面報導中，這四十三家企業中，有十四家（近三分之一）的財務陷入窘境。由此可見，如果畢德士和華特曼做研究時，真的認為電腦公司雅達利（Atari）和王安實驗室（Wang Laboratories）這些企業相當「卓越」，那麼「卓越」一詞似乎是個稍縱即逝的特質[9]。

那麼多看似卓越的企業，竟然如此之快就陷入困境，似乎很奇怪。問題可能是畢德士和華特曼的研究有什麼荒謬之處，也或許是一九八〇年代初期特別動盪，畢竟《追求卓越》一書是在經濟蕭條時期出版的[10]。

但，這些可能都不是原因。經濟史學家雷斯利・漢納（Leslie Hannah）的嚴謹研究，進一步佐證了「如今哪家企業卓越依舊？」的論點。一九九〇年代末，漢納決定追蹤一九一二年每家全球巨擘的命運。這些大企業經歷了併購的洗禮，員工人數通常有上萬人。

名單上的第一家大企業是美國鋼鐵公司（US Steel），有二十二萬一千名員工，即使以今天的標準來看，仍然是大企業，幾乎各方面都享有優勢：在當時全球最大、最有活力的經濟體內是市場領導者，所屬的產業一直相當重要。然而，到了一九九五年，這家公司已跌出世界百大企業的榜單；撰寫本書之際，甚至擠不進世界五百大企業[11,12]。

排名第二的是紐澤西標準石油公司（Jersey Standard），今日以艾克森美孚（Exxon）之名依舊蓬勃發展。奇異（General Electric）和殼牌（Shell）在一九一二年和一九九五年都高居全球前十名，但其他名列前十大的公司不僅風光不再，甚至連百大名單都排不上。普爾曼（Pullman）、勝家（Singer）之類的公司讓人想起舊時代，而其他企業已經鮮為人知，例如傑披西服（J&P Coats）、阿納康達（Anaconda）、萬國收割機（International Harvester）。這些公司曾經有多輝煌風光，令人難以想像，地位就像今天的微軟和沃爾瑪，想必當時看起來都有基業長青的實力。有些人可能會說，普爾曼和勝家雖然是產業的領導者，但畢竟身處夕陽產業，沒落自是無可避免，但事實不然。勝家賣縫紉機，但豐田（Toyota）最初也是從生產織布機起家，前景並沒有比較樂觀。西屋電氣（Westinghouse Electric）、卡達希肉品加工（Cudahy Packing）、美國商標（American Brands）都曾風光無比，所在產業也跟奇異、寶僑（P&G）一樣充滿了動力，但奇異和寶僑成了罕見的傳奇，它們卻隨著時間衰頹了。

就像泰特洛克的研究所指出的，專家不像我們所想的那樣精明，同樣的，在這個複雜的世界，這些卓越的企業也不像我們所想的那樣百年不衰。漢納研究的百大企業中，有十家在十年內銷聲匿跡，有半數在後續的八十三年間消失不見。這項研究似乎給我們上了一課：在市場創造複雜又富足的經濟過程中，失敗在所難免。但也許畢德士、華特曼與漢納的研究只是證明，在企業攀頂之後，也只有走下坡一途了。那麼，如果是活蹦亂跳的新興產業，存活狀況又是如何呢？

答案是：失敗率只會更高。以早期的印刷業為例，印刷術是約翰尼斯・古騰堡（Johannes Gutenberg）發明的，由此徹底改變了世界，他於一四五五年推出活字印刷的《古騰堡聖經》，但這也讓他因此破產。印刷業的中心迅速轉移到威尼斯，一四六九年當地成立了十二家印刷廠，但三年內就有九家宣告倒閉。如何建立一套能夠獲利的商業模式，印刷業尚在摸索前進（最後終於找到了方法：大量印刷赦免天懲的贖罪券）[13][14]。

汽車業發展初期，美國有二千家公司生產汽車，但最後只有一%存活下來。網路狂潮讓新公司如雨後春筍般冒出，又在泡沫化後一一幻滅。如今，美國每年有一〇%的公司從市場上消失。市場體系令人吃驚的地方，不是失敗比例很少，而是即使在成長最蓬勃的產業裡，失敗的例子依舊比比皆是[15]。

為什麼在整體經濟發展如此成功的體系裡，仍有那麼多失敗呢？部分原因在於成功真的不容易。泰特洛克的研究顯示，政經分析專家也難以做出準確的預測，所以我們也沒有理由認為行銷人員、產品開發者或策略家就比較擅長預測未來。一九一二年，勝家的管理者可能沒料到成衣業會崛起。更麻煩的是，企業也必須互相競爭。光是獲利及在競爭中存活下來還不夠好，你還必須成為業界的佼佼者才行。你問「為什麼那麼多公司倒閉」，就跟你問「為什麼那麼少的運動員擠進奧運會決賽」一樣。在市場經濟中，每個產業能夠冒出頭的企業通常就那麼幾個，不是人人都能當贏家。

市場經濟與計畫經濟（例如毛澤東的大躍進）的不同點，不是市場迴避失敗，而是大規模的失敗對市場經濟造成的後果，似乎不像計畫經濟那麼可怕（關於這個說法，最明顯也是最有趣的例子是二〇〇七年開始的金融危機。我們在第六章會看到這個異常的災難性事件）。在市場經濟，失敗無處不在，但似乎與迅速的進步攜手並進。

現代電腦產業就是最顯著的例子。這是最具活力與動能的一個產業，但放眼望去，失敗也隨處可見。這個產業是從失敗開始起步的：當電晶體取代真空管成為電腦的基本元件時，真空管廠商轉型失敗，於是休斯（Hughes）、傳電（Transitron）、飛歌（PhilCo）等企業趁勢崛起，但等積體電路取代了電晶體後，這些公司也跟著垮了，由英特爾和日立接棒[16]。

在此同時，全錄（Xerox）眼看影印的專利即將到期，努力求生，成立了帕羅奧多研究中心（Palo Alto Research Center，簡稱PARC），開發出傳真機、界定現代電腦的圖形化使用者介面、雷射印表機、乙太網路，以及第一台個人電腦Alto[17]。然而，全錄並未成為個人電腦的巨擘，跟在Alto後面推出的一些機型（例如ZX Spectrum、BBC Micro、日本的MSX標準）都只在電腦史上曇花一現。後來是IBM開發出現代個人電腦的前身，卻不智地把系統中最有價值的部分——作業系統——的控制權拱手讓給微軟。二〇〇五年，IBM退出個人電腦產業，轉手賣給了中國的公司。再來說說蘋果公司，他們設計出好用的電腦操作介面，但一九八〇年代也輸給了微軟（不過後來又靠銷售音樂、iPod和iPhone東山再起）。至於微軟本身，因為對網路不夠重視，在搜尋引擎的競爭中輸給了Google，可能很快就連軟體業的霸主地位都保不住。誰知道呢？只有最自大的預言家才敢大言不慚地說，他能預測電腦產業的下一輪轉折。過去四十年最成功的產業，就是在這種接連不斷的失敗中建立起來的。

斯韋茨的陽春烤麵包機，也是從不斷試誤下得出的成果。一八九三年上市的Eclipse烤麵包機並不成功：它的鐵製加熱裝置容易生鏽，也容易熔化而引發火災。這家廠商早就結束營業了，而第一台成功的烤麵包機直到一九一〇年才上市。它是以優異的鎳鉻合金做為加熱裝置，但還是有缺陷，最顯著的一點是加熱裝置暴露在外，還是有火災、灼傷、觸電等風險。經過幾十年的改良，眾所熟悉的彈出式烤麵包機才問世，這期間已經有許多製造商退出市場或破產了[18]。

市場解決了創造物質財富的問題，但箇中奧妙，其實跟獲利動機或董事會的過人遠見關聯甚少。鮮少業者願意坦承這一點，而市場就在這樣的跌跌撞撞中邁向成功，不斷淘汰沒那麼成功的點子，把握可行的妙方。當我們看到艾克森美孚、奇異、寶僑等等在這個過程中存活下來的公司時，不該只是看到成功，也應該看到那些失敗的企業和點子所交織而成的漫長失敗史。

多變暗黑的前方，摸索屬於你的高峰

生物學家有個專有詞彙，用來描述解決方案從失敗中顯現的過程：進化（evolution）；並且通常會總結為四個字——適者生存，但這其實是由不適者的失敗所驅動的一個過程[19]。令人不安的是，我們直覺上認為複雜的問題需要專業設計的解決方案，然而進化是無從規畫的。簡單的過程往往會引發異常複雜的回應：我們會針對現有的東西做調整，嘗試幾種變型，然後淘汰失敗的，複製成功的，如此一再重複。變型、篩選，周而復始。

我們習慣把進化想成自然界才有的事，覺得那是一種生物現象，其實不然。感謝繪圖專家卡爾．西姆斯（Karl Sims），所有人都可以看到發生在數位世界的進化。如果你看過電影《鐵達尼號》、《魔戒》三部曲或《蜘蛛人》，你就看過西姆斯的作品，他創辦了電影特效公司 GenArts。但是在一九九〇年代初期，在他尚未把焦點轉向電影特效之前，曾經製作了很多簡略的動畫，就某些方面來說，那些東西反而更有意思。

西姆斯想看進化是怎麼運作的，不僅如此，他還試著打造出一個虛擬環境，自己主導進化的方向。他寫程式，模擬出類似水箱的場景，在裡頭放了一些設計粗糙的虛擬生物（由簡單的控制系統、感應器、隨機拼組的鉸接式接塊所組成）。這些拼組的虛擬生物大都沉入箱底，漫無目的翻動，其中有幾個生物可以稍微在水中游動。接著，西姆斯啟動進化程序，指示電腦淘汰那些只會翻動的虛擬生物，讓能夠游動的生物產生突變，這就是變異和篩選。當然，多數突變種無法存活下來，不過電腦程式還是持續淘汰過程，讓偶爾出現的成功例子繼續繁衍下去。這個隨機又不需要花什麼心思的進化過程，衍生出驚人的結果：最後水箱裡出現了類似蝌蚪、鰻魚、魟之類的虛擬生物，還有一些地球上從沒見過的生物體。

在另一個進化實驗中，西姆斯讓生物彼此競爭，搶奪一個綠色方塊，搶贏的就給予獎勵。進化的試誤過程衍生了多種可行的方案，有的明顯，有的隱晦。例如，有的生物不會去搶奪綠色方塊，而是直撲對手；有的生物在迅速奪得方塊後會逃離；有的生物則直接趴覆在方塊上面。這些方法都不是西姆斯設計的，他甚至不會主觀地決定誰輸誰贏，就只是建立一個進化的環境，並記錄裡面發生的情況而已。他編寫的流程完全是盲目單純的，那些突變都沒有經過事先預測、規畫或刻意為之，但這樣盲目的進化過程卻創造出奇妙的東西[20]。

為什麼試誤法是解決問題的有效工具？在問題層出不窮的世界裡，進化演算法（亦即不斷變異與篩選）為了找出解決方案，必須嘗試各種變型，複製可行的做法。你可以把這種探索解答的過程，想像成一大片平坦的景觀分割成數十億個方格。每個方格都是一個檔案，檔案內容是某個策略的說明書。進化理論學家稱這片景觀為「適存度地形」（fitness landscape）。套用在生物學上，每個策略就是不同的基因組合，有的格子是魚類，有的格子是鳥類，有的格子是人類，但多數格子只是一些基因拼湊在一起，無法在現實世界中生存。適存度地形也可以套用在晚餐的食譜上：有的做出咖哩，有的做出沙拉，但多數菜色都令人難以下嚥，甚至有毒。適存度地形也可以是商業策略，例如經營航空公司或連鎖速食店的不同方法。

對於任何問題，我們可能想像出多種可能的解決方案，每個都仔細寫下來，散布在這個廣大的地形中。試想，每個處方都跟相鄰的其他處方很像：兩道放在一起的菜可能很像，只不過一道多加一點鹽，另一道的烹飪時間稍長一些。兩個相鄰的商業策略可能主張的做法一樣，只不過一個開價高一點，行銷多一點。

目前為止，我們想像的是往四面八方延伸的一個平面，現在我們換個方式想像：解決方案越好，格子的高度越高。這樣一來，適存度地形就會出現高低起伏的懸崖、峽谷、高原和參差不齊的峰巒。山谷代表糟糕的解決方案，山峰代表出色的點子。以生態系統來說，山峰代表更可能生存繁衍的生物；以市場來說，山峰代表獲利可觀的商業點子；以晚宴派對來說，山峰是最美味的佳餚，反之，暗黑深谷可能是義大利麵配炸魚條和一罐咖哩醬。從深谷出發，都是上行路線。只要往一個方向前進，就有可能登上代表波隆那肉醬義大利麵的峰頂。往相反的方向走，可能攀上的是代表孟加拉咖哩魚的那個峰頂。

在高低起伏的適存度地形上解決問題，意味著你要想辦法去找到高峰。就晚宴派對來說，這不難辦到，但是在生態系統或經濟體系裡，山峰會不斷移動，時快時慢。普爾曼和勝家之所以沒落，是因為他們曾經站立的峰頂突然消失了。麥當勞目前所占的山頭已經存在好一段時間，那個山頭會隨著新科技的出現和新口味的開發慢慢移動。Google 占據的那座山峰才出現沒幾年，它的存在是以先前的發展為基礎，例如電腦和全球資訊網，就像松鼠之所以存在，只是因為有大樹讓牠們棲身。Google 占據的山頭移動迅速，更像是浪潮而不是高山。目前，Google正乘浪而行，不斷調整策略好停留在浪尖上。這和衝浪一樣，看起來比做起來簡單。

一座山峰塌陷後，可能很難看清楚其他的山峰在哪裡。生物界物競天擇的進化過程是完全盲目的，我們等一下就會看到，找尋公司策略的過程不見得就比較嚴謹或是更有遠見。但根據泰特洛克對專業判斷力的研究顯示，即使企業策略有時可以看到其他山峰，但在層層雲霧中，也只能驚鴻一瞥。

在這個多變又神祕的地形中，我們可以想出許多尋找高峰的方法。生物進化通常是一小步一小步緩緩前進，偶爾才會出現大躍進（某次突變可能讓某種生物多出兩條腿或膚色完全不同）。這種快慢的結合，再加上不斷淘汰那些失敗的試驗，進化可以運作得不錯。在變動的過程中，有些策略會緊抓著熟悉的山頭不放；有些則是毅然放棄舊山頭，奔向新崛起的山頭。所謂的進化過程，則是在發現新山頭及善用舊山頭之間拿捏平衡。事實上，聖塔菲研究院（Santa Fe Institute）的複雜理論家斯圖亞特．考夫曼（Stuart Kauffmann）和約翰．霍蘭德（John Holland）證實，進化論不只是用來解決複雜問題的其中一種方法而已。既然地形變幻莫測，混合每一小步和偶爾大躍進的進化組合，是最有可能找到解決方案的方法[21]。

進化之所以有效，是因為它不是耗盡心力與時間去尋找可能明天就會消失的最高峰，而是對不斷改變的複雜問題，持續提出「當下可行」的方案。例如，在生物進化中，可行的方案包括光合作用、眼睛及母乳；在經濟進化中，則是複式簿記、供應鏈管理或買一送一的促銷活動。有些可行的方案似乎永遠都適用，而其餘的方案則只適合某個特定時空，例如暴龍或全球最有效率的VHS錄影帶製造商。

我們知道是「變異」和「篩選」驅動著進化過程。在生物學上，變異來自於基因突變或混合父母基因的有性生殖，而篩選則是透過遺傳：成功的物種在死亡前繁殖，留下擁有其部分或全部基因的後代。在市場經濟中，變異和篩選也發揮同樣的功能。科學家、工程師、大企業裡小心謹慎的中階管理者或大膽的創業家提出新點子，其中糟糕的點子無法在市場上長存，失敗後就自然淘汰了。想要成功，你必須生產顧客想買的東西，而且顧客願意付的價錢必須涵蓋你的成本，你的產品也必須打敗明顯的對手。很多點子過不了這些測試，即使沒遭到管理階層否決，最後公司宣告破產時，也不得不退出市場。出色的點子能夠傳播開來，是因為競爭對手的模仿，或員工離職後自立門戶，或因為原創公司蓬勃發展。一旦這些變異和篩選的要件就定位，就能推動進化過程。或者，更簡單的說法是：以試誤法來解決問題。

還在迷戀規畫、死守策略？你慘了

上述種種聽起來似乎有悖常理，也令人不安，因為很多人都以為企業高層想必有過人之處。每年為他們付出豐厚薪資的股東確實是這樣想的，數百萬人買書拜讀成功企業領導人的智慧也是這麼想的。泰特洛克請專家們分析複雜的局勢時，幾乎無人能百分百命中時局。高階管理者在重重迷霧中尋找可行策略，是否也一樣迷惘呢？

以進化論的比喻來看，似乎正是如此。在生物進化中，誰也無法預見進化如何發生，那是數億年不斷試誤的結果。經濟也一樣嗎？即便管理者、企業策略家、管理顧問竭盡所能想要預見未來，也是徒然嗎？

經濟學家保羅．奧莫羅德（Paul Ormerod）提出一個頗具說服力的線索。奧莫羅德一直在研究化石紀錄，好了解過去五億五千年地球生物的滅絕情況，包括那些讓恐龍絕跡顯得微不足道的生物大滅絕。根據化石紀錄顯示，滅絕事件的規模及發生頻率之間有明顯關聯：滅絕事件的嚴重程度若是大兩倍，發生頻率就會少四倍；嚴重度大三倍，發生頻率就會少九倍；而鮮少出現滅絕事件的紀元，才是歷史常態。這個模式非常明顯，如今生物學家已經建立數學模型來顯示盲目的進化過程：不斷改變的資源競爭，以及偶爾發生的小行星撞擊，造就出了這種鮮明特質[22]。

奧莫羅德博學多聞，個性直率，不墨守傳統。他來自英格蘭北部的蘭開夏，喜歡以經濟學家最愛用的武器——數學——來說服同僚。他也想瞧瞧企業「滅絕」的相關資料，於是取得漢納的統計數據，把那些企業資料拿來和化石紀錄產生的數億年資料做一比較。兩者的時間規模不同，但滅絕事件的規模和發生頻率之間的關係則是一模一樣（大企業命運最慘的一年是一九六八年，有六家徹底消失）。接著，奧莫羅德轉而研究美國小企業的消失情況，這個資料庫的規模更大，涵蓋各州、各產業的數千個資料點，共有好幾百萬家小企業，結果也得出同樣的結論。他又把範圍放大，研究其他八個富裕國家的企業消失狀況，結果也一樣。

生物滅絕和公司銷聲匿跡都有同樣的特質。雖然我們無法證明經濟也是一種進化環境，也無法保證公司的策略是經由試誤過程不斷進化，而不是來自於成功的規畫，但這確實是一條大線索。於是，奧莫羅德再次以生物學家的研究為基礎，進一步探索。他把揭示滅絕特質的生物滅絕模型加以簡化，調整成代表企業生死的模型，並且添加了一項變數：他改變模型規則，讓有些公司成為成功的規畫者，可以調整策略來放大自家和其他公司互動時所享有的優勢。結果發現，有些公司可以做得很完美，而有些公司只比隨機決定策略的公司略勝一籌而已。

奧莫羅德發現到一個令人不安的狀況：我們可以建立一個模型來模擬企業銷聲匿跡的特質，也可以建立一個模型來呈現規畫得宜的公司，卻無法做出結合兩者的模型。企業生死模型和「可規畫」的模型截然不同，卻又和「不可能規畫」的模型意外相近。如果企業確實像多數人所想的那樣，是能夠成功規畫的，那麼企業銷聲匿跡的特質應該和物種滅絕的特質截然不同才對，但偏偏兩者的特質又極其相似[23]。

我們不應看到抽象的數學模型就貿然下結論，但奧莫羅德的發現清楚顯示，在現代經濟中，有效的規畫相當罕見。我不會誇張地宣稱蘋果不需要賈伯斯，或比爾．蓋茲對微軟沒什麼貢獻。但證據顯示，在競爭性的環境下，很多企業決策都無法成功，公司需要不斷淘汰糟糕的點子，尋找更好的點子。

泰特洛克對專家判斷力的研究，以及「卓越」企業經常誤入歧途的歷史，也暗示著同樣的結論：我們比我們所想的還要盲目。在複雜多變的世界裡，試誤的過程是不可或缺的。無論我們是刻意運用這種方法，還是任憑結果決定我們的走向，這都是不爭的事實。

試誤法雖是市場運作的根本方式，卻是人生的一大挑戰。誰想要跌跌撞撞去摸索成功的解決方案，讓人看到自己一而再的失敗？誰會投票給採用這種方式的政治人物？誰肯提拔隨機嘗試點子是否可行的中階管理人？還記得小布希誓言「堅持到底」，而他的競選對手約翰・凱瑞（John Kerry）因為常改變心意而落選嗎？凱瑞的支持者認為，說凱瑞是「牆頭草」是污辱了他，他們覺得他不是那種人。但如果我們認真看待試誤法，其實「牆頭草」代表的是靈活應變，應該引以為傲。類似的看法在英國政壇也相當盛行，英國首相柴契爾有句名言：「要轉你們轉，女士我絕不轉彎。」布萊爾（Tony Blair）同樣也以「沒有倒車檔」自豪。但是沒有人會買無法轉彎或無法倒車的車子，所以為什麼我們還會把堅持到底視為首相的優點呢？這實在是令人費解。但英國選民因為柴契爾和布萊爾公開聲稱自己缺乏變通，還讓兩人連續贏了三次大選。

無論我們喜不喜歡，在這個複雜的世界，試誤法都是解決問題的有效方式，我們無法依靠專家的領導力。市場已經能夠駕馭這種試誤過程，但這不表示我們應該把一切都交由市場決定。面對看似棘手的問題，例如內戰、氣候變遷、金融動盪等等，我們必須想辦法在熟悉的市場環境之外，運用試誤法的祕訣。

犯錯在所難免，我們都應該從錯誤中學習，而不是掩蓋犯錯的事實或一概否認，甚至自欺欺人。可惜的是，這不是我們習慣的做事方式。

還記得嗎？蘇聯一度強大，經濟曾經蓬勃……

鐵路工頭費尼斯・蓋吉（Phineas Gage）是全世界最出名的大腦受損者，一八四八年，他在安裝爆炸裝置時，意外引爆炸藥。一根用來填充炸藥的鐵棍，長逾一碼、粗一寸，就這樣爆衝並刺穿他的臉頰，穿過左眼後方和左前腦，從頭頂冒出來，飛落到八呎外的地面。驚人的是，死裡逃生後的蓋吉，性格卻判若兩人。以前的他謹慎可靠，出了意外後，卻成為輕率、偏執、舉棋不定、出口成髒的人。他不只失去部分的大腦，某部分的心智也跟著消失了，朋友都說他「不再是蓋吉了」[24]。

蘇聯之於經濟學，就像蓋吉之於神經科學。神經科學家之所以研究大腦某部位受創的病人，是因為病人的症狀指出了該區大腦應該有的正常功能。同樣的，經濟學家為了要了解健全經濟體系的祕密，也是從研究失常的經濟體著手。蘇聯的經濟發展失敗，當然不是什麼新洞見，但他們意外失敗的細節往往遭到掩蓋，那些細節可以帶給我們重要啟示，幫我們了解如何善用試誤法來解決問題。

故事要從位於俄羅斯黑海北部、煤礦豐富的頓河盆地（Don Basin）講起，時間是一九〇一年，那時蘇聯還不存在。沙皇政府派二十六歲的工程師彼得・保金斯基（Peter Palchinsky）去當地研究煤礦。保金斯基收集了大量資料，注意每個細節，特別記錄了當地的工作狀況。他發現，工寮的一個房間平均住著四十名礦工，有些甚至多達六十人，他們一起擠上下鋪，就像堆在倉庫裡的廉價品一樣。睡覺時，他們必須從床腳板爬到自己的位置，無法直接跨過室友。廁所和其他設施也相當簡陋。

保金斯基把考察報告寄回給上級，主管覺得他的報告會引爆政治炸藥，於是指派他去西伯利亞負責沒那麼敏感的任務。保金斯基是個倔小子，幾年前考進俄羅斯最頂尖的工程學校，對於自己全憑優異的考試成績、不靠關係入學相當自豪。總之，保金斯基腦袋聰明、活力充沛，不僅充滿自信，還出奇地誠實[25]。

保金斯基這次和當權者的摩擦，算是因禍得福。他趁機溜過俄國邊境，到西歐謀生，在巴黎、阿姆斯特丹、倫敦、漢堡等地吸收知識，詳細記錄這些城市的新興工業發展，不只關注工程，也一樣關注管理，他想吸收職場管理、頂尖科技與科學方面的新知。求學若渴的他，成為一名成功的產業顧問，並急著貢獻學到的專業。

沒想到，他開始發表文章，為俄羅斯的經濟改革提出建言，建議的對象就是當初把他流放到西伯利亞的沙皇政府。經過這麼多年，他的個性一樣耿直，凡事據實以告。他寫信給妻子妮娜，坦白他旅歐期間發生外遇（他的妻子坦然接受了這個消息）。一九一三年，他獲得赦免重返俄羅斯，變成沙皇政府的重要顧問。革命期間，他幸運躲過刺刀攻擊，後來擔任蘇聯政府的顧問。但他的個性還是一樣剛正不阿，拒絕加入共產黨掌控的任何科學或工程組織，因為他覺得工程意見不該遭到政治的扭曲。他經常批評草率推動的工程，甚至擬了一封信給蘇聯的領導人，主張科技和科學比共產主義更重要，後來在朋友的勸說下才沒有把信寄出去。

儘管保金斯基欠缺政治敏感度，他的技術判斷和人道信念卻相當敏銳。他勸阻有關當局不要做浮誇的案子：既然便宜的煤炭和天然氣唾手可得，何必為了要看到石油奔湧而出的壯觀場面，特地去鑽挖油井呢？他根據自己詳盡的研究，聲援一些比巨大工程更有效率的小案子，而且自始至終都為勞工的權益發聲。

我們很容易就忘了蘇聯的經濟也曾蓬勃過，以為計畫經濟之所以崩解，是因為缺乏獲利動機及私營企業的創意，這個說法根本站不住腳。蘇聯也有許多像保金斯基這樣有創意的人才，他們不會因為加入國營企業就失去創造力。蘇聯也不缺乏激勵的技巧，事實上，他們跟歷史上的其他文明一樣，也有許多獎懲機制，也很積極地運用這些機制。最初施行的結果令人印象深刻，一九五〇年代甚至有許多西方專家聲稱，儘管共產主義殘酷又不民主，但是在發展經濟方面，比資本主義更有成效。

蘇聯體制的失敗跡象是慢慢顯現的，那是一種無力試驗的病態。切記，進化過程有賴於一再重複的變異與篩選，但蘇聯在這兩方面都失敗了：他們不願對任何問題嘗試多種方法，也難以判斷什麼行得通、什麼行不通。蘇聯經濟越發達，規畫者的參考點就越少，整套系統無法變通。

保金斯基有豐富的海外經驗，又對國內狀況做了詳盡的分析，正好是能夠扭轉劣勢的人才。在史達林第一個五年計畫中，他被指派為兩大專案的顧問：列寧大壩（Lenin Dam）和鋼鐵工業城馬格尼托哥爾斯克市（Magnitogorsk）。列寧大壩位於現今烏克蘭境內的聶伯河，一九二〇年代末動工時是全球第一大壩。保金斯基對它的龐大規模無動於衷，即使是出自史達林的計畫，他還是提出警告。他認為聶伯河的流速太慢，水壩建在沖積平原上會淹沒成千上萬幢民宅及大片良田。他指出，由於沒有任何水文調查，確切會波及多少民宅和良田，沒有人知道。後來事實證明，水庫實在太大了，光是在那些淹沒的土地上種植牧草，曬乾後拿去燃燒發電所產生的電力，就跟建築大壩發電所產生的電量差不多。保金斯基也警告，因為每年有長達三個月的枯水期，所以還必須加蓋煤力發電廠來因應枯水期無電可用的窘境。他主張此事應該循序漸進，隨著當地經濟的擴張來搭配小型的煤力發電廠與更現代化的水壩。他認為小水壩的效用更好。他的顧慮後來都一一應驗了，但史達林對他的建言毫無興趣，反正他就是要建世界第一大壩，下令工程照原計畫進行。此專案後來嚴重超支，即使撇開生態成本、上萬農家被迫搬遷以及駭人聽聞的工人狀況不談，這個建壩專案都是經濟與工程上的大災難。

至於鋼鐵城馬格尼托哥爾斯克市（字面意思是「磁山城」）的煉鋼廠，野心又更大了。那個城市建在莫斯科以東的偏遠地帶，靠近鐵礦蘊藏豐富的地方。該計畫的目的是為了讓蘇聯的鋼鐵產量超越英國，保金斯基再次建議政府應該謹慎為之，他希望政府能做更多的分析，最好能一步步來，不要冒進。有鑑於他以前對頓河盆地煤礦場的工作環境所做的研究，他也為鋼鐵城的建廠工人感到憂心。此外，他也明確指出反對這項專案的技術問題（幾乎跟反對列寧大壩的原因一樣）：未對當地的地質進行詳細研究，也沒考慮到煉鋼廠所需的燃煤是否容易取得。

保金斯基的建言依舊遭到忽略，但後來都一一應驗了。一位目擊者描述載運工人前往工地的貨車：「有整整一天半的時間，車門都沒打開過……有些孩子就這樣死在母親懷裡……光是我們搭乘的那部貨車上，就移走了四具小孩的屍體，其他貨車上的屍體更多。」[26]工程第一年的那個冬天，不幸喪生的人數逾三千人。

政府承諾把鋼鐵城打造成花園城市，但是被迫到當地工作的工人全住在鼓風爐的順風面。一九七〇年代初期，附近的鐵礦都挖光了，他們只能從遙遠的地方把燃煤和鐵礦一起運到這個全球最大的鋼鐵廠。一九八七年，美國史學家史蒂芬・科特金（Stephen Kotkin）在鋼鐵城住了一段時間，他發現酗酒現象普遍，幾乎什麼都缺，基礎設施搖搖欲墜，「污染嚴重到難以言喻，對健康造成的傷害糟到極點」[27]。

謹記「保金斯基原則」，你可能因此而保命……

保金斯基意識到，現實世界的問題大都比我們所想的還要複雜。那些問題牽涉到人文、地方性，可能還會隨著環境變化而更動。他處理這些問題的方法，可以歸納成三個「保金斯基原則」：第一，尋找新點子，嘗試新事物；第二，在即使失敗仍可存活的範圍內，嘗試新事物；第三，過程中，尋求意見反饋並記取錯誤的教訓。第一條原則可簡稱為「變異」，第三條原則可簡稱為「篩選」，至於第二條原則——存活力——的重要性，我們在第六章探討銀行體系崩解時，將會清楚顯現。

如今我們可以明顯看出蘇聯體制存在著龐大的道德缺陷，但經濟缺陷比較隱晦不明：無法產生變異和做篩選，因此無法變通。計畫經濟的總舵手決定做什麼，只要眼前擺著地圖或統計數據，就自以為無所不知了。不可避免的，那些計畫都忽略了實際情況的複雜度，幾乎沒有任何變異。一九六〇年代，莫斯科幾乎每間公寓都有一模一樣的螢光橙色燈罩；而在鋼鐵城，公寓分成A、B兩類，這是該市唯一允許的變化[28]。

總之，意見反饋是判斷哪些實驗成功、哪些實驗失敗的必備要件。但是在蘇聯，意見反饋總是遭到無情打壓。

一九二八年四月，在列寧格勒某個冰冷的夜晚，祕密警察敲了保金斯基的家門，將他逮捕，從此以後妻子再也沒見過他。一年後，消息傳來他已遭到處決，未經任何審判。幾十年後，史學家洛倫．格雷厄姆（Loren Graham）找到祕密警察當年記錄保金斯基「罪行」的卷宗，偷偷從莫斯科夾帶出境[29]。保金斯基遭到指控「發布詳細的統計數據」，企圖設定「最低目標」以破壞蘇聯產業。換句話說，保金斯基是因為想找出可行的方案，而且在發現問題後不願閉嘴，才遭到無情處決的。

保金斯基並非特例，一九二〇年代末和一九三〇年代初，蘇聯上萬名工程師中，有三千人遭到逮捕。他們大都被迫前往西伯利亞送死（保金斯基的妻子妮娜也在其中）。只要有人敢對眼前的技術災難直言不諱，並提議替代方案，就會被指控為「破壞者」。保金斯基遭到祕密處決是比較罕見的情形（也許是因為他個性頑固，始終如一，拒絕放棄個人主張），但他遭到的迫害卻一點也不罕見。

一九八〇年代末，蘇聯開始分崩離析，期間發生了幾起出名的事件。例如，一九八九年六月的波蘭大選，剛合法化的團結工聯（Solidarity）獲勝；同年十一月，柏林圍牆倒塌。蘇聯的核心也發生一樁重大、但沒那麼知名的反抗活動，也就是蘇聯史上第一次大規模罷工。一九八九年七月，二十五萬名煤礦工人罷工抗議，部分原因是對極度危險的工作環境不滿：蘇聯礦工的死亡率是美國礦工的十五到二十倍，每個月平均有五十名煤礦工人丟掉性命。那次大規模罷工的其中一個原因，還包括工人遭到無情剝削：礦工往往無肉無水果可吃，鮮少人能有肥皂或熱水可洗。每天冒著生命危險在令人窒息的礦坑裡工作完後，甚至無法好好洗個澡或躺在舒適的床上休息。最後總統戈巴契夫不得不上電視，承認礦工抗議的正當性，並做出實質讓步，那是蘇聯體制崩解的重要時刻。

那些罷工抗議並讓戈巴契夫低頭的礦工，就是在頓河盆地工作。在保金斯基遭到處決的六十年後，在他最初指出頓河盆地礦場工作環境有問題的八十八年後，蘇聯體制依舊僵化、不知變通。

想要像可口可樂那樣整齊劃一？要不要再想一下

蘇聯就像那個可憐的鐵路工頭蓋吉，是個異常極端的例子，只有最糟的獨裁政權才會如此病態地壓抑意見反饋。然而，多數組織和政治型態也難以落實簡單的變異和篩選過程，只不過情節比較輕微罷了。

變異之所以困難，是因為組織先天都有兩種傾向。其一是好大喜功：政治人物和企業主都喜歡做大案子——從重整一國的健保制度到大型的企業併購——規模一大就容易引人注目，也顯示領導者有能力做大事。這類指標性的大案子違反了保金斯基的第一條原則，因為犯錯是人之常情，而大案子通常缺乏轉圜餘地。另一個傾向之所以存在，是因為我們通常不喜歡標準不一的情況。任何東西只要有一致的標準，似乎就比較專精、公平，從教育、公路網到星巴克咖啡，似乎都是如此。整齊劃一的標準似乎更有吸引力，就像安迪・沃荷（Andy Warhol）所說的：「你看電視時，看到可口可樂，你知道總統喝可口可樂、伊莉莎白泰勒喝可口可樂，你心想，你也可以喝可口可樂。可口可樂就那麼一種，你花再多錢也買不到一罐可口可樂，比街角流浪漢喝的可口可樂更好喝。所有的可口可樂都一樣，所有的可口可樂都好喝。」[30]

但是，安迪．沃荷覺得可樂這個例子有趣，是因為它是個例外，現在仍是如此。生產甜滋滋的汽水是一個已經解決的靜態問題，為可口可樂的生產設定一致的高標很容易，不需要進一步試驗（至於把可樂**運送**到世界偏遠地區是另一回事）。但是在更複雜的情況下，要確保一致的高標顯然困難許多，而這可視為星巴克和麥當勞的主要成就。即使做得到那樣的標準化，也需要在魅力、靈活度及品質上付出代價。

經營醫院和學校又是全然不同的狀況了，我們當然希望每家醫院或學校都能展現同樣優異的素質。在英國，甚至還有一種流行的說法：「郵遞區號樂透」（postcode lottery）＊，用來形容各地標準不一。追求一致標準是全民迷戀的目標，我們希望所有的公共服務都像可口可樂那樣，全都好到標準劃一，但那是不可能的。

如果我們認真看待「變異與篩選」過程中的「變異」，一致的高標不僅不可能達到，也不是好事。當問題懸而未決或不斷變化時，最好的因應方式是嘗試不同的解決方法。如果沒人嘗試不同的方式，就難以得出更好的新做法。話說回來，如果我們接受了「變異」，也必須接受有些新方法未必奏效的現實。對必須要說服他人的政治人物或管理高層來說，這都不是一個吸引人的主張。

對傳統組織來說，「篩選」這個部分也同樣難以落實，因為難就難在如何挑選實務上真正可行的做法。保金斯基主張循序漸進，但政治人物通常不會選擇推動小規模試驗計畫，也不會以客觀的標準來衡量成效。部分原因在於政治人物來去匆匆，他們預期自己的任期只有二到四年，沒有時間讓多數的試驗展現有意義的結果＊＊。在政治上，更麻煩的是，半數的試驗都以失敗收場（其實在複雜世界裡，事情多半也是如此），所以只能留下失敗的鮮明證據。這不單是政治人物的錯，我們也有錯。我們應該包容或甚至頌揚勇於測試點子並證實某些點子不可行的政治人物，只不過我們做不到。

近年來最知名的小規模試驗計畫之一，很遺憾的，不是由政治人物推動，而是出自名廚兼電視名人傑米．奧利佛（Jamie Oliver）之手。奧利佛是來自艾塞克斯郡（Essex）的活潑青年，後來成為英國中產階級的最愛，在二〇〇五年鼓吹英國各地的學校提供更健康的飲食，在全國掀起熱潮。他幾乎是在偶然間創造出近似「對照實驗」的測試，他先說服倫敦格林威

＊編按：此話意指地域性公共服務的差異。人們能獲得的醫療、享受的政府服務等等都跟所居住地區有關，住在好的地區，就像中了公共服務的樂透一樣。

＊＊耶魯大學政治系教授唐納．葛林（Donald Green）告訴我，社會學裡有一個問題已經過實地測試，做了徹底的檢測：如何動員投票。所以政治人物必要時可運用嚴謹的評估方法。

治區的學校改變食譜，接著動員各種資源，提供設備及受過訓練的餐飲管理人員。倫敦其他有類似人口特質的街區並未獲得同樣的安排，事實上，由於整個計畫已經順利進行好一段時間後，拍攝的電視節目才播出，所以大家可能一開始都不知道這件事。

兩位經濟學家蜜雪兒．畢洛特（Michele Belot）和喬納森．詹姆斯（Jonathan James）取得奧利佛實驗得到的資料，加以分析。結果發現，如果小學生的膳食裡減少脂肪、糖和鹽，多吃蔬果，他們比較少生病，英語和自然學科的成績也比較好。如果整個實驗的控制能更嚴謹，這些研究會更完善扎實，在此之前，英國沒有一位政治人物對奧利佛的實驗有興趣。當時的英國首相布萊爾是在看到奧利佛的實驗後，才連忙站出來為活動背書，當時他都已經擔任首相八年了[31]。

不僅正式的實驗鮮少獲得傳統領導人的青睞，非正式的意見也往往無法上達天聽。鮮少顧問的命運會落得像保金斯基那樣悲慘，不過像他這樣敢直言極諫的人也很少見就是了。能真心接納誠實意見的領導人有限，我們都知道這點，所以面對當權者時，我們大都會粉飾意見。在講究層級的地方，粉飾過程還會層層累積，到最後，真相已經完全被厚重的糖衣所包覆。證據顯示，一個人的野心越大，越有可能唯命是從，這當然是有理由的，因為言聽計從比較容易受到獎賞[32]。

即使領導人和管理者真心想要取得誠實的意見，他們可能也得不到。在計畫的每個階段，基層的管理人或小官員必須報告上級所需要的資源，以及打算怎麼運用這些資源。他們可能會畫大餅，好讓上級覺得他們積極進取，也可能刻意強調任務的艱難及所需資源的龐大，以便製造驚喜。在官僚體系，實話實說可能不是最好的策略。即使有人真的據實以告，上級決策者又如何區分哪個是保金斯基這樣的誠實建言，哪個是為了獲得更多預算而捏造的不實說法[33]？

傳統組織在先天架構上，很難從去中央化的試誤過程中受惠。對那種組織來說，一動不如一靜的問題解決方式才是最理想的。任務方面也是如此，通用的專業比局部的知識更重要。但是在瞬息萬變的世界裡，像可口可樂一類的問題是越來越少了。這也是為什麼許多公司開始把權力分散外放，卸除中央管理者的職權，我們後面會再討論。在下一章中，我們會看到適應性組織如何下放權力，接納各地因地制宜所衍生的混亂局面，以及基層異議所造成的尷尬狀況。我們也會看到迫使傳統層級改變思維所需要的英勇謀略。

不過，比起用正確方式設計組織，還有一個更根本的問題，因為不僅組織有難以承認錯誤及不知靈活變通的問題，多數人也有這樣的問題。採用試誤法就是接納錯誤，亦即在決策不可行時（無論是運氣不好或判斷失誤），坦然面對問題，這似乎不是人類大腦先天就能輕易辨到的。

瘋狂下注，能不能扭轉劣勢，翻盤致勝？

二〇〇五年夏天，我都在研究撲克牌[34]。我採訪了一些全球頂尖的撲克牌好手，參加拉斯維加斯的世界撲克牌大賽，分析「撲克牌機器人」（會打撲克牌的電玩遊戲），記錄理性撲克牌玩家的手法，例如世界撲克牌大賽的冠軍克里斯．菲格森（Chris Ferguson），他是擁有博士學位的賽局理論家，也是牌技驚人的一對一高手。

撲克牌雖然可以理性分析，但由於比賽涉及強烈自尊及金錢賭注，也可能變成非常情緒性的遊戲。撲克牌玩家告訴我，玩家很容易受到一時的情緒激動所影響，那個非常時刻不是發生在贏得鉅額獎金或是拿到一手好牌的時候，而是發生在運氣太差或打牌策略太爛而輸得慘兮兮的時候。一旦慘賠，玩家很容易「暴走」，大肆下注想要一舉回本，拒絕接受那些錢已經不是他的了[35]。這時正確的做法應該是願賭服輸，重新權衡策略，但是這個認知會很痛苦。反之，如果玩家一心想的是瘋狂下注來扭轉劣勢，就會下意識覺得輸錢只是暫時的。最後真正害慘他的，不是最初輸的錢，而是因為不肯認賠，為了回本而接著做的愚蠢舉動。經濟心理學大師丹尼爾・康納曼（Daniel Kahneman）和阿莫斯・特沃斯基（Amos Tversky）在對風險心理的經典分析中，對這種行為做出以下的總結：「不甘虧損的人，可能會接受平常無法接受的賭注。」[36]

即使是你我這樣非職業的撲克牌玩家，也都很清楚那種想要一舉回本的衝動。幾年前，我和妻子訂好巴黎浪漫之旅，當時她有孕在身，就在我們準備出門搭火車的兩小時前，她突然感到身體不適。我們搭計程車去車站的途中，她不停嘔吐。我們抵達車站時，她還是堅持要去巴黎，因為車票無法退費，她不想認賠，已經準備好抱病前往。

身在浪漫情境中，經濟學家的身分鮮少是個優點，但也許這次是例外。我試著說服妻子別再想車票了，我請她想像那些花掉的錢已經永遠消失了，但也想像著我們站在滑鐵盧車站的台階上，對如何過週末沒啥計畫，這時突然有人走過來，送我們兩張去巴黎的免費車票。那才是評估當下情況的正確方法：現在的問題換成，如果不需要花錢，我們當下真的想去巴黎玩嗎？我問妻子會不會收下免費的車票，她當然不願意。她的身體極度不適，根本不想去巴黎。她明白我的用意後，勉強擠出笑容，於是我們就回家了。（不過，事後彷彿是為了獎勵我們做出正確的決定，歐洲之星列車的好心人士還是讓我們退票了。幾個月後，我和身懷六甲的妻子終於去了巴黎。）

行為經濟學家理查・塞勒（Richard Thaler）和一群同仁發現，一個真人秀節目可能是用來分析人類因應損失方法的最佳情境。他指的是電視遊戲節目《一擲千金》（*Deal or No Deal*），該節目提供了可以研究的大量數據，因為基本遊戲方式在五十幾個國家不斷重複進行，規則相近，賭金高昂。《一擲千金》是讓參賽者從二十到二十六個的編號箱子中挑選一個，每個箱子裡有不同獎金，從幾塊錢到數百萬元不等（原創的荷蘭版節目最高獎金是五百萬歐元）。玩家選出一個箱子，不知裡頭的獎金是多少，接著他的任務是以刪去法逐一開啟那些沒有被選中的箱子，順序隨意。每當他打開箱子發現裡面只有幾個銅板時，他會很高興，因為這表示他選中的箱子裡獎金沒那麼少。反之，每當他打開箱子看到鉅款時，都會大失所望，因為這表示他那一箱裡放有鉅額獎金的機會又下降了[37]。

這一切都只能靠運氣。節目最有趣的部分，也是這節目英文名稱 Deal or No Deal 的由來。飾演「莊家」的神祕人物會向參賽者出價，收購他當初選中的那個箱子，由參賽者決定是否成交。

這個節目充分顯示了博奕心理。我們來看看荷蘭版節目的參賽者法蘭克，他開了幾個箱子後，他那一箱的預期價值是十萬歐元（亦即剩餘箱子所放金額的平均值）。莊家出價七萬五千歐元跟他購買，金額不小，但還不到他那一箱期望值的七五％。法蘭克拒絕了，但接著打開下一個箱子後，他大受打擊，因為打開的箱子放著五十萬歐元，這是剩餘箱子中獎金最高的。他的獎金期望值突然驟降成二五〇八歐元。莊家跟著調降出價金額，從七萬五千歐元變成二千四百歐元。相較於法蘭克可能拿到的獎金，這個出價倒是大方多了，是後續獎金期望值的九六％，但法蘭克還是拒絕成交。再下一次，莊家的出價比剩餘箱子的平均值還高，法蘭克依舊回絕了。直到只剩下兩個箱子：一個放有十歐元，另一個是一萬歐元。此時莊家出了一個非常大方的價格：六千歐元，法蘭克沒有答應，最後他只拿到了十歐元。在痛失穩拿七萬五千歐元的機會，又錯失五十萬歐元後，法蘭克情緒暴走，開始一路走到黑。

法蘭克的行為很典型。塞勒和同事觀察參賽者在做錯選擇、做對選擇或選擇不好不壞時，面對莊家的出價分別有什麼反應。他們發現，當參賽者的選擇不好不壞時，比較樂於接受莊家的出價。做對選擇的參賽者容易自負，比較可能拒絕莊家的出價，繼續玩下去。做錯選擇的參賽者反應最為激烈，他們最不可能接受莊家的出價*。為什麼？因為接受出價，就表示認輸了，而繼續玩下去至少還有翻盤機會。正因為莊家面對手氣不好的玩家時，出價通

*一般來說，參賽者接受莊家出價的機率是三一％；贏家接受出價的機率是二五％；輸家接受出價機率僅有一四％，即便莊家給輸家的出價通常更大方。

常會越來越大方（絕對金額確實較低，但出價比較接近剩下箱子的平均值），更可看出玩家不願服輸的心理模式。客觀來說，剛做錯選擇的玩家應該更有意願接受出價才對，因為莊家的出價更誘人。

你可能以為這種現象只出現在遊戲節目或賭城的牌桌上？可惜不是。經濟學家泰倫斯・歐迪恩（Terrance Odean）發現，我們通常會傻傻地抓著下跌的股票不放手，一心期盼股價止跌回升；而賣掉績效不錯的股票時，我們要開心多了。但是事後來看，不管是拋售賺錢的股票或是死抱著賠錢的股票，都是糟糕的投資策略[38]。

以上四個例子（撲克牌、巴黎旅遊、《一擲千金》、股票組合）都顯示，我們有死不肯認賠或認錯的傾向。這樣的堅持有時可能是正面的，但是在上述情況及許多其他情況中，都產生適得其反的效果。面對錯誤或損失時，正確的因應之道是承認失敗並轉弦易轍，但人類的本能反應是拒絕承認。這也是為什麼「從錯誤中學習」雖是明智的建議，卻很難做到。

迎變之道：失敗不打緊，活得下去就行

我們面臨一個棘手的挑戰：問題越是複雜及難以捉摸時，試誤法就相對有效。問題在

於，試誤法違背了我們的直覺，也和傳統組織的運作方式背道而馳。本書的目的，就是為這個挑戰提供解決之道。

這種具有變通性、實驗性質的方法幾乎適用於任何地方，所以我們探討的問題非常多元。例如，我們會看到桀驁不馴的軍官冒著職業生涯和生命風險，扭轉伊拉克戰爭的局勢；而戰俘營醫生放膽一搏的例子，則足以做為現今世界銀行的運作榜樣。還有三哩島（Three Mile Island）事件及深水地平線（Deepwater Horizon）鑽油平台爆炸事件的教訓，如何幫我們防範下一場類似雷曼兄弟（Lehman Brothers）的金融危機；鐘錶師、流浪街童、華爾街叛徒、兩位飛機設計師、挫敗的編舞家，在這些人身上，我們可以學到什麼？此外，我們還要探討多種公司的企業策略（從Google到街頭修鞋店），以及為金融危機到氣候變遷等重大問題找出解決方案。

在這個過程中，我們將會學到迎變之道，它的三個基本步驟是：嘗試新事物並做好有些嘗試將會失敗的心理準備；確保在失敗中求生存，因為失敗乃兵家常事；以及失敗時自己一定要知道。保金斯基應該很熟悉這些步驟，但過程中免不了會遇到難關。想要創造新點子，就必須克服隨波逐流的傾向，推翻那些安於現狀的既得利益者。在失敗中求生存，有時是指循序漸進、步步為營，但不見得都是如此：許多創新都是出自放手一搏，想要在那樣的大膽行動中存活下來並非易事；同樣的，想要在金融體系的失敗中存活下來也非易事。吊詭的是，區別成功和失敗可能是其中最艱鉅的一項任務，因為自負的領導人會無視兩者的區別，我們不願服輸的天性也可能會模糊兩者的分界，而世界的錯綜複雜更讓最客觀的裁判難以分辨成敗。

我希望在這個探索的過程中，大家都能學到如何在事業與生活中靈活變通及試驗。面對試誤法的代價和風險，我們是否應該做更多的試驗與變通？追尋成功之路，我們將會付出什麼代價？

| 第2章 |

你牆上，是否也有張通往失敗的路線圖

戰火下的團隊，如何學習迎變

這實在太複雜了，如果你以為你有辦法解決，那你就錯了，而且非常危險[1]。

——美國陸軍中將麥克馬斯特（H. R. McMaster）

沒有指示或命令，就自己想辦法……[2]

——取自被前CIA局長大衛・裴卓斯（David Petraeus）徵用的一個巴格達西部指揮哨的門上標語

二〇〇五年十一月十九日，就在感恩節前的那個週末，美國海軍陸戰隊的一名士兵闖進巴格達郊外約一百五十英里處的民宅，拿槍掃射一群孩子。據他自己供述，他「看到屋內的孩子一一跪倒，不記得確切的人數，只記得很多小孩」。他認為那些孩子都是敵人，「我受過的訓練是朝胸膛和頭部各開兩槍，我是按照訓練行事。」[3]

這名士兵的朋友米格爾．特拉澤斯（Miguel Terrazas）死了。下士特拉澤斯來自德州的艾爾帕索市（El Paso），死時年僅二十歲，炸彈把他的上身炸得粉碎，另兩名海軍陸戰隊下士也受了傷。爆炸過後，一輛白色歐寶汽車駛近現場，車上有五名伊拉克青年，眼見著可能的威脅逼近，在場的年輕士兵都嚇呆了，承受著巨大的壓力。

海軍調查員及質疑海軍說法的記者，拼湊出爆炸案後發生的事[4]：那五名伊拉克青年遭到射殺，一名中士坦承他在死者頭上撒尿，說那幾個人是在試圖投降之際被射殺[5]。

我看到他們射殺我爺爺，接著又殺了我奶奶……

美軍接著就掃蕩路邊的房子，五歲的柴娜柏．薩倫（Zainab Salem）和三歲的妹妹艾莎遭到射殺，其他五名家人也無一倖免，唯一逃過死劫的是一個十三歲的女孩，她靠著裝死存活了下來。另一戶人家死了一名嬰兒，還有一個坐輪椅的男人中了九槍。九歲的艾曼．瓦立德（Eman Waleed）和八歲的弟弟躲在大人的屍體下活了下來，「我看到他們殺了我爺爺，先是射胸部，接著朝頭部又開一槍。」她告訴記者，「之後他們又殺了我奶奶。」[6]總計，二十四名伊拉克人死在這群美軍的手中。

這起哈迪薩鎮（Haditha）的大屠殺駭人聽聞，更令人震驚的是，二十四名平民突然身亡，大家竟然習以為常。當地營長認為這起事件「非常遺憾，相當不幸」[7]，但他覺得不需要調查，因為「包括死亡人數都沒有什麼不尋常之處」，師長也同意他的說法。

哈迪薩事件並未立刻衝擊到伊拉克美國駐軍的聲譽，當時暴力死亡的案件太過平常，不僅美國海軍官員不以為意，連多數的伊拉克人也見怪不怪。但哈迪薩事件卻代表了，美軍在伊拉克施行的策略已經徹底失敗。美國及其盟國很需要伊拉克百姓的支持，但一直無法如願。哈迪薩事件，突顯了美軍占領部隊的壓力、挫折、疲累及孤軍奮戰。哈迪薩鎮的美國駐軍目睹同僚遇害，卻無法適切做出回應，他們的戰略失靈，得不到有效的策略指導，只能訴諸暴行。

二〇〇五年是可怕的一年，但二〇〇六年更加惡化。二月二十二日，伊拉克薩邁拉（Samarra）古城的金頂清真寺（Golden Dome Mosque）遭到炸毀，行徑就相當於天主教徒摧毀倫敦西敏寺，由此開啟了兩派人馬——占多數的什葉派穆斯林與少數的遜尼派穆斯林——的街頭內戰。什葉派掌控著伊拉克政府，在他們眼中，金頂清真寺如同聖地。遜尼派在海珊執政時期占優勢，但海珊下台後就遭到當權派排擠。有些人把薩邁拉市爆炸案視為危機引爆點，有些人則認為那只是代表什葉派與遜尼派的衝突加溫。汽車炸彈頻傳，而暴力事件就像家常便飯：二〇〇六年某個夏日，光是巴格達就發現了五十多具屍體，每個死者都銬著手銬、蒙著眼睛遭到槍殺。什葉派民兵常從混合居住區抓走遜尼派教徒，帶到遜尼派教徒的居住區邊緣，朝後腦勺開槍，接著就地棄屍，揚長而去。遜尼派叛亂分子也會逐一解決混合居住區的什葉派教徒，先是抓理髮師，接著抓房地產仲介，再來是抓冰淇淋店的店長。一名肉販就在顧客面前，臉部挨了一槍；他已成年的大兒子上前爭論時遭到射擊，次子從隔壁店鋪衝過來，同樣命喪槍下。人民一波波逃離伊拉克，或是從混合居住區搬到隔離區，以遠離隨時可能發生的暴力衝突[8]。

另外，還有伊拉克的蓋達組織（AQI），這是一群由約旦人扎卡維（Abu Musab al-Zarqawi）領導的邪惡恐怖分子，誓死效忠賓拉登的勢力。蓋達組織逐一控制伊拉克的城鎮，以公開鞭打等方式來羞辱各地的部落領袖，必要時甚至會殺一儆百來恫嚇當地居民。

眼看暴力事件日益猖獗，美國及盟軍都無能為力。官方立場依舊表示警力和軍力已經準備好因應之道，可以依賴，但是官方政策根本毫無效果。伊拉克軍方拒絕離開駐守區，巴格達警力以什葉派為主，無意阻止暴行。他們打著「和解」的幌子進入遜尼派地區，沒收武器就離開，並在暗中知會什葉派的民兵，遜尼派已經沒有武裝防備。

伊拉克正在分崩離析，盟軍傷亡人數急遽增加，任何人都看得出來這個國家離和平法治越來越遠，整個體系看來即將失靈。哈迪薩鎮的屠殺事件（射殺幼童及殘障者）不僅是可怕的犯罪，更顯示美軍駐伊拉克的部隊已經偏離他們維護平民百姓的初衷。對付蓋達組織等叛亂分子的策略確實有，但從二〇〇五和二〇〇六年的情勢看來，美軍根本不知道有這些策略。占領伊拉克的計畫眼看就要失敗，局勢惡化的程度已遠遠超乎美國國防部和白宮的想像。

但到了二〇〇八年，伊拉克的局勢卻徹底逆轉。蓋達組織全面撤退，攻擊次數、美軍及伊拉克的死亡人數都大幅下降。先前因計畫不周而對伊拉克造成的傷害無法彌補，伊拉克的未來依舊充滿不定數，但不可否認的是，美軍在陷入全面失敗的萬丈深淵以前，及時扳回了一城。美軍是如何辦到的，這樣的轉折帶給我們的啟示非常重要，因為它打破了我們對於大型組織該如何處理問題的一切成見。

無能將帥，到底如何弄死三軍？

看一眼世上的任何組織架構圖，你會在簡單的簡報格式上看到理想的組織決策型態。最上面是領導人：執行長、四星上將或總統。領導人很重要，只要他決策英明，凡事就沒問題；反之，一旦做錯決策，整個組織都會遭殃，甚至一敗塗地。

那麼，領導人如何做出好決策呢？很簡單，首先，他應該善用他高高在上的地位，看清全局。他運用越多的技巧縱覽全局，越能看清楚各單位的配合方式，這有助於協調實務運作——無論是結帳櫃台、工廠廠房或前線。領導人身邊也應該有一支後援部隊，對組織的願景有一致的看法。為了確保策略能有效執行，組織上下的呈報關係（弄清楚誰必須向誰報告）必須明確。此外，資訊應該要往上流動到高層並進行分析，高層的回應和指示也應該下達底層，否則結果只會是得過且過、一團混亂。

我們直覺認為，這就是領導人的工作方式，也是組織該有的運作方式，但這其實是危險的誤解。問題在於，沒有領導人能夠每次都做出正確的決策，拿破崙也許是史上最卓越的將領，但他率領五十萬大軍入侵俄國時，有九成以上的士兵喪生或遭到遺棄。甘迺迪在古巴導彈危機期間，成功迫使赫魯雪夫讓步，但是在豬玀灣事件（Bay of Pigs）的軍事行動中，卻不知何故，以為一千四百位受過美國訓練的古巴流亡人士可以打敗二十萬大軍，推翻卡斯楚政權，而且不會有人懷疑美國在背後指使。毛澤東可以說是所有叛軍指揮官中成就最高的，但他在和平時期的領導人角色卻是個災難，他的自大無知害死了數百萬的中國老百姓。有先見之明的邱吉爾，曾大聲疾呼大家要提防希特勒的崛起，戰爭期間更是激勵人心的英國領導人，卻在一次大戰擔任海軍大臣時，執意出兵加里波利（Gallipoli），結果戰況慘烈，導致數萬名盟軍喪生。在戰爭、政壇和商場上，我們面對複雜的問題以及有謀略的對手時，不可能常勝不敗。正如某位普魯士將軍所言：「任何計畫都禁不起與敵人一戰。」重點在於領導人能多快調適變通。

如果連最優秀的領導人都會犯錯，一個好的組織就必須想辦法更正那些錯誤。理想的層級組織之所以能有效落實正確的決策，是因為它可以把所有資訊精煉後產生一個大局觀點，讓團隊可以齊心協力，朝同一方向邁進；而明確的職責，則讓資訊能在指揮鏈上下順暢流動。如果組織的任務是從錯誤中學習，以上這些優點很可能變成包袱：大格局會變成自欺欺人的政令宣導，齊心協力的團隊會陷入團體迷思，指揮鏈則會變成僵化的層級，阻止意見往上傳達。實務上能有效解決問題的組織架構，其實是混亂又叛逆的。

死腦袋、拒絕迎變，是最致命的錯誤

讀過伊拉克戰爭的歷史後，免不了會認為入侵伊拉克是不智之舉。不過，更讓人匪夷所思的，是執行上的拖延與無能，讓這番醜事竟然持續了那麼多年。

關於這點，從二〇〇五年感恩節後，美國國防部兩大人物召開的記者會即可看出端倪。美國國防部長唐納德．倫斯斐（Donald Rumsfeld）和參謀長聯席會議主席彼得．佩斯上將（Peter Pace）站在一起。十天前才剛發生哈迪薩鎮事件，不過這次記者會的主題是談戰爭的總體行動。

幾位與會者發現，這場記者會有個非常詭異之處。倫斯斐自始至終都避免提及「叛亂分子」一詞，而當時伊拉克的三大反對勢力（遜尼派、什葉派及蓋達組織）都有日益猖狂之勢。由於這個詭異現象實在太明顯了，一位記者乾脆直接問國防部長，為什麼他避而不用「叛亂分子」一詞。倫斯斐解釋，感恩節週末，他突然「頓悟」了一件事：「這群人不配以『叛亂分子』稱之。」

佩斯上將完全跟不上老闆這番離奇的論調，他在描述當地情況時，一度語帶遲疑，接著不安地坦言：「我必須使用『叛亂分子』一詞，因為我現在想不出更貼切的用語。」倫斯斐打岔：「換成『正統伊拉克政府的敵人』如何？」但是後來在記者會上，佩斯上將還是不小心脫口說出「叛亂分子」，他立刻對倫斯斐裝出懊惱的致歉表情，引起全場記者竊笑。佩斯上將也告訴記者：「全世界沒有哪支武裝部隊，像我們那樣竭盡心力地保護平民。」可見哈迪薩鎮事件雖已發生十天，真相還在龜步爬行中，沒有及時上傳給高層[9]。

倫斯斐在記者會上那種「歐威爾式」（Orwellian）的表現＊，如果只是對媒體說說場面話的獨立事件，應該不會那麼引人注目，但它不是。他的舉動直接影響的是日復一日的作戰指導。顯而易見的，軍方需要某種反叛亂的策略，但是不使用「叛亂分子」一詞很難進行討論。迴避「叛亂」字眼的噤聲令，已經往下傳遍了整個軍方[10]。一位上校向記者喬治．派克（George Packer）抱怨，某位上將來他的單位巡視並宣布：「那不叫叛亂。」當下他心裡默默回應：「好吧，那你說說看，那叫什麼。」

倫斯斐「否認現實」的舉動，也展現在他拒絕接受了解實情者的建議上面。最早一次聽取意見回饋的機會，是在伊拉克戰爭開打以前。上將艾力．新關（Eric Shinseki）提醒參議院的委員會，入侵伊拉克後需要幾十萬大軍應付後續的狀況，人數是倫斯斐配置軍力的兩三倍[11]。新關上將不僅是美國陸軍參謀長，也曾是駐波士尼亞維和部隊的指揮官。倫斯斐的副手隨即指出新關上將的建言「離譜」，但後來證實他的說法相當精確。追蹤國防部消息的人士指出，新關上將從此以後就遭到排擠，幾個月後就照原定計畫退休了。

＊編按：「歐威爾式」衍生自英國作家喬治．歐威爾（George Orwell），用來形容政府洗腦人民的做法，包括宣傳、冷處理、否認事實等等。

第二次聽取意見的機會，是發生在美伊開戰後的第六天：中將約翰・阿比扎德（John Abizaid）向倫斯斐及他的第三號副手道格拉斯・費斯（Douglas Feith）電話連線報告的時候。阿比扎德是伊拉克的第二戰地指揮官（不久就升任中東地區的美軍總指揮），他的話值得一聽。在陸軍所有的高階將領中，他算是中東問題的權威。早在一九七八年，他就和懷孕的妻子及牙牙學語的女兒搬到伊拉克的鄰國約旦，住在首都阿曼的簡陋環境中[12]。他們一家人積極融入當地文化，阿比扎德還開始研讀《古蘭經》。他親眼看見了約旦人對伊朗革命的反應，跑遍了約旦整個國家，當地遊牧民族因此幫他取了一個典型的阿拉伯名「阿布・扎德」（Abu Zaid）。第一次波斯灣戰爭後，阿比扎德臨時發動一場卓越的行動，在不動用彈藥下，就迫使海珊的部隊退出庫德族自治區，阻止了一場大屠殺。他的指揮官說，那是「我見過最出色的軍事戰略行動」。

十二年後，伊拉克戰爭一開始的「震懾行動」（Shock and Awe）似乎進行得很順利*，但阿比扎德有很多事想跟他們兩人討論。然而，倫斯斐放過了這次學習的機會，電話連線會議才進行十五分鐘，他就開心地揮揮手離去。於是，聽取阿比扎德對局勢的看法，就旁落到費斯身上。阿比扎德表達了內心的極度不安，根據他之前接觸伊拉克的經歷，他知道當地種族和宗教派系的積怨已久，他擔心海珊垮台後，美國國防部沒有任何穩定伊拉克局勢的計畫。阿比扎德主張，在推翻海珊的阿拉伯復興社會黨（Baath）政權後，盟軍必須贏得中下層數萬名黨工的支持，其中包括行政人員、警察和教師。但費斯根本沒興趣聽，他打斷阿比扎德的話說：「美國政府的政策就是『去復興社會黨化』（de-Baathification）。」亦即不分階級高低，殲滅海珊所屬政黨的所有成員，如此一來，伊拉克國內幾乎沒有人知道國家應該如何運作了。阿比扎德又試著想說服費斯，他說光是提到 de-Baathification 的任何字眼都很危險，會讓人錯誤聯想起二次大戰後的德國及「去納粹化」（de-Nazification）。

但費斯以五歲小孩屢試不爽的吵架方式回應，只是一味重複說過的話：「美國政府的政策就是『去復興社會黨化』。」事後，阿比扎德的擔心幾乎全部應驗了[13]。

我們如今都知道，艾力．新關及阿比扎德的建言都是正確的，但這都是後見之明。當時即便美國在伊拉克戰爭採用的方式已經失靈了，倫斯斐的團隊仍是捂住耳朵，拒絕接納任何建議。例如，二〇〇五年九月，國防分析家安迪．克里佩尼維奇（Andy Krepinevich）在《外交》（*Foreign Affairs*）雜誌上發表了一篇措辭尖銳的文章，主張美國應該要有適當的反叛亂

＊編按：美軍在攻打伊拉克的頭四十八小時內，動用了三千枚炸彈及巡弋飛彈轟炸伊拉克，這個結合速度、精準度及壓倒性火力的行動，要造成的就是震撼與威懾的效果。

策略[14]。倫斯斐指示他的顧問去跟克里佩尼維奇談談，但是當克里佩尼維奇獲邀出席早餐簡報時，軍方卻告訴他，他根本不了解伊拉克的狀況。克里佩尼維奇表示，倫斯斐的副手甚至還開玩笑說，他們應該把他丟到通往巴格達機場的死亡之路上。事後這位副手否認他曾出言威脅，但從這件事可以看出，軍方幾乎無意向外人請教。

我們很容易把伊拉克戰爭的失敗歸咎於高層做錯了決定，事實也是如此。但關鍵不只是決策錯誤而已，畢竟戰爭中出現決策錯誤不是什麼罕見的事。這裡真正要命的是不知變通，而更糟的，是拒絕變通。

老闆不喜歡聽不同意見，員工當然樂得從眾……

或許有人認為，越戰和伊拉克戰爭不能相提並論，不過，兩者倒是有一點非常相似：在這兩起戰爭中，不同意見都無法傳達到國防部和白宮的戰情室，尤其是來自戰場上的不同意見。伊拉克戰爭的局勢，是在反對意見獲得聆聽後才出現起色，越戰則是從頭到尾都聽不到異議。

一九九七年有一份權威報告問世，探討美國捲入越戰的決策，此書是以一篇博士論文為基礎，而論文本身則是根據最新解密的檔案寫成。作者麥克馬斯特對於美國總統詹森、國防部長羅伯．麥納馬拉（Robert McNamara）以及參謀首長聯席會議所有將軍的失職深感憤怒，所以乾脆以《瀆職》（*Dereliction of Duty*）作為書名。

麥克馬斯特的著作清楚顯示，理想化的層級組織可能衍生出事與願違的反效果。還記得理想化決策層級的三要素嗎？一是精煉所有可取得的資訊及分析來產生所謂的「大局」觀點，二是團隊齊心協力朝相同方向努力，三是上下級嚴明的指揮鏈。詹森和麥納馬拉都努力做到了這三點，但卻釀成了災難性的結果。原因如下：中央能歸納、分析出來的「大局」資訊，其實不重要；團結又忠誠的團隊排擠異議；以及上下級嚴明的指揮鏈壓下來自基層的壞消息，詹森總統完全聽不到。越戰過去多年後，倫斯斐又重蹈覆轍，伊拉克戰爭的局勢直到美軍放棄僵化的指揮鏈，不再追求意見齊一，也不再老是想著做出大格局的決策之後，才開始出現轉機。

很多人都知道羅伯．麥納馬拉熱愛計量分析，也相當在行，甚至因此成為福特汽車公司第一個坐上總裁位置的非福特家族人士。他的總裁位置還沒坐熱，幾週後，甘迺迪總統就延攬他出任國防部長了。麥納馬拉認為，只要有夠多的電腦和夠多的哈佛管理碩士，即使遠離前線，也可以算出最佳戰略。這樣搞出來的戰略讓遠在越南的美軍苦不堪言，到了後來的倫斯斐卻依然吃這一套。此外，還有更要命的，那就是麥納馬拉的管理風格。

麥克馬斯特指出，詹森和麥納馬拉根本是天生一對。在甘迺迪遇刺後，詹森突然登上總統寶座，終日惶惶不安，極度缺乏安全感，由此更偏向一言堂。麥納馬拉則是典型的應聲蟲，對詹森唯命是從。既然總統只想聽單一意見，他就強制要求大家遵守。詹森當上總統不久，眼看一九六四年的總統大選即將到來，每週二都會和三名資深顧問開午餐會議，其中包括麥納馬拉，但沒有任何一個軍事專家在場，連參謀長聯席會議主席都沒有入列。麥納馬拉和詹森都不信任軍方，事實上，剛轉正沒多久的詹森就解雇了三位軍事副官，因為「他們礙了我的事」[15]。

詹森和他的顧問們都把越戰視為政治足球，可能阻止詹森連任，也可能助他一臂之力[16]。這三位顧問覺得他們就像「一家人」，每次和詹森見面之前，都會先達成共識，因為詹森就喜歡大家意見一致。麥納馬拉也喜歡「團隊型」的人才，他宣稱，要是部門首長對總統的決策有異議，政府就無法有效運作。這是最等而下之的一種理想化組織：光是忠誠還不夠，連「表達異議」都視為威脅[17]。

當你的答案跟別人完全不一樣，你敢不敢大聲說出來？

心理學家所羅門．阿希（Solomon Asch）做過一些出名的實驗。那些實驗可以證明，為什麼像麥納馬拉和詹森那樣狂熱要求意見一致是危險的[18]。阿希有個經典實驗，他找來一群年輕人圍坐一桌，讓他們看兩張卡片，一張上面畫著一條線，另一張畫著長度明顯不同的三條線，分別標著A、B、C。接著，實驗人員要求受試者說出三條線中哪一條與另一張卡片上的那條線一樣長。這個實驗非常簡單，但暗藏玄機：圍坐一桌的人中，只有一個是真正的受試者，其他都是阿希找來的演員。這些演員回答的都是同一個錯誤答案，輪到真正的受試者回答時，這個可憐的傢伙已經昏了頭，他往往會選擇隨波逐流，回答同樣的錯誤答案。所有的受試者在事後受訪時，通常會坦言之所以那樣回答，是因為他們真心認為是自己眼花了。一個實驗裡只要有三名演員，就足以製造出這種效果。

阿希後來又做了另一個實驗，沒那麼出名，但一樣重要。實驗中，其中一個演員的答案和其他演員不同，這下子從眾壓力就立刻消失了。如果是十比一完全一面倒的情形，受試者會給出錯誤的答案，但是換成九比二時，他會高興地給出正確的答案。值得注意的是，無論那位提出不同答案的演員是否正確，只要他的答案跟其他人不同，都足以讓不知情的受試者掙脫社群強加的認知束縛[19]。

心理學家弗農・艾倫（Vernon Allen）和約翰・列文（John Levine）做了一個離奇版的類似實驗，在這個視覺實驗中特別演了一齣戲，其中一位演員戴著眼鏡行特製的超厚眼鏡，鏡片厚得像玻璃瓶底一樣，狀似卡通人物「脫線先生」（Mr. Magoo）[20]。這位脫線先生一開始就很擔心地說：「這個實驗會不會需要看遠處的東西啊？太遠的話，我就看不清楚了。」他們刻意設計了幾個動作，讓真正的受試者誤以為脫線先生連擺在眼前的手都看不清楚。接著開始正式實驗後，脫線先生自然是不斷犯錯。同樣的，受試者在面對群體提出一致的錯誤答案時，也很難獨排眾議，提出不同的看法；但是只要有一個人提出不同答案，受試者就能掙脫桎梏。更驚人的是，即使提出不同意見的人是看不清楚東西的脫線先生，依然可以讓受試者擺脫群體意見的綁架。

複雜理論家盧宏（Lu Hong，音譯）和史考特・佩奇（Scott Page）的實驗，則證實了另類觀點的珍貴。他們的實驗是以電腦內建的自動化裝置做為決策者，不受外界社會壓力的影響[21]。接著，他們做模擬實驗，讓這些自動化程式去尋找解決方案。其中一組是由最聰明的代理程式組成，另一組則是由比較笨拙但更多元的代理程式組成，結果發現後者比前者更為有用。雖然「不同」往往意味著「出錯」，但是做不同的嘗試還是有價值的（這也是保金斯基遊歷歐洲各大工業城市時所獲得的啟示）。原因有二，其一是因為阿希發現的從眾效應，其二是多方聽取意見的一個最基本好處：意見多元的團體往往可以衍生出更好的決策。

所以，凡事避免意見分歧，很容易產生誤導。詹森最不需要的就是一致的意見，反之，他最迫切需要的是傾聽不同的意見，如此才能自由運用他的判斷力，避免選擇方案過於狹隘。即使是聽一位不夠稱職的顧問提出不同的觀點（類似脫線先生那樣的人物），也許都能改善詹森的決策。偏偏詹森想要的就是一言堂，而麥納馬拉又想盡辦法如他所願。

更糟的是，詹森還設立明確又理想化的指揮鏈，堅持任何人都不能逾越上下職權。他不和參謀長聯席會議直接對話（因為將領們經常意見相左，令詹森感到不安），而是透過參謀長聯席會議主席和麥納馬拉來過濾消息。詹森可能不知道有多少消息因此被隱瞞，麥克馬斯特在書中提到了一個例子足以說明問題。一九六四年，參謀長聯席會議核准了一場名叫 SIGMA I 的作戰演習，大致預測出了戰爭後來的發展：升級成難以逆轉的全面開戰[22]。麥納馬拉完全不理會演習結果，因為他的數字分析師得出截然不同的結論。詹森從始至終都不知道 SIGMA I 的結果，這件事充分顯現出詹森與軍事顧問之間的溝通有多麼糟糕。

要不是參謀長聯席會議曾試著透過非官方途徑與詹森交流，加上詹森又明確要求軍方「透過麥納馬拉」跟他溝通，我們會很容易把這一切錯誤都歸咎麥納馬拉。詹森只和他的政治顧問談，他的決策也確實帶給他短暫的政治勝利，但後果卻是可怕的軍事災難。這種理想化的層級架構，一旦決策出錯，全力執行決策的團隊以及完全阻擋重要資訊上傳的指揮鏈，只會造成更強大的副作用。麥克馬斯特在書中提到，在一九六三年十一月到一九六四年七月之間，詹森「做出的關鍵決策，在不知不覺中把美國拖進了戰爭的泥沼」[23]。

四十年後，倫斯斐拒絕聽取不同的意見，也拖累了伊拉克境內的盟軍部隊。當時軍方的戰略固然很糟，但真正不可原諒的是倫斯斐完全沒有給予策略改善的機會。麥克馬斯特在書中記載了美國軍方高層應該引以為鑑的失敗例子，但情況似乎沒有改變。

前線情勢逆轉，遙遠的辦公室裡怎麼知道？

事實上，早在哈迪薩鎮大屠殺以及倫斯斐召開記者會的幾個月前，美國在伊拉克的局勢已經開始逆轉，只不過倫斯斐不知道罷了。

第一道勝利的曙光，於二〇〇五年春天出現在伊拉克古城塔阿法（Tal Afar）[24]，那裡離敘利亞的邊境不遠，居民有二十五萬人。美軍把叛亂分子驅離塔阿法，但只要美軍一撤離，叛亂分子又會回來。到了二〇〇四年底，塔阿法已經變成遜尼派極端分子的據點，也是約旦恐怖組織首腦扎卡維的重要根據地。塔阿法向來是走私集散地，後來從敘利亞過來的外國叛亂分子也把這裡當成理想的落腳處，在此武裝受訓後，再派去對抗什葉派、美軍和通敵者。

當時，派駐伊拉克的美軍大都是駐紮在前線作戰基地（Forward Operating Bases，簡稱FOB）。有些基地規模龐大，外圍邊長達四英里，基地裡有定時的接駁車載運士兵[25]，還有一些設備提供士兵家鄉味的服務，例如三一冰淇淋、戲院、游泳池，甚至還有一些消費性電子用品店。基地建築採用整齊對稱的混凝土結構，除了會讓許多現代建築師看得兩眼發光外，就戰略來講，也是相當合理的規畫，因為對恐怖分子那些烏合之眾來說，位於沙漠中的前線作戰基地幾乎堅不可摧。基地美軍可以輕鬆獲得補給（軍需部人員還被戲稱為「伏比人」）*，有人甚至在無意間聽到一位上尉半開玩笑說，他們的使命是「護送冰淇淋卡車北上，好讓其他人繼續看顧那些冰淇淋專車」。換句話說，美軍在伊拉克的戰略已經全面退化成「別讓士兵犧牲」。坦白講，如果「別讓士兵犧牲」是唯一的戰略目標，那把部隊撤回科羅拉多州或德州不是更容易辦到嗎？

一位反叛亂專家描述，美軍從基地全副武裝出擊，簡直就像「地獄一日遊的旅客」。從

*譯註：Fobbit（伏比人）由FOB與Hobbit（哈比人）組合而來，意指他們待在基地裡遠離戰火。

那樣的隔離狀態下展開軍事活動，頂多只能掃蕩塔阿法這樣的城市，殺幾個壞蛋交差。這類掃蕩鮮少演變成哈迪薩鎮那樣的慘劇，也鮮少得到什麼實質的結果。麻煩在於，叛亂分子只要丟下武器，混入人群，就能銷聲匿跡。塔阿法居民可能看得出叛亂分子和當地人的差異，但美軍分不出來，而且塔阿法人也不會告發他們。

美國反叛亂大師約翰．納格爾（John Nagl）二〇〇三到二〇〇四年間在伊拉克服役，他很快就發現無法指望當地人配合。納格爾少校抵達伊拉克的第一天，就派一名上尉到當地警局拜碼頭[26]。警局裡的人一看到美國人走過來，連忙從後窗跳出做鳥獸散，彷彿有人在地下室發現炸彈一樣。納格爾覺得肯定是年輕的上尉搞砸了，隔天他親自走了一趟，也是碰到同樣的反應。後來納格爾終於得到他想要的聯合巡邏方式：一名當地警察走在前面，納格爾拿著步槍走在他後方幾碼處。即便納格爾是反叛亂方面的專家（擁有牛津大學的反叛亂博士學位），也是到了後來才了解當地警方不願合作的原因。

當地人為什麼不願幫助美軍？傳統觀點這是因為美軍不如叛亂分子得民心。連阿比扎德這種老經驗的美國將領都認為（當時阿比扎德負責指揮美國在中東的所有部隊），根本問題在於美軍的處境就像移植器官遭到身體排斥一樣：只有美國撤軍，和平才有希望。

過了一段時日後，美國才恍然大悟：有些伊拉克人確實憎恨美國人，但多數伊拉克人不願合作並非出於憎恨，而是出於恐懼。美軍掃蕩當地時，誰要是敢站出來協助，等美軍撤退後，就會遭到殺害。這就是為什麼納格爾只有用槍口對準當地警察時，才能獲得「協助」。這也是美軍建議伊拉克小學生和美國小學生當筆友時[27]，伊拉克老師婉拒的原因——因為風險太大了，伊拉克兒童把信寫得再文情並茂又能怎樣呢？同時那也是美軍再怎麼自我克制，只偶爾掃蕩幾次伊拉克的城市，卻幫不了任何人也得不到任何協助的原因。

所以，塔阿法城依然是叛亂分子的大本營，遜尼派還在街頭橫行，什葉派警察同樣在夜晚出動暗殺小組。伊拉克的內戰越演越烈，塔阿法城宛如全國的縮影。

為了證明自己正確，而賭上工作與身家，你敢不敢？

這時，一名上校（姑且稱之為H上校）率領三千五百名美國陸軍第三裝甲部隊，來到這個混亂地帶。H上校平易近人，個頭不高，體格強壯，要不是談話時偶爾展露的幽默及頑童式的笑容，黑黝黝的光頭看起來還挺嚇人的。

H上校是有名的戰地英雄，一九九一年波斯灣戰爭期間，曾在一場著名戰役中指揮美國的坦克部隊。不過，他也是個思想家，還是個膽識過人的思想家。他準備扭轉塔阿法的局勢，覺得美國在伊拉克的策略根本不合理。

想要在塔阿法贏得漂亮，H上校領導的部隊必須能夠迅速應變。還沒離開美國本土以前，H上校就開始訓練他們，大量採購伊拉克的歷史口袋書，要求他們閱讀，並指示他們對待伊拉克人必須更加尊重。在科羅拉多州的卡森堡（Fort Carson）軍事基地，他們在模擬的檢查哨角色扮演棘手的社交互動情境，模擬面對醉漢、孕婦或可疑自殺炸彈客的場景，錄影下來檢討缺失，並討論如何從錯誤中學習。H上校告誡麾下士兵：「你只要對伊拉克人不敬，就是敵人的幫凶。」[28]

抵達塔阿法後，H上校的裝甲部隊緩慢地駛入城裡，逐一掌握每個街區。他麾下的中尉們一再和當地的掌權者溝通，努力協調溫和的本土意識遜尼派跟什葉派和解；改革什葉派警力，讓他們足以代表整個城市；扶植一個連當地語言都不會說的巴格達人擔任新市長，至少他不會別有居心。他們在塔阿法各地建立二十九個小型前哨站，裡面沒有冰淇淋、沒有游泳池，也沒有熱水和定時的三餐供應。但是，無論那些哨站遭到多麼無情的攻擊，他們都不會棄守。

對塔阿法當地比較極端的敵隊陣營來說，任何手段都不算殘忍。H上校回憶：「有一次，恐怖分子殺害躺在醫院病床上的小男孩，然後在屍體裡安裝炸彈。他的家人來領取屍體時，炸彈當場引爆，炸死了孩子的父親。」[29]

還有人全身綁滿了爆裂物走入新進警員中，炸死他們。她不是自殺炸彈客，而是一名十三歲的弱智少女，有人叫她牽著一個牙牙學語的孩子走向那些警察。

連續幾週，H上校的部隊在艱難的環境中死傷慘重，但是後來奇蹟出現了：塔阿法的居民開始和美軍合作及交談——這一切進展得很慢，也很艱難。那些敵對的交鋒陣營中，比較溫和的人開始放下武器；而真正的恐怖分子要不是逃逸，就是在當地居民的告發下喪命或被捕。畢竟，很少人會真正想包庇那些利用弱智少女當人肉炸彈以及利用幼童當掩護的人。H上校說：「轉變一發生，後續速度就快得驚人。」當多數居民開始相信，美軍不會放任伊拉克的蓋達組織報復他們時，轉變就開始了。

H上校為了讓塔阿法恢復和平，冒了極大的風險。他的策略幾乎算是公然違抗他的頂頭上司凱西將軍（George Casey）和阿比扎德中將。他顯然無暇顧及倫斯斐的言語管制，直率地告訴記者：「軍事上，你必須稱他們是叛亂分子，因為我們有對抗叛亂分子的原則和理論，那也是你們想看到的。」[30]他也越級報告，直接找非頂頭上司的資深將領討論。他的頂頭上司都不太支持他，還有人警告他：「別再做策略思考了。」也就是要他閉嘴，別再想高層該怎麼做。當他要求八百人的增援部隊時，完全得不到回應，後來才發現他的要求沒有往上傳過。之後一份報導指出，凱西將軍授予H上校獎章以表揚他在塔阿法的成就時，還提醒他，他在指揮官中樹敵太多，為了他好，他需要多傾聽、少爭論。

這裡，我們來回顧一下理想化的組織，你可以看到H上校的成功是因為違反了理想化組織的所有原則：當他覺得高層的策略很糟時，乾脆置之不理；當僵化的層級壓下他的觀點時，他轉向記者傳播他的想法；他不依賴大局的資訊，而是專注於塔阿法現況的細節，授權給在當地指揮哨站的下屬。

面對伊拉克的叛亂分子，H上校賭上自己和部下的身家性命，靈機應變（我第一次訪問他時，他才因為在伊拉克被炸傷，動了髖關節置換手術，正在復原）[31]。更驚人的是，這一切還是因為他撇開頂頭的層層指揮鏈不顧才得以做到，他也為這種不畏權勢的獨立風格付出了代價。儘管他擁有博士學位，在沙漠風暴行動及塔阿法都有建功，但二〇〇六年和二〇〇七年卻兩度和升任准將（最低的將軍級別）錯身而過[32]。上級關注的不是他的功績，他們只看到他搗亂的態度。H上校即將提前退休之際，越來越多的反叛亂專家開始抱怨，美軍不該這樣對待最傑出的上校[33]。

很少軍人像H上校那樣，賭上自己的職業生涯。他就是《瀆職》的作者麥克馬斯特，他在書中細數總統、國防部長、高階將領的失職如何導致越戰的大災難，深入探討組織為什麼會從上而下徹底失靈。如果他有能力扭轉局勢，他不會眼睜睜看著美軍重蹈覆轍。

你愚蠢地侵略一個國家，不表示你就必須愚蠢地離開

在美軍駐伊拉克的慘澹歲月裡，麥克馬斯特在塔阿法的成就是罕見的亮點，但並非唯一的亮點。還有幾位指揮官倣效麥克馬斯特的經驗，或自己得出類似的結論，其中最重要的人物是上校尚恩・麥法蘭（Sean MacFarland）。麥法蘭的部下最初駐紮在塔阿法，親眼見證了麥克馬斯特的成就，後來他們轉調到巴格達西方六十英里的安巴爾省（al Anbar）首府拉馬迪市（Ramadi）[34]。

當時美軍的官方策略是遠離傷害、訓練伊拉克軍隊，然後返鄉。麥法蘭馬上發現官方策略有嚴重的問題，他抵達當地之前，近千名伊拉克士兵在畢業典禮上聽到即將被派到安巴爾省，當場脫下制服抗議。麥法蘭的伊拉克援兵也叛變了，拉馬迪市以遜尼派穆斯林占多數，不像塔阿法有長期派系衝突的困擾。不過，這裡和塔阿法一樣，蓋達組織已經進駐，只是尚未掌控整個城市而已，當地人都很怕被蓋達組織撞見他們跟美軍走得太近。

麥法蘭倣效麥克馬斯特的做法，即使上級對此有所質疑，他還是盡可能權衡變通，以因

應當地狀況[35]。二〇〇六年整個夏天，麥法蘭把部隊緩緩推進拉馬迪市內，逐步建立十八個小型兵哨站。蓋達組織馬上採取對應的防禦策略，現在他們想知道美軍下次巡邏的時間，不能再像以前那樣只追蹤美軍前線作戰基地的大門動靜，而是必須面對一個現實：他們和敵人共處於同一個城市。蓋達組織的反應很激烈，他們傾全力攻擊美軍的前哨站和車隊，尤其是攻擊麥法蘭開始拉攏為盟友的伊斯蘭教教長（sheikh）。當時蓋達組織的反擊相當兇殘，如今回顧起來，可視為他們在絕望下的困獸之鬥。當伊斯蘭教教長眼見美軍已經站穩根基，備受鼓舞後開始大膽反抗蓋達組織，幾個月內，安巴爾省內的恐怖組織就瓦解了。

不管倫斯斐多麼不願從美軍的策略失敗中記取教訓，伊拉克境內的美軍已經開始靈活變通，因地制宜了。大家私下開始積極分享實用的建議，就像男學生偷偷傳閱《花花公子》一樣。例如，大衛．基爾卡倫（David Kilcullen）的「二八條：對付已成氣候的叛亂組織的基本原則」，就透過電子郵件在軍中廣為流傳，內容犀利，基爾卡倫說那是他幾杯威士忌下肚後大著膽子寫出來的[36]。（基爾卡倫是美國國防部聘用的澳洲籍軍人及人類學家，他顯然很享受和美軍若即若離的身分，比麥克馬斯特更特立獨行。他名噪一時的言論是：「我要是穆斯林，可能也會成為聖戰士。」他也說過：「你愚蠢地侵略一個國家，不表示你就必須愚蠢地離開。」[37]）

比起上級將領，人在前線的美國大兵更急於尋求實用的建議及應變之道。「我們樂於落實從基層記取的教訓，因為改變基層戰略，靈活變通，才能保命。」一位英國將軍以認命的語氣對我說，「但我們鮮少調整與落實高層記取的經驗。」[38]

另一個來自基層的有名建議是：「如何打贏安巴爾省的戰爭，製作者：特拉維上尉」，這份十八頁的 PowerPoint 簡報，見解比高階將領占領伊拉克的頭三年學到的更深刻。簡報使用的是八歲小孩都懂的火柴人插畫和說明來傳達訊息（「右邊是叛亂分子，他是壞蛋；左邊是伊拉克人，他不是叛亂分子，但他很怕他們……這位是美國大兵喬，那位是當地人穆罕默德，他們都不知道這些人是友好的伊拉克人或是伊拉克壞蛋，這下該怎麼辦呢？」）[39]。特拉維上尉是個機智幽默的反叛亂專家，他也和麥克馬斯特及基爾卡倫一樣，個性中帶有幾分叛逆。簡報裡有一張圖顯示，伊斯蘭教教長是當地一萬四千年以來的宗教領袖，如今卻因為美國駐伊拉克的民政當局領導無方，或是如特拉維上尉所說「因為一群來自德州的二十五歲年輕人及保羅・布雷默（Paul Bremer）」*，而被迫面對阻止他們擔任公職的規定。

特拉維上尉全名是特拉維斯・派崔奎恩（Travis Patriquin），他是麥法蘭麾下的一名特

---

*譯註：美國外交官，曾經出任伊拉克重建和人道救援辦公室的美軍駐伊最高行政長官。

種部隊軍官，會說阿拉伯語，和安巴爾省的伊斯蘭教教長關係不錯。就像所有乖寶寶的故事一樣，特拉維上尉的故事也有個完美的結尾：「一個伊斯蘭教教長拉攏更多的伊斯蘭教教長，更多的伊斯蘭教教長拉攏更多的平民百姓。美國大兵喬發現，要是他三年前就這樣做，也許他可以更常返鄉，老婆會更快樂……喬開始留起鬍子，因為他發現伊拉克人喜歡蓄鬍的男人，他們不信任沒鬍子的人。」

特拉維上尉當然也蓄了鬍子，但他本人卻得不到完美的結局。二〇〇六年，就在耶誕節的三週前，他不幸被路邊的炸彈炸死，留下妻子和三名幼子，大批伊斯蘭教教長出席了他的追思會。[40]

截然不同的觀點，更可能碰撞出正確的決策

對於美國駐軍如何扭轉在伊拉克幾乎無法挽回的局勢，一般人聽到的故事都很單純。當時的問題出在美國糟糕的策略，還有布希總統和倫斯斐這兩個糟糕的領導人。後來多虧二〇〇六年選舉時，人民用選票懲罰布希所屬的共和黨，小小的推了布希一把，才出現了以下的解決方案：羅伯．蓋茨（Robert Gates）取代倫斯斐出任國防部長，然後蓋茨指派上將大

衛・裴卓斯（David Petraeus）接替凱西將軍。於是，賢能的領導人取代了糟糕的領導人，好策略取代了爛策略，問題就此解決了。

這不僅是我們普遍認知的伊拉克故事，我們也認為改變都是這樣發生的：解決任何問題的方法，就是換一個採用新策略的新領導人，無論是足球隊換新教練，岌岌可危的公司換新執行長，或是國家換新總統都是如此。然而，無論是美國駐軍伊拉克的局勢或是其他方面的改變，真相都遠比我們所想的更細膩，也更有趣。

裴卓斯將軍不是在跑步時冒出了一個成功的策略，然後就像頒布《十誡》那樣下令全面實施。他做的是更罕見、更棘手的事：他深探基層，往軍隊外頭尋找已經解決過類似問題的人才。

但這不是說裴卓斯就像個空容器，只會一味接納別人的意見。二〇〇三年，他就曾帶領過駐紮在伊拉克北部最大城摩蘇爾（Mosul）的美軍[41]。他像麥克馬斯特那樣，也不太甩上級的命令，更在上級要他解雇任何和海珊的阿拉伯社會復興黨有關的政府官員時，刻意閃躲好讓新當選的摩蘇爾總督（社會復興黨人）繼續留任。裴卓斯接著找到一個合法的藉口，讓他有權開放敘利亞邊境，不顧美國國務院試圖排擠敘利亞人的意圖。當時有個笑話是這麼說的：一〇一空降師在裴卓斯的領導下，是美軍裡唯一自訂外交政策的軍隊。接著，他又不顧美國駐巴格達民政當局的反對，擅自提高當地生產的小麥售價。他認為，自由市場機制雖然聽起來不錯，但他訂的最低底價能吸引更多人支持，因為農民收入會比海珊執政時期還多。

裴卓斯將軍是唯一第一年帶軍投入伊拉克戰爭就行動成功的指揮官，他因此受到表揚，但也因為他老是想方設法違背上級命令，而和他渴望的作戰職位擦身而過，被派去培訓伊拉克警察，後來又接到遠離作戰核心的任務：到離伊拉克七千英里的美國利文沃斯堡（Fort Leavenworth）培訓官兵。這個處境就像保金斯基被派到西伯利亞擔任顧問一樣，看來前景堪憂。裴卓斯的前任者之所以被派到利文沃斯堡，是因為他對記者坦言，美國完全沒料到伊拉克會入侵科威特，因此才被下放到當地[42]。

不過，裴卓斯發現，身在利文沃斯堡，反而有機會對美國政策產生最深遠的影響：從下往上發揮影響力。他開始重寫陸軍的反叛亂信條，通常這方面的改寫都只是做做樣子，單純寫下陸軍在做的事。不過，也有一些罕見的例子徹底轉變了美國陸軍，讓前線士兵在讀過新信條後，改變思維和行為模式。

裴卓斯決心讓這次的信條重寫變得特別有意義，他也明白倫斯斐、麥納馬拉、詹森總統所不明白的道理：截然不同的觀點，更可能碰撞出正確的決策。身為高階將領的裴卓斯，早就是基爾卡倫「二八條」的推廣者。現在他邀請不畏強權的基爾卡倫一起參加利文沃斯堡的會議，協助規畫陸軍的反叛亂信條，也邀請英國准將尼格爾．艾爾文．福斯特（Nigel Aylwin Foster）加入。福斯特曾經抨擊美國陸軍對文化差異的漠視，簡直和種族歧視無異。〔英國《衛報》（*Guardian*）評論：「令人震驚的是，他措辭嚴厲，但美國的軍方雜誌《軍事評論》（*Military Review*）竟然全文照登。不過，《軍事評論》是利文沃斯堡出版的雜誌，由裴卓斯掌管。」[43]其他出席會議的人，還包括在牛津大學和巴格達學過反叛亂技巧的納格爾，以及另一位對美國政策直言不諱的反叛亂專家卡勒夫．瑟普（Kalve Sepp）。裴卓斯不只從軍中尋找不同意見的人，觸角也伸到美國國務院、中情局、記者及學者，甚至人權主義者中尋找人才[44]。會議召開後，裴卓斯刻意坐在哈佛大學人權中心主任莎拉．賽瓦爾（Sarah Sewall）旁邊。一位與會記者表示，他不曾在任何組織看過那麼公開的思想交流[45]。

我的職責是領導部隊，你的職責是批評我

裴卓斯起草新信條時，麥克馬斯特仍駐守在伊拉克的塔阿法，裴卓斯的團隊透過電子郵件諮詢他的意見。「麥克馬斯特在塔阿法指揮反叛亂行動，我們剛好可以用塔阿法做為即時研究的個案。」納格爾說：「所以我們把塔阿法的情況寫成個案研究，以電子郵件寄給麥克

馬斯特，請他一起加入編修[46]。我們一邊寫，他一邊改，有時他會說：『有汽車炸彈，我得先走了。』」當時倫斯斐對前線發生的事視而不見，裴卓斯則是設法從七千英里外密切關注前線動態。

裴卓斯將軍這種開放接納新想法的態度似乎令人驚訝，因為他素來以自大出名，確實有很多功績值得他自豪。他曾形容他在摩蘇爾的經歷有如「總統兼教宗」，他的同僚告訴記者湯瑪斯．芮克斯（Thomas Ricks）：「裴卓斯是美國陸軍中最卓越的將領，無人能出其右，但他也沒他自己所想的一半優秀。」[47]

不過，裴卓斯早在一九八一年就學到意見反饋的重要，當時他還是低階的上尉，有幸擔任少將傑克．高爾文（Jack Galvin）的助手。高爾文告訴裴卓斯，他最重要的任務就是批評上司：「我的職責是領導部隊，你的職責是批評我。」裴卓斯很抗拒，而高爾文很堅持，所以每個月裴卓斯都會在上司的收件夾中放一份意見書。

對平常不願承認錯誤的軍官來說，這是很重要的一課，高爾文本身也是吃盡苦頭才了解意見反饋的重要：他曾是越戰老兵，他的指揮官給他的第一個任務是要他誇大敵軍的死亡人數，高爾文拒絕聽命，結果遭到免職。後來，高爾文受命和其他寫手一起撰寫美國捲入越戰的機密歷史（內容相當勁爆），此機密內容後來外洩給《紐約時報》而釀成了轟動一時的

「五角大廈文件案」（*Pentagon Papers*）。高爾文深知，當組織無視內部批評時，很快就會鑄成大錯，所以他要求裴卓斯一定要記取這個教訓[48]。

牆上的組織架構圖，可能是你最糟糕的一條路線圖

高爾文還教裴卓斯，**光是包容歧見還不夠，有時你還需要主動徵求異議**。盡管裴卓斯不願意批評長官，高爾文還是要求他直言不諱。這確實是相當正面的典範，因為很多領導者雖然比倫斯斐和詹森更願意廣開言路，卻還是無法開誠布公地討論。

豬玀灣事件就是個經典案例，主要是甘迺迪總統過於自欺欺人造成的。艾爾文・詹尼斯（Irving Janis）在《團體迷思的受害者》（*Victims of Group Think*）一書中，分析了豬玀灣事件和其他外交政策的失敗，他指出，「如同一家人」的強大團隊很容易為了團隊精神及鼓舞團隊士氣，而強化彼此的偏見[49]。詹尼斯詳細描述甘迺迪如何欺騙自己，認為自己已經收集了各方意見和關鍵評論。在此同時，他的顧問群又在無意間讓彼此產生他們絕對錯不了的莫名自信。後來，在古巴飛彈危機期間，甘迺迪就知道要主動尋求另類意見，殫精竭力地探索各種風險，還重組顧問團以避免他們過得太安逸。這也是裴卓斯（他也是史學家）記取的教訓。

裴卓斯寫好完善可行的信條，再經過許多不同見解的檢驗後，開始四處打遊擊來吸引美國陸軍的關注。裴卓斯深諳媒體操作，他曾經出奇招，讓自己登上《新聞週刊》的封面，封面標題是「此人能拯救伊拉克嗎？」。《新聞週刊》認為裴卓斯是「如今最有可能幫美國解開伊拉克僵局的人選」。倫斯斐大為光火，在經過都柏林機場時，助手連忙趕在他前面重新擺放機場雜誌架上的雜誌，以免他看到雜誌封面，又提醒他下面有將領在造反[50]。

協助裴卓斯製作那份反叛亂手冊的各方意見人士，成了他散播想法的主要武器[51]。當初裴卓斯還邀請深具影響力的記者一起見證整個修訂過程，記者對於新信條都深感佩服，或許也對於他們能獲邀參與，感到有點受寵若驚，所以都很樂於撰文報導。人權專家莎拉．賽瓦爾為反叛亂手冊《*FM3-24*》寫序，約翰．納格爾則是上《查理．羅斯訪談錄》（*Charlie Rose*）一類的訪談節目宣傳，甚至還上了深受歡迎的喬恩．史都華（Jon Stewart）的《每日秀》（*Daily Show*）。《*FM3-24*》手冊後來登上了《紐約時報書評》（*New York Times Book Review*），多數的優質報紙也做了頭版報導，還放上網路讓人下載，第一個月的下載量就突破一百五十萬次。在此之前，對內早就開放給陸軍與陸戰隊的「六十萬名編輯」，聽取他們的意見。隨著該書在前線傳播，倫斯斐認為是否發生叛亂已經越來越不算一回事了。

這一切發生時，除了裴卓斯，還有幾位高階將領也試著由上而下改變策略。這些將領中，有的依然在役，有的已經退役，他們繞過華府的傳統指揮鏈，為新的戰略方式遊說。當時麥克馬斯特也在華府，裴卓斯推薦他加入一個上校座談小組，檢討美軍在伊拉克的戰略。[52]

越戰期間，詹森堅持所有的資訊一定要透過核准的管道傳遞，讓美國深受其害。在伊拉克戰爭中，美國陸軍發現假如官方策略即將釀成災難，他們必須想辦法變通，換一條路走。裴卓斯本人是利用媒體和每個人溝通（下至最菜的新兵，上至指揮官），其他人是利用個人的影響力在總統的耳邊建言。官方層級並非總是一無是處，問題在於當需要改變時，它一定會擋路。就在布希總統和新任國防部長蓋茨決定任命裴卓斯為伊拉克部隊的總指揮官時，美國陸軍各階層的改革早已經深刻改變了美軍的決策方式。

對需要迅速改正錯誤的組織來說，組織架構圖可能是最糟的路線圖。

我來過，我有經驗，我比你熟。Really？

從二〇〇六年（美國占領伊拉克陷入僵局）到二〇〇八或二〇〇九年，美國的軍事策略和伊拉克人民的處境都有大幅改善。我們可以看到，那段期間出現了數量可觀的試誤操作。這不是更換將領或更換國防部長這般簡單了事，而是需要從實地的棘手經歷中學習，以及把裴卓斯、麥克馬斯特、麥法蘭等人在摩蘇爾、塔阿法、拉馬迪等地開創的成功方式，跟其他地區的嚴重失敗做一比較。美國陸軍是在跌跌撞撞之後，經過多方摸索才找到成功的策略。

話說回來，如此痛苦的試驗過程真的有必要嗎？當然，要是麥克馬斯特獲得升遷、裴卓斯沒被下放到利文沃斯堡、倫斯斐願意傾聽建言，學習的過程確實能更快一些。但是，美軍真的能完全跳過戰爭中「犯錯」的階段，從一開始就找到更好的策略嗎？

當我指出美軍是透過試誤法來解決伊拉克問題時，曾在巴格達打過仗的反叛亂史學家納格爾卻認為，美軍確實可以一開始就找到更好的策略。

納格爾也是裴卓斯改寫反叛亂信條小組的成員，他說：「我們不是隨機嘗試。」他指出我們有必要從歷史中記取教訓，就像任何優秀的史學家所做的一樣。麥克馬斯特和裴卓斯都有歷史博士學位，不過，儘管沒有人主張隨機試驗是好主意，歷史並非完美的指南。幾分鐘後，納格爾想起阿比扎德中將的例子，才大致認同我的說法。

「阿比扎德從一九八三年黎巴嫩的事件中記錯了教訓。」納格爾解釋，「阿比扎德認為西方部隊在阿拉伯社會裡，是激起反抗聲浪的外來勢力，所以他認為我們應該盡快交出掌控伊拉克的責任。」結果該建議促成了「撤退」的決策，當美軍從沙漠中的前線作戰基地撤出時，伊拉克部隊和警方的實力還不足以應付叛亂勢力。這是個嚴重的錯誤。

不過，這個例子只突顯出一個事實：你不可能事先知道什麼是正確的策略。在開戰幾個月後，身為中東與中亞專家的阿比扎德受命指揮美軍在伊拉克的所有部隊。他曾在約旦住過，在第一次波斯灣戰爭後負責維安活動，表現優異。他有智慧，對形勢的反應又敏銳，曾經正確地提出警告，認為「去復興社會黨化」將釀成災難。如果你想找個有豐富閱歷的人讓伊拉克步上正軌，很難找到比阿比扎德更有資格的人。如果連他這種人都會在歷史教訓中栽筋斗，可見要記取正確的教訓並非易事。泰特洛克對專家判斷力的研究正是揭示了這個道理，這也是為什麼任何組織解決複雜多變的問題時，都應該納入試誤法。

另一個證明歷史無法給予明確指引的例子，是一九九〇到九一年的第一次波斯灣戰爭。沙漠風暴行動徹底擊敗了海珊的軍隊：四天前，海珊的軍隊還傲視全球，四天後卻連伊拉克的最大部隊都稱不上。多數的美國軍事策略家把沙漠風暴行動，視為主要戰略規畫得宜的證明：科技導向的戰爭，搭配大量的空軍支援，而最重要的是壓倒性的軍事實力。事實上，這預示著一個改變：這次勢如破竹的勝利，使得以後再也不會有人使用開放式戰場的戰略來對抗美國陸軍。但是，開戰前，這個優勢真的那麼明顯嗎？

即使攻入伊拉克之後，美軍的基本策略正確，他們還是需要因地制宜。因為叛亂勢力會不斷改變方法，而問題的本質也持續在變。昨天可行的戰術，今天可能就變成不利的負擔。

納格爾把他在牛津大學攻讀反叛亂歷史的博士研究拿出來檢驗時，就發現這一點。伊拉克處處充滿出人意料的狀況，例如接獲有人在路邊放置炸彈的密報，想採取行動因應時，卻無法直接去現場逮捕嫌疑犯[53]。這是因為伊拉克沒有地址：沒有路名、路標或門牌號碼。告密者又不能讓人看到他和美軍接觸，而如果納格爾偽裝自己，開著沒有標示的車子經過現場，他就失去了日內瓦公約（Geneva Convention）賦予的權利。這些戰地的棘手狀況，不是美國國防部能預先料想得到的，即使國防部長也有心無力，所以某種程度的因地制宜是必要的。

伊拉克戰爭帶給我們的教訓是，美軍應該要有更好的體系來調整失敗的策略，也應該更關注成功的在地經驗。除此之外，或許這個教訓還有更寬廣的意義。倫斯斐絕對不是唯一自認為比戰地官兵更了解實況的人，以前有很多領導人也犯過同樣的錯誤，包括軍方、政壇，以及商業界。

只要找一群頂尖人才，訂出迎變策略就安啦？別鬧了……

沙漠風暴行動的總指揮官諾曼．史瓦茲柯夫（Norman Schwarzkopf）在波斯灣戰爭期間所做的扼要簡報，深深吸引了當年才十七歲的我。我還清楚記得當時空拍伊拉克建築的灰濛濛影像，鏡頭隨著裝設攝影機的隱形戰鬥機移動。十字標線瞄準了橋梁或掩體，提前兩秒預告觀眾，接著雷射導引炸彈就摧毀了目標。攝影機的鏡頭調整對焦時，螢幕上掃過白光，接著變成一片漆黑。當時我和同學一起站在學生交誼廳的電視機前觀看，我們一致認為精準轟炸實在太酷了。

近二十年後，我在暮春的陽光中坐在倫敦皇家學院的庭園，聽著英國將軍安德魯・麥凱（Andrew Mackay）說明這些圖像所要傳達的訊息。麥凱曾在伊拉克服役，也是英國派駐阿富汗的最佳指揮官之一[54]。他說，盟軍必須掌握潛在目標的即時資訊——最好是取得「資訊優勢」，亦即摧毀敵人的電腦、電話線和雷達。不僅如此，那些資訊還要輸入能夠集中處理所有資料的超級電腦，濃縮成可用的形式，讓三星或四星上將掌握整個戰區的局勢，隨時調整戰術和策略。這樣的超級電腦甚至可以算出不同策略的可能影響，包括次級和三級的連鎖反應。將領只要使用「效能作戰」（effects-based operation）＊，就能選擇精確的戰術攻擊，知道怎樣做才能破壞敵人的後勤、部署，甚至士氣。這幾乎實現了當初麥納馬拉想靠分析打

＊編按：效能作戰是新型態的作戰概念，是指運用所有軍事及非軍事力量來獲得期望的戰略效果，也代表戰爭型態由機械化轉變至資訊化。

贏越戰的夢想，也代表著理想化組織的三大支柱之一——「大局」：涵蓋所有資訊的戰爭全貌，可為一手掌握所有權力的決策者提供最佳策略。

麥凱將軍人高馬大，頗有氣勢，但發白的頭髮和眉毛、和藹的面容及豐富的學識，卻讓他顯得格外親切有魅力。他放下咖啡，指著我肩膀後方說：「所以，採用效能作戰，電腦可以計算出摧毀你背後那個盆栽就能得到期望的戰略效果。我們可以從五十英里外發射導彈擊中盆栽，準確度在兩英尺之內。」哇！突然間我想起史瓦茲柯夫的沙漠風暴簡報，但多加了十八年來的技術精進。

麥凱端起咖啡又說：「唯一的麻煩是，教電腦下棋都已經夠難了，何況西洋棋只有六十格、三十二個棋子。」

帶著適度的疑慮，麥凱接著描述一個總規畫師的夢想：坐在大大的旋轉皮椅上，面對著滿牆的電腦螢幕，一手掌控全局。這樣的願景實在太誘人了，難以抹滅。

當然，在總規畫師更早的想像裡，還沒有超級電腦。以前的想法是，只要足夠細心地制定計畫，再加上滿屋子的精算人才，一個分權管理的體系就能合理地變成中央化。例如，蘇聯要求該國唯一榮獲諾貝爾經濟學獎的經濟學家列昂尼德．坎托羅維奇（Leonid Kantorovich）運用他的數學長才，解決一九六〇年代蘇聯鋼鐵業的生產流程問題。他的努力確實讓生產流程變得更有效率，但是收集計算所需要的資料就花了六年，等他收集完成時，蘇聯經濟的需求早就不同了[55]。

約莫同一時間，麥納馬拉也深信中央化的計量分析可以解決複雜的問題。他面對的問題不是鋼鐵生產，而是轟炸越南。美國轟炸機在越南投下的炸藥，是整個二次大戰炸藥用量的三倍；所有炸藥加總起來的重量，比越南人民的總重量還多。有些地區每平方英里，就遭到一千二百次以上的炸彈攻擊。每次轟炸都在麥納馬拉的要求下，進行翔實的記錄與分析，但他這種集中分析方式並未讓美軍在越戰中獲勝[56]。

有人可能會想，要是坎托羅維奇和麥納馬拉有更好的電腦可用，他們可能就成功了。前智利總統薩爾瓦多．阿連德（Salvador Allende）和倫斯斐這兩位後繼者，似乎就是這樣想的。

一九七〇年，醉心馬克斯主義的阿連德當選智利總統，上台後開始推動「協同控制工程」（Project CyberSyn）。在種種規畫家的夢想中，這可說是最離奇的一個實例。協同控制工程使用了一部名為 Burroughs 3500 的超級電腦，搭配多台電報機組成網路傳輸系統，試圖在逐漸國有化的經濟中協調決策。

阿連德為此延攬了英國的控制論大師史塔福德．比爾（Stafford Beer），比爾是個充滿社會主義情懷的傳奇人物，對這項大工程極感興趣，但他還是要求每天五百美元的日薪，而且還要供應他源源不絕的葡萄酒、雪茄和巧克力。旗下工人（身分通常是工廠的管理人）每天早上五點必須發電報，報告生產、短缺的情形和其他訊息。作業員會把訊息輸入超級電腦中，下午五點總結出一份報告上呈給阿連德做日常決策。就像後來的效能作戰，協同控制工程也允許意見反饋及次級效應。一些協同控制工程的支持者聲稱，此系統的設計是為了把決策權下放到適合的地方層級，但阿連德本人似乎沒這個打算，他說：「不管是現在或未來，我們都會支持集中型經濟，所有企業必須遵守政府的規畫。」[57]

但協同控制工程，最後還是功敗垂成。充滿野心的國有化方案、產業動盪，以及美國或明或暗的經濟威脅所帶來的重重混亂，導致智利的經濟崩解。阿連德在皮諾契特（Augusto Pinochet）將軍發動的政變中被殺害，皮諾契特上台後又凌辱及殺害許多政敵。比爾的運氣很好，政變那天剛好在倫敦。不久後，他因自己僥倖逃過一劫而心懷愧疚，離開家人遷居威爾斯鄉間的小屋[58]。

即使以今天的標準來看，Burroughs 3500 都是一台了不起的機器。那個年代，我父親就是為 Burroughs 工作。他告訴我，那台電腦的硬碟跟洗衣機一樣大，套在一個軸上的八個硬盤，儲存量才幾MB，比現在的陽春手機還少。光是測試電腦就要耗盡不少體力，必須把很大的磁帶盤和磁帶卷軸從一處搬到另一處。Burroughs 3500 的一個特色是能分塊擴充記憶體，且價格合理，每次擴充一萬位元組，容量正好夠存這幾頁的內容。從來沒有人真的把 Burroughs 3500 視為超級電腦，但它是實用的公司裝備，在逐漸升級下，一直在銀行的後台運作了好幾十年，Burroughs 3500 最後用來做為支票分類機的控制台。

協同控制工程之所以有趣，不是因為它證明電腦化的集中型經濟是場災難（智利經濟在內外壓力的夾擊下，無論如何都會崩解），而是因為它顯示人類一有最新科技，就放著重要的天賦不用。西方國家的報紙戲稱智利的經濟是由電腦掌控的，而那台電腦以今天的標準來看，就像個玩具。話說回來，就當時來說，協同控制工程只要看起來精巧複雜，那就夠了。它有個標誌性的操控室，看起來就像為《星艦迷航記》的寇克艦長和大副史巴克量身打造的，裡頭的座椅扶手還有螢幕和控制面板。不管是支持者或反對者，都把這間操控室當成協同控制工程的象徵，不過操控室從來沒有正式使用過[59]。

這個複雜的世界充滿了在地化知識，而且稍縱即逝

倫斯斐使用的電腦比阿連德更先進，兩人的夢想大同小異：即時提供詳細資訊給控制中心，然後由電腦輔助做出決策，再傳回前線[60]。倫斯斐仔細研究戰區傳來的即時訊息，針對

次要的軍事行動問題，發備忘錄給阿比扎德和凱西等將領。即便倫斯斐的控制欲沒那麼強，這種技術都是為了中央集權的決策者設計的，無論那個決策者是國防部長或四星上將。在伊拉克戰爭中，控制中心就設在卡達某個外覆金屬的帳篷狀建築裡，內有空調設備，隨時提供部隊和飛機的即時動態[61]。

這些系統並非一無是處。在智利受到罷工和蓄意的工業破壞事件折磨時，協同控制工程讓阿連德能做出妥善的回應。波斯灣戰爭和伊拉克戰爭的初始階段，也是靠著電腦輔助的攻擊計畫才能發揮驚人的力量。但是，那些系統傳遞的訊息向來達不到預期的水準，因為它們無法抓取難以表達的隱性知識，而這一類的知識才是真正重要的。

協同控制工程原先的設計目的，是為了讓總統及經濟規畫師能察覺到問題，但實際運作時，只是成功地讓各地的工廠管理人報告他們想報告的問題而已，而想隱匿的問題也總能一手遮天。太平日子，很難說服這些管理人報告有用的訊息，經濟學家弗里德里希·海耶克（Friedrich Hayek）在一九四五年發表的文章中就料到了這種情況[62]。海耶克發現，這個複雜的世界充滿了在地化的知識而且稍縱即逝，但阿連德和比爾似乎缺乏這種領悟。關鍵在於，所謂的地方信息往往是地方機關出於自身的考量而選擇使用的。海耶克的論文雖是發表在現代電腦問世之前，但是在電腦能夠解讀人心以前，他的觀點依舊有影響力[63]。*

倫斯斐在軍中推動的電腦革命，就像協同控制工程一樣，提供的往往是訊息的幻象，而未真正穿透戰爭的迷霧。二〇〇二年二月，阿富汗的聯軍指揮官花了兩週的時間策畫「森蚺行動」（Operation Anaconda），以衛星和無人偵察機局部鎖定沙希科特（Shah-i-Kot）山谷，接著發動直升機空降步兵突襲。直升機幾乎是直接把美軍空投到塔利班部隊的據點，直到行動之前，衛星和無人偵察機一直都沒有偵察到那裡有塔利班部隊集結。阿帕契直升機遭到不明攻擊者擊落，精準轟炸機無法鎖定塔利班目標。對聯軍來說，整起行動簡直像場災難。類似的問題也出現在伊拉克戰爭初期，讓聯軍部隊深受其苦。他們常意外撞見敵軍，事先完全沒收到資訊指揮中心的警訊[64]。

＊本書第一版出版後，柯瑞・達克特羅（Cory Doctorow）告訴我這個故事有個可怕的後續發展：一九四五年海耶克也許講對了知識的在地化，但一九七八年他投書倫敦的《泰晤士報》，大舉稱讚發動政變推翻民選總統阿連德的獨裁者兼殺人狂皮諾契特將軍。皮諾契特當權期間，海耶克還造訪智利。如果我早知道這些資訊，我肯定會在文中提起。

前途一片光明？不，是你看不見危機

「戰場知識優勢」（dominant battlespace knowledge）有其局限，並非無往不利，早期就出現過一個實例，但不是發生在塔阿法的狹窄街道，也不是發生在科索沃（Kosovo）的茂密山區，而是發生在最有可能出現電腦輔助作戰的戰場：第一次波斯灣戰爭的伊拉克遼闊沙漠。九輛美軍坦克組成的「飛鷹部隊」（Eagle Troop）在沙塵暴中疾駛穿越沙漠時，意外遇到兵力遠比自己強大的伊拉克裝甲部隊。

「我們正在沙漠中穿行，這片沙漠相對平坦，看起來平凡無奇，所以我沒注意到坦克其實是在緩坡上爬升。」飛鷹部隊的隊長回憶道，「等我們爬到坡頂往下坡移動時，才猛然看到整個敵軍陣地。」[65]由於當時正颳著沙塵暴，美軍沒有空中支援，他們突然發現海珊的精銳共和衛隊，而且對方在坦克及裝甲車的數量上占絕對優勢，還有砲台做掩護。

雙方一打照面都大吃一驚，飛鷹部隊的隊長必須當機立斷，已經沒時間找上級討論局勢，也沒時間連上電腦。他當下覺得撤退更危險，還不如迅速攻擊，讓伊拉克軍隊措手不及。他大聲下令砲手發射反坦克砲彈：「開火！發射砲彈！」當下就摧毀一輛伊拉克坦克。接著，他們每三秒就重新裝載砲彈，再發射，幾秒內又摧毀了兩輛敵軍坦克。這時飛鷹部隊的其餘坦克都爬到了坡頂，朝著敵軍開火。於是，九輛美國坦克就這樣摧毀了近九十輛的伊拉克坦克，而且美軍毫無傷亡。這一切都歸功於隊長的迅速反應、平時的訓練，以及精良的武器。「資訊導向系統」或「效能作戰」根本毫無用武之地。

這場遭遇戰精采、迅速又高明，被稱為「東經七十三度戰役」（The Battle of 73 Easting），已納入軍校的研究範例，而飛鷹部隊的隊長也成為軍事作家湯姆．克蘭西（Tom Clancy）筆下的英雄。美國陸軍出版的波斯灣戰爭史中，開篇幾頁就是以他為主角，事實上，第一句話就提到他的名字。這本書叫《必勝》（*Certain Victory*），作者對飛鷹部隊讚譽有加，說他們「戲劇性地展現出美國陸軍的蛻變，走出越戰的幻滅與痛苦，在沙漠風暴行動中顯現自信與必勝之勢」[66]。

也許這番話沒有說錯，但充其量也只展現了一個事實：即使有最好的科技，指揮中心對於戰場局勢的了解還是有局限。美國飛機以精準的炸彈控制了戰場，但是在遮天蔽日的沙塵暴中，飛鷹部隊只能靠自己。

飛鷹部隊的隊長，就是麥克馬斯特。

我們還是會忍不住想，要是美軍一開始就讓麥克馬斯特、麥法蘭、裴卓斯等人擔起領導的重責大任，就不會出現這麼多問題了。但是做此推論，就忽略了麥克馬斯特真正想讓美軍記取的教訓。

早在美軍進駐塔阿法之前，他就主張，效能作戰背後被大家叫好的技術沒有軍方所想的那麼有效。不僅系統提供的畫面不完整（如東經七十三度戰役和森蚺行動的例子），有時還提供不相關的資訊。當你在塔阿法的檢查哨和某人對話時，衛星或無人偵察機的資料無法告訴你對方是敵是友。就像英國上將安德魯．麥凱說的：「叛軍不會出現在雷達螢幕上。」

如果你發動的是反叛亂行動，重要的決策應該讓現場的人來做。最大的挑戰是確保他們的決策更像在塔阿法的作為，而不是哈迪薩鎮的屠殺事件。即便裴卓斯當上參謀長聯席會議的主席，麥克馬斯特成了中東的美軍行動總指揮，還是要有人擬定塔阿法的策略，密切注意當地局勢。無論飛鷹部隊的隊長是誰，他都必須當機立斷做出決定。裴卓斯和麥克馬斯特也許可以創造出更寬鬆的空間，但是有他們坐鎮高位，並不表示軍方就不需要在地化的變通。

任何大型組織都免不了要面對集中管理或分權化的兩難困局。一九四五年，海耶克主張，想解決兩難困局，就要從資訊的角度來思考。由中央做決策的優點是更容易協調，節制重複所造成的浪費，還有較大的基數可以分攤固定資源（從行銷到航空母艦等等）來降低成本。相反的，在地決策貴在迅速，即使缺乏對大局的全面了解，但能掌握更多的在地資訊。海耶克認為，多數人高估了集中式知識的價值，往往忽視了「特定時點的知識」。對麥克馬斯特來說，特定時點的知識正是打贏許多戰爭所必備的，尤其對反叛亂行動來說，更是不可或缺。

幾十年來，主流經濟學長期忽略了海耶克的觀點，即使一九七四年他獲得諾貝爾經濟學獎，情況也沒因此改善。不過，最近開始有經濟學家收集資料來評估建構一個成功組織的條件，比如朱莉．沃爾夫（Julie Wulf）和國際貨幣基金的前首席經濟學家拉古朗．拉詹（Raghuram Rajan）的共同研究，所針對的是一九八〇年代中期到一九九〇年代的美國大企業[67]。他們發現這些企業的層級越來越扁平化，基層管理人面對的層級數目比十五年前少，有更多的管理人是直接對高層負責。拉詹和沃爾夫也收集了薪水和績效獎金的數據，這些證據顯示，決策權確實有下放的趨勢。

促成這些改變的其中一個原因是，公司的營運環境變了。拜全球化之賜，許多公司先後跨入多種新市場，面臨激烈的競爭。傳統的集中化目標是確保每個事業單位能夠順利協調運作，避免有人做重複的事。這種策略可能適合特易購或沃爾瑪之類的公司，這一類的公司可以嚴密掌控供應鏈及店面，用來實驗新產品或行銷新點子，生意完全可以靠電腦運作。但是，集中管理的組織在面對多元又瞬息萬變的市場時，就無法靈活運轉。相反的，分散管理能夠迅速根據在地情況做出應變，所以分權的優勢就越來越大了。

在此同時，資訊科技還在以驚人的速度不斷提升。坎托羅維奇、阿連德、麥納馬拉、倫斯斐等人似乎都認為更先進的電腦、更好的通訊有助於集中管理，只要把所有資訊集中在一處，就能讓總規畫師做出關鍵決策。然而，事實正好相反，證據顯示技術越先進的公司，反而更趨向地方分權。通常，新設備（從軟體到大型機具）之所以優越，並不是因為它們能以更快速度處理相同的事，而是因為它們更靈活。想最大程度地發揮靈活度，就需要讓訓練有素又善於變通的員工自己做決策。成功的企業在把機器或軟體升級之後，要找的就是這樣的員工[68]。在未來的組織裡，真正重要的決策不是在高科技的戰情室裡做出來的，而是出自前線員工之手。

這也是美軍要開始學習的一課。二〇〇三年，納格爾在巴格達服役時深有體悟，那些經驗不足的年輕士兵有權力去殺人，而他擁有博士學位又有十年的專業經驗，卻沒有權力列印自己的宣傳手冊，來對抗當地叛亂分子所發動的公關戰[69]。二〇〇四年，駐巴格達的美軍指揮官發現，他無法動用龐大的美國國際開發總署預算（USAID budget），為當地人提供電力、乾淨的飲用水、工作和其他援助[70]。原來那些預算是華府分配給建築工程商貝泰公司（Bechtel Corporation）的，用來執行幾個大型的長期專案。指揮官看得到當地的立即需求，卻無權採取行動。

時移勢轉，軍方開始學會把重要的決策下放給地方指揮官，就像把殺敵權力下放給士兵那樣。在安巴爾省，麥法蘭的部下一週有六個晚上會用擴音器播放新聞，五花八門的新聞中也包括來自當地半島電台（Al Jazeera）提供的可靠消息，還有體育新聞、實用建議（比如救援食物送抵聯合國倉庫的時間）等等，偶爾還會穿插一下攻擊伊拉克蓋達組織的政令宣傳[71]。

在引入「指揮官緊急因應計畫」（Commander's Emergency Response Program，簡稱CERP）落實地方化的救助後，貝泰公司要處理的問題就解決一半了。CERP提供現金給當地軍官，軍官有權把錢用在任何需要的地方重建工作上。後來詳細的資料分析發現，CERP有效減少了暴力行為。在十萬人口的地區投入二十萬美元，預期可以防止三起暴力事件。由於這些「暴力行為」是由已經看多了生死的戰地指揮官在疲累之餘，仍覺得值得花二十分鐘填寫官方紀錄的事，所以門檻還是很高的[72]。

不過，美軍終於學會把權力下放給低階軍官的最明顯跡象，或許可以從麥克馬斯特的軍旅生涯看出來。二〇〇七年，他的軍旅生涯看來就要結束了。二〇〇六年離開塔阿法後，他和升遷機會擦身而過；二〇〇七年，他又再次錯過升遷機會。戰功彪炳以及對記者有話直說的個性，讓麥克馬斯特成為美國陸軍中知名度最高的上校。所以當他屢次受到冷遇時，大家也注意到了。

「跟我談過話的每個軍官都知道這件事，他們都琢磨過其中的含意。」《紐約時報》記者弗瑞德·卡普蘭（Fred Kaplan）寫道[73]。一位軍官告訴卡普蘭，從升遷可以看出「哪些特質受到重視，哪些特質不受重視」。另一位軍官說：「當你拒絕拔擢像麥克馬斯特那樣的人時，也對下面層級的人傳達了一個強而有力的訊息。」那個訊息顯然是：如果你想升遷，尊重上級比以身作則拯救美軍脫離失敗還要重要。

二〇〇八年，傳言麥克馬斯特又會再度錯失升遷機會，這很可能迫使他提前退休。為此，裴卓斯史無前例地專程飛回國防部親自主持陸軍的升遷委員會[74]。那年他所拔擢的一星將領中，就有麥法蘭和麥克馬斯特。在伊拉克帶過麥克馬斯特的長官反對他的升遷，但遭到裴卓斯駁回。事必躬親的裴卓斯再次以行動顯示，真正重要的，是肯定那些能夠獨立思考的低階軍官。

別盲目地服從指揮，要在必要時勇於推翻上級命令

根據麥克馬斯特對越戰的研究，可以看出美國軍方和政府高層在做決策時的致命缺陷。詹森和麥納馬拉強制執行嚴格定義的層級管理，堅持意見要一致，同時也過於相信使用最新

的計量技巧去分析集中化的資訊是最佳的做法。

在伊拉克，由於二〇〇六年的局勢相當不利，所以美軍後來的成就超出了多數觀察家的預期。這不僅是因為有了蓋茨和裴卓斯這樣優秀的領導人、出色的戰略，更是因為有了麥克馬斯特這樣的低階軍官在前線因地制宜打勝戰。從錯誤中學習的關鍵，不是盲目地服從官方的指揮鏈，而是在必要時勇於推翻上級命令，不尋求一致性，而是多傾聽不同的聲音。最重要的是，不要依賴由上而下的策略，而是把權力下放，充分相信基層軍官能夠調適變通、互相學習，並找到因應地方多變局勢的最佳對策。

二〇〇一年，陸軍的信條是「無人操控的人工智慧系統，將拓展人類的行動和決策……精進的命令和控制系統，讓領導人比以前更了解戰區活動的本質」[75]。這樣的信條無法說服麥克馬斯特，畢竟他曾在沙塵暴中與敵軍大部隊短兵相接，也曾在塔阿法指導逐門逐戶的反叛亂活動。

麥克馬斯特說：「我們往往會相信，透過電腦螢幕可以傳達對局勢的理解。」他的職業生涯發展也類似裴卓斯，升任將領後的第一個任務就是領頭帶著陸軍進行「試驗」[76]，改寫陸軍的信條。他採用的新方法是強調文化的理解、在地知識、都市環境，以及「戰爭的持久不確定性」。麥克馬斯特是傳統陸軍理念「任務指揮權」（mission command）的提倡者：

由高階軍官設定目標，由低階軍官決定如何達成，並根據地方資訊靈活變通。根據「任務指揮權」，空中支援和重型火砲不是由三星上將坐在旋轉椅上部署，而是由真正了解當地局勢又能做出正確決策的上校或少校發出命令。這是傳統概念的復興，而且不僅陸軍如此。

美國軍方在伊拉克戰爭中吃盡苦頭後，才記取到教訓。面對這個瞬息多變的世界，決策失算的組織或許能從中獲得一些啟示。試驗非常重要，但是對單一組織或戰場來說，不可能無限讓你做試驗（以進化來說，變異不可能一直持續下去）。

有時我們需要更多的試驗和更多的變異，但無論組織再怎麼靈活，都可能無法提供這樣一而再的機會。在此情況下，我們需要用更激進的方式來刺激新點子、活化新思想。接下來，我們要來談一談如何在同中取異，發想新創意。

| 第3章 |

好點子都是「變」出來的

大家一起來砸錢、辦比賽、搞專利

我們設計或製造的東西沒有一個能真正發揮作用……這些都是即興之作，倉卒拼湊而成，既不成熟，也無法長久[1]。

——設計師大衛・派伊（David Pye）

沒有驚喜，就沒有科學。就這點來看，科學家必須不斷地尋找及期待驚喜[2]。

——歷史學家羅伯・弗里多（Robert Friedel）

一九三一年，英國空軍針對新式戰鬥機開出了條件嚴苛的規格書，這份文件相當特別，原因有兩個。首先，英國皇家空軍從成立以來就不重視戰鬥機，一般都認定轟炸機根本攔阻不了。反之，在「同歸於盡」的核政策尚未出現以前，普遍認為發揮空軍實力的正確方式，就是盡可能打造最大的轟炸機隊，以壓倒性優勢擊敗敵人。其次，此規格書的要求幾乎不可能達成。官方要求航空工程師拋開既有的技術，打破陳規，生產前所未見的新產品。

然而，業者的提案令人大失所望：入選的三種原型都乏善可陳，英國空軍甚至考慮轉向波蘭訂購飛機[3]。

不過，真正令人驚訝的事情發生了。其中一家競標廠商超級馬林（Supermarine），不僅遲交設計原型，規格遠不符空軍的要求，而且居然膽敢向空軍提交一款更激進的全新設計。結果，當時勇於任事的空軍准將亨利．凱夫—布朗—凱夫（Henry Cave-Browne-Cave）決定跳過一般的委託程序，直接向這家飛機製造商訂購一架新飛機，當成是一次「最有趣的試驗」。這架飛機就是噴火戰鬥機（Supermarine Spitfire）[4]。

沒按照規定，居然還有臉來交貨？

多年後的今天，噴火戰鬥機被公認是史上最優異的新技術之一，造型出眾、操作靈活且速度驚人，加上駕駛戰鬥機的飛行員個個英姿煥發、視死如歸，噴火戰鬥機因此被視為二戰期間英國對抗納粹空軍的象徵。獨特的橢圓形機翼，更是工程史上的一大傑作。

「這種飛機確實完美。」一位飛行員說。另一位遠從加州加入英國皇家空軍的飛行員也深表贊同：「我常讚嘆，這種飛機開起來靈巧、妥貼，戰鬥時卻又有驚人的殺傷力。」「噴火戰鬥機的好，筆墨難以形容。」另一位飛行員證實，「這樣的戰鬥機，世上絕無僅有。」

不只英國飛行員對噴火戰鬥機讚譽有加。敵對的德國空軍總司令赫爾曼・戈林（Hermann Göring）問他治下的王牌飛行員阿道夫・加蘭德（Adolf Galland）他需要什麼才能打敗英軍的頑強抵抗時，加蘭德也只能簡短生硬地回答：「我需要全套的噴火戰鬥機配備。」另一位德軍飛行員則抱怨：「那些渾蛋能突然急轉彎，根本打不到。」[5]

英德在不列顛的一場空中大戰，多虧有了噴火戰鬥機，英國皇家空軍才能扭轉原本一面倒的劣勢。那是一場實力懸殊的戰爭：一九三〇年代，當希特勒大幅擴充軍力時，英國的國防開支卻降到了史上最低點[6]。在不列顛這場空戰中，德國空軍派出二千六百架軍機，而英國皇家空軍只有不到三百架的噴火戰鬥機和五百架的颶風戰鬥機*[7]。戰爭期間，連英國首

---

*直到今天，颶風戰鬥機的愛好者仍對噴火戰鬥機的大搶鋒頭心存芥蒂。颶風戰鬥機造價低、配備簡單，但效能優異。在開戰後的頭幾個月，這款戰機的數量確實比噴火戰鬥機多，但噴火戰鬥機的設計卻更勝一籌。

相邱吉爾都預估，德國空軍第一週的密集轟炸可能炸死四萬名倫敦市民。最後多虧了噴火戰鬥機的神速及敏捷，讓德軍無法衝破英國皇家空軍的空中防線[8]。

這也意味著德國人無法迅速入侵英倫群島，要是當初德軍如願了，就不可能出現後面的諾曼第戰役，美國也就沒有機會解放法國，後續還可能導致英國四十三萬名猶太人喪生，甚至讓德國在研發核彈的競爭中取得領先。這是因為在噴火戰鬥機奮戰德國空軍當時，很多後來移民美國參與曼哈頓原子彈計畫的科學家就住在英國[9]。邱吉爾盛讚駕駛噴火戰鬥機和颶風戰鬥機的飛行員：「在人類的戰爭史上，從來沒有那麼多人欠那麼少人如此大的恩情。」此言不虛。

要說噴火戰鬥機拯救了自由世界並不為過，然而，此戰機的原型要價僅一萬英鎊左右，相當於當時倫敦市區一間不錯住宅的售價[10]。

買彩券是正面黑天鵝，有機會都要試一試

我們投資時都希望日後能夠得到回報，考量的無非是投資報酬率，例如帳戶餘額多了幾個百分比，或是股市上風險更高也更可觀的獲利。那麼，凱夫—布朗—凱夫當初投資一萬英

鎊的報酬又是什麼？答案是：四十三萬人因此逃過被送進毒氣室的命運，希特勒也失去搶先研發原子彈的機會。即使是最精於計算的經濟學家，也不確定該如何以金錢來衡量這些效益。

投資報酬率，並非衡量新點子或新技術的實用方法。一些構想新穎、偏理論性的所謂「藍天研究」*，就難以估算報酬率。多數的新科技都是失敗收場，多數的原創點子最後要不是發現毫無新意，就是過於新奇而無處可用。反之，一旦原創點子真的可行時，報酬往往高到無法衡量，噴火戰鬥機就是一例。

這類看似行不通卻意外成功的例子不勝枚舉，有的令人敬佩，有的令人覺得好笑。例如一五四五年，嗜賭的數學家吉羅拉莫・卡當諾（Gerolamo Cardano）率先探索「虛數」的概念，這些看似毫無用處的奇想，後來促成了收音機、電視、電腦的研發。一九二八年，亞歷山大・弗萊明（Alexander Fleming）沒把實驗室打掃乾淨，卻因此在受污染的培養皿裡發現世上第一種抗生素。

我們可能會把這類發明視為樂透彩券，因為中頭獎的機率很低，但報酬相當可觀。事實

---

*編按：藍天研究（blue-sky research）或稱基礎研究，通常用來指稱那些沒有即時回報、非實用性或純理論性的創新研究。

上，這類發明比樂透彩要好太多了。彩券是零和遊戲，只是把既有的資源重新分配而已，但研發是讓人人都能受惠。而且和彩券不同的是，大膽的創新沒有已知的報酬，也沒有確切的中獎率。《黑天鵝效應》（*The Black Swan*）一書的作者納西姆・塔雷伯（Nassim Taleb）把這種研究專案稱為「正面的黑天鵝」[11]。

無論我們怎麼稱呼，這類的冒險行為都令人傷腦筋。它們確實很重要，因為報酬可能很可觀，但它們無法預測，所以也會讓人受挫及大失所望。雖然這些行動往往得不到回報，但我們不能因此忽視，而且也無法有效掌控。

如果新科技是**可以**規畫的，會讓我們放心許多，有時這點確實可以做到，例如曼哈頓計畫成功研發出原子彈，以及甘迺迪兌現了在十年內送人類上月球的承諾。但是，這些例子之所以令人難忘，部分原因在於它們非比尋常。如果科學家、企業或政府的科技專家告訴我們，某種新技術很快就會解決能源問題，例如新一代的氫能汽車、從海藻提煉生質燃料，或以新型塑膠製造的平價太陽能板等等，我們就會安下心來。但事實證明，我們根本無法預測哪種科技可以發展起來。真相如此模糊，而且難以掌控。

這也是為什麼噴火戰鬥機意外研發成功的故事，可以為期待運用科技解決當今問題的人上很好的一課。這款戰機是在對未來的航空發展幾乎一無所知的情況下研發出來的，在一九一四到一九一八年英德兩國交戰期間，飛機還是一種全新的技術，主要用於偵查，沒人知道飛機成熟發展後還可以做哪些更好的運用。一九二〇年代中期，大家普遍認為飛機的時速無法超過二六〇英里，但噴火戰鬥機俯衝的時速卻超過了四五〇英里。所以，英國空軍長期忽視戰鬥機的重要性並不令人意外，對多數的設計師來說，想製造出能夠成功攔截轟炸機的戰鬥機簡直是異想天開。

噴火戰鬥機直接朝前方開火時特別神奇，為了瞄準目標，整架飛機需要改變飛行方向。多數人認為可行的設計是雙座戰機，砲手就坐在飛機的砲塔中。一九三八年，也就是英德開戰的前一年，一位很有見地及影響力的觀察家是這樣說的：

> 我們應該盡快打造出大批全副武裝的飛機，機上要有砲塔，以便在正橫方位及水平方位出擊……德國人知道我們依賴朝前方射擊的噴火戰鬥機，一旦攻擊無法立即奏效，會讓飛行員置身險境[12]。

這個質疑噴火戰鬥機的人，就是未來的英國首相邱吉爾。他要求的戰鬥機，後來確實打造出來了，但英國孩子們所津津樂道的傳奇，卻不屬於這款無畏戰鬥機（Boulton-Paul Defiant）。這沒什麼好奇怪的，在敵人眼中，笨重的無畏戰鬥機就像是坐以待斃的鴨子。

事到如今，我們都知道英國官方的政策大錯特錯，但這種後見之明卻很容易矇住了我們的眼睛。首相和空軍將領真的能預測空戰會如何發展嗎？當然不能。噴火戰鬥機帶給我們的啟示，不是空軍差點因為策略錯誤而打敗仗，而是既然策略錯誤在所難免，他們還是想辦法打造出了噴火戰鬥機。

從這個例子學到的一課是**變異**，也就是透過多方嘗試來鼓勵創新。空軍沒有把雞蛋都放在看起來最保險的籃子裡（遠程轟炸機），而是在過程中留有餘裕，所以空軍准將凱夫－布朗－凱夫才能資助前景不是那麼看好、但「最有趣」的方案以防萬一，即使打一開始噴火戰鬥機就受到無情的嘲弄和輕蔑。

創新要走進人多的地方，而不是在孤島上

一八三五年九月，達爾文從小獵犬號划著小船靠岸，踏上加拉巴哥群島（Galapagos Islands）的碎浪中。加拉巴哥群島位於太平洋，在南美厄瓜多西部六百英里的地方。達爾文一到島上，很快就發現了一些引人注目的例子，顯示安全的棲息地為新物種提供了發展的空

間，正是這些例子讓他得出了物競天擇的演化理論[13]。達爾文對大自然的觀察相當細膩，他提到加拉巴哥群島上有許多種雀鳥，每一種都不曾出現在其他地方。更妙的是，每個小島上都各有不同的雀鳥，雖然體型和羽色都差不多，但鳥喙各不相同：有的尖細，適合捉蟲；有的大而厚實，適合啄破種子；有的鳥喙則適合吃水果。此外，著名的大型陸龜也在不同的小島上各自演化，比如有的龜殼高聳，方便吃到仙人掌；而在有大片綠地的小島上，常見的是圓頂龜殼。達爾文沒料到會有這種現象，在把樣本搞混了之後，只得請島上的副總督幫忙整理。加拉巴哥群島的陸龜跟地球上的其他陸龜都不一樣，達爾文花了很長的時間才搞清楚牠們分成許多不同種類。後來達爾文在觀察加拉巴哥群島的植物時，又發現了同樣的情況：每個島嶼各有自己的生態系統。

加拉巴哥群島上出現了這麼多獨特的物種，是因為這些島嶼不僅與大陸隔絕，島嶼之間也有某種程度的隔絕。少了某種形式的實質隔絕，就不太可能發生所謂的「種化作用」（Speciation，一種生物分化出不同新物種的過程），這是因為分化的物種如果有機會進行雜交，會再次融合成一種。

同樣的，創新通常也需要某種隔離才能發揮潛力。不過，並不是新點子都要在隔絕的環境中才能產生：就基因突變來說，加拉巴哥群島的發生率不會比其他地方多。很多人也注意到了，好點子主要是來自於其他點子的混合激盪，而不是自己閉門造車的產物[14]。城市生活觀察家珍・雅各（Jane Jacobs）是在城市裡尋找創新，而不是在太平洋的孤島上。不過，新點子一旦出現，就需要一個喘息的空間讓它繼續發展，才不會被傳統的觀念所同化或消滅。

這種「讓多個點子同時各自發展」的想法似乎有悖常理，我們常會不自覺地問：「哪個選項最好？」選定後就專注發展。但是，既然人生如此不可預測，原本看來較差的選項也可能正好就是我們所需要的。在生活的各個領域都留點轉寰空間，同時探索多種可能性是明智之舉。如果你想交朋友，就應該多參加幾個社團，而不是只參加看起來最有可能交到朋友的社團。這番道理特別適用於創新領域，因為每個點子或新技術都可能非常寶貴。在不確定的世界裡，我們不只要有A計畫，還要留點空間給B計畫、C計畫或D計畫。

噴火戰鬥機算是最不起眼的備援方案之一，因為它是由一些非常另類的怪咖所催生出來的。諾埃爾・彭伯頓・比林（Noel Pemberton Billing）是其中的成員之一，他是個花花公子型的政治人物，最出名的事蹟是推動反同性戀運動[15]。一九一八年，他指控舞蹈家茉德・艾倫（Maud Allan）散播女同性戀思維，而引發轟動一時的誹謗案審判。接著，他又在這起案子受審時，大肆宣揚他的另類觀點——德國間諜成功脅迫了近五萬名「性變態者」，讓他們破壞英國的作戰力。

除了忙著煽動媒體報導女同性戀擾亂治安之外，比林還是超級馬林公司的老闆。這家航太工程公司聚集了一批烏合之眾，加上經營不善，已是臭名遠播。一九一七年，公司雇用了第二號怪胎：個性靦腆、記仇又老愛唱反調的工程師雷金納．米切爾（Reginald Mitchell）。這個聰明的年輕人剛進職場時，領班曾經抱怨他泡的茶「味道像尿」。等到下次泡茶時，米切爾就故意把茶葉泡在煮沸的尿液裡，沒想到領班卻說：「米切爾，這杯茶泡得好！」[16]

不出意外的，超級馬林公司後來被大型國防工程公司威格士（Vickers）收購，而米切爾的團隊收編在優秀設計師巴恩斯．沃利斯（Barnes Wallis，後來因設計出皇家空軍中隊使用的彈跳炸彈而聞名）的旗下。此舉激怒了米切爾，他怒嗆：「有他就沒有我！」[17]威格士的董事可能判斷力夠強，也可能是運氣夠好，他們決定把沃利斯調到其他單位，讓米切爾的團隊繼續享有像加拉巴哥群島那樣的隔絕環境，脫離威格士委員會的監督。

接著又發生更令人意外的事。一九二九年和一九三〇年，米切爾設計的飛機（噴火戰鬥機的前身）創下飛行最快的世界紀錄，在史耐德世界飛行錦標賽（Schneider Trophy）屢創佳績。破紀錄的作品通常都會獲得政府的資助，但是因為英國政府財政緊縮，這些作品沒有獲得應有的重視，當時的英國皇家空軍元帥休．特倫查德（Hugh Trenchard）甚至說高速飛機都是「怪物機」[18]。破世界紀錄的新款飛機拿不到研發資金，而識貨的伯樂凱夫－布朗－凱夫也還沒有出現，超級馬林公司的新計畫眼見要被迫放棄了。

沒想到，有個出乎意料的人物冒出來了：芬妮．休斯頓（Fanny Houston）。休斯頓夫人出身貧寒，嫁給船務大亨後繼承了大批遺產，一舉成為英國最富有的女人。她樂善好施，幫助的對象不限，曾資助過俄羅斯受壓迫的基督徒、煤礦工人，也曾贊助過女權運動。一九三一年，她開了一張支票給超級馬林公司，支付開發「S6型飛機」（噴火戰鬥機前身）的所有費用。英國政府不願贊助這項研發讓她相當火大，她說：「我之所以義憤填膺，是因為我知道真正的英國人都寧可變賣家當，也不願意承認英國連抵抗外侮的錢都出不起。」S6型飛機的出現，距離萊特兄弟發明飛機還不到三十年，但時速已達四〇七．五英里。多虧休斯頓夫人的贊助，噴火戰鬥機才有機會問世，也保住了英國人的尊嚴[19]。難怪歷史學家泰勒（A.J.P. Taylor）後來會如此評論：「不列顛空戰之所以勝利，是因為張伯倫*，或者說是拜休斯頓夫人所賜。」[20]

米切爾如同自立門戶的研發方式，比美國航太製造廠商洛克希德馬丁（Lockheed Martin）知名的「臭鼬工廠」（Skunk Works）早了十年。臭鼬工廠曾經設計出U2高空偵察機（拍到古巴的核彈裝置照片）、過去三十五年來全球最快的黑鳥偵察機（Blackbird），以及雷達偵測不到的隱形轟炸機和戰鬥機。從此以後，臭鼬工廠模式——由工程師和創新人員組成的特殊小組，脫離大企業的層級制度而自立於外——就廣受各界肯定。就像臭鼬工廠，米切爾的團隊也隨時跟進航空工程界的最新動態。每年米切爾都會參加史耐德世界飛行錦標賽，讓他的設計和全球最頂尖的飛機一較高下。不過，米切爾的團隊確實做到了隔絕官僚干擾這一點，在這個只有政府會光顧的產業，能做到這個地步真的不簡單。

保護創新者不受官僚干預，也無法保證這樣做能得出什麼成果；相反的，我們甚至可以預期，關在如同加拉巴哥群島這樣的隔離環境中，所做的創新研發大都先天失調，難以在更廣闊的世界蓬勃發展。但是，如果偶爾能創造出像噴火戰鬥機那樣的驚人成果，再多的失敗也是值得的。

眾生喧譁的時代，失敗真的不算什麼

如果新點子只要加以保護和培育，就能出現驚人的成果，有人可能會覺得，要在現代世

＊編按：張伯倫在擔任英國財政大臣時就主張重點打造一支能在敵方進行大規模轟炸的空中武力，等到他一九三七年出任首相後，更大量打造英國戰機，大幅擴張空軍裝備。

界鼓勵創新並不難[21]。想想人類歷史上，從來沒有過那麼多的大學、博士及專利發明，Google、英特爾、輝瑞藥廠（Pfizer）之類的頂尖企業所生產的東西，要嘛小到可以裝進火柴盒，要嘛讓你看都看不到。這些創新大島的周邊都圍繞著許多小型的高科技新創公司，每一家都有可能顛覆現有的秩序，都可能是另一個微軟。想想微軟剛起家時，也不過是一家小小的新創公司，卻讓強大的ＩＢＭ甘拜下風。一個世代之後，歷史重演，Google和臉書又把微軟比了下去。

所以，會有這種樂觀的看法不無道理。當市場可以輕易測試多種可能性（例如電腦業）時，我們確實看到改變的速度相當驚人。現代科技威力強大、緊密串連，意味著任何人都能取得足夠的電算力，開發出優異的新軟體。而且，拜外包模式所賜，現在連進入硬體業的門檻都降低了。三Ｄ列印機、便宜機器人及平價設計軟體的出現，代表其他的創新領域也開放了。以前是Ｔ恤客製化，現在連汽車都可以客製化，像獨立車廠Local Motors之類的公司就是以「群眾外包」的方式去設計小眾車款，同時也把生產外包出去[22]。至於明天，誰能知道呢？在這些領域中，一場場開放性的競賽引進了大批的新進業者，創新能量也因此源源不絕。雖然多數的點子都失敗了，但是由於點子夠多，失敗也沒什麼大不了的。網路和社群媒體專家克雷．薛基（Clay Shirky）對這種「無償的失敗」也樂見其成[23]。

但是這裡有個問題：無償的失敗還是寥寥無幾。這些創新領域畢竟是例外，而非常態。由於開源碼軟體和 iPad 的 app 都是能見度非常高的創新，都能在學生宿舍裡初步製作完成，所以我們常會以為任何需要創新的東西都能在學生宿舍裡開發出來。但事實不然，癌症、老年癡呆症及心臟病的有效療法至今還是難以撥雲見日。一九八四年，在發現愛滋病病毒後，美國衛生部長瑪格麗特．赫克勒（Margaret Heckler）宣布幾年內就能研發出預防愛滋病的疫苗，但過了這麼多年，疫苗還是沒等來[24]。還有，真正有效的乾淨能源呢？核融合或是便宜到可以拿來當壁紙的太陽能板又在哪裡？

這些遲遲未出現的創新都有個共同點：它們的規模都很龐大，研發經費都很高。它們不僅需要大量的資源，同時也需要一次又一次如同賭局般的瘋狂試驗，兩者缺一不可，但這種組合似乎不太可能成真。不論是「臭鼬工廠」模式，或是為新科技打造不受干擾的避風港，都是說比做容易，一旦需要的資金多達數百億美元時，這些風險高的新穎想法看起來就沒有那麼大的吸引力了。那麼，一個需要高額資金、能滿足人們多元需求的複雜計畫或專案，是否能跟矽谷那些低成本的新創公司結合呢？這樣的方向，我們還沒有認真想過。

當創新需要大筆資金，還需要花幾年甚至幾十年的工夫時，我們不能寄望學生宿舍裡那些發明家比大學和政府的研究機構更有能耐，因為這種事可能永遠都不會發生。

小心，別掉入「知識的負擔」陷阱裡

如果根本的創新流程能變得更便宜、更簡單、更迅速，那所有問題就不再是問題了。話說回來，要像Google和臉書那樣從學生身分起家就大獲成功的案例畢竟是特例，而非常態。凱洛管理學院的經濟學家班傑明・瓊斯（Benjamin Jones）放過矽谷那些醒目的個案，專心研究一個包含三百萬項專利及二千萬份學術論文的資料庫。研究結果讓他對一個現象備感憂心，他稱之為「知識的負擔」。

瓊斯使用的紀錄是從一九七五年開始，專利名單上的團隊人數一年比一年增加，首次申請專利的發明者年齡也在持續上升。專業分工似乎越來越明顯，因為現在獨立發明者比較不可能在跨領域裡創造出多項專利。這種專業分工的要求在所難免，卻令人擔憂，因為以往的技術突破往往倚仗的是發明者本身所具備的廣泛興趣，讓不同領域的概念在有創意的大腦中相互激盪。但是，現在這種跨領域的激盪需要靠多人組成的團隊，面對的是更昂貴也更複雜的組織問題。此外，需要引入其他專利的更深層知識，則需要規模更大的團隊。比較一下典型的現代專利與一九七〇年代的專利，你會發現現代的專利需要更大的團隊，而且團隊成員的年紀較大、所學更專精。想同時資助每個獨立團隊的創新，整個流程變得更困難，費用也更高昂[25]。

學術界也是如此。瓊斯發現，團隊研究在各個領域都成了主流。以前最多人引用的研究是單一研究員所做的成果，現在大都是出自團隊之手。如今研究人員花更多時間攻讀博士學位，那是他們開啟新研究的基本學歷要求。瓊斯認為，由於需要熟悉的知識量很多，科學生涯在橫向和縱向上都遭到壓縮[26]。科學家必須縮小專業領域，而且即使縮小了，從學到夠多的知識到開始研究，到精力和創造力日漸走下坡，這整個有生產力的職涯越來越短了。

即使是經常以學生宿舍為溫床玩創新的軟體業，這種現象也日益普遍。以電腦遊戲業為例，一九八四年，當遊戲玩家還在玩《小精靈》（*Pac-Man*）和《小蜜蜂》（*Space Invaders*）時，史上最優異的電腦遊戲《銀河飛鷹》（*Elite*）問世了。《銀河飛鷹》讓玩家在三D場景中打太空戰，進行真實交易，探索浩瀚宇宙，它占用的記憶體跟微軟 Word 的小檔案差不多[27]。這種革命性的電腦遊戲，就像網路狂潮時代的許多發明，也是兩個學生在暑假期間設計出來的。

二十五年後，電腦遊戲界正在翹首等待另一個超級大作《永遠的毀滅公爵》（*Duke Nukem Forever*），這是一款暢銷遊戲的續集，規模和以前全然不同。在遊戲設計的某個階段，有三十五個開發者參與專案。整個案子耗時十二年，耗資二千萬美元，歷經多次無法如期上市的跳票。二〇〇九年五月，整個專案還未完成，負責的團隊就解散了。＊《永遠的毀滅公爵》雖然是個例外，但是現在任何一個遊戲專案都比十年前龐大、昂貴且複雜許多，也更難管理[28]。二〇〇一年在傳出要開發《銀河飛鷹四》的消息後，遊戲玩家就翹首盼望，但如今他們仍在痴痴等待[29]。

在電腦業之外，這種趨勢更是明顯。噴火戰鬥機的原型，成本僅一萬英鎊，折合今天的幣值不到百萬美元，這款戰機研發七年才投入市場。在不同的技術年代，洛克希德馬丁公司的臭鼬工廠也研發出美國空軍的F－22匿蹤戰機，這款革命性的戰機，以今日幣值換算，美國政府投入了十四億美元的研發資金，而洛克希德馬丁公司和波音公司為了生產原型，也各自投入對應的金額。這款戰機在研發二十五年後才投入使用[30]。

知識工作者越來越多，創新速度卻越來越慢，why？

iPhone和Android app的大量增加，掩蓋了一個令人不安的事實：創新變得更慢、更難，成本也更高了，多數領域的創新遠遠達不到我們的期待。赫曼·卡恩（Herman Kahn）是個深具影響力的未來學家，翻開他在一九六七年寫的報告，你會發現他預期二〇〇〇年時，我們能搭乘個人飛行器翱翔，能輕鬆消除宿醉，電力便宜到無需用電表計費，人造衛星可提供照明[31]。卡恩不是憑空想像的，他對通訊和電算進步的展望都非常準確，他也精準預測到掌上型通信工具、彩色影印、財務交易數位化，而這些產業的多元化的確欣欣向榮，發展得很好。

在卡恩撰寫那篇報告的年代，另一個看起來有無限潛力的產業是長程航空旅行。一九六〇年代設計波音七四七時，誰會料到四十年後那款飛機還在航空業獨領風騷呢？如果讓一九六〇年代的商務旅客預測二十一世紀的商務旅客會把什麼視為「當代的交通創新」，他們肯定會想到噴射背包或飛行汽車。然而，過了半個世紀，商務人士所認定的「當代交通創新」竟然是「網上預先辦理登機手續」[32]。

現代的汽車有更舒適的內裝、更好的安全系統、更震撼的音響，但是根本上，汽車的效率並沒有比一九七〇年代的車子好多少。核融合已研究了三十年，仍然毫無進展，中國只好繼續依賴煤力發電，而太陽能或風力發電等乾淨能源依然昂貴又稀少。至於製藥業，過去十年曾締造出驚人成果的新藥研發數量不僅不再增加，二〇〇七年還首次出現了下滑，每年美國核准上市的新藥數量也大幅下降[33]。

＊編按：這款電玩在換人接手後終於起死回生，於二〇一一年六月正式接受付費下載。

過去幾十年，經濟強國雇用的研發人才數量明顯成長，但生產力卻是持平發展。申請專利的案件確實比以往多，但平均下來，每位研究者或每一塊用來研究的錢所創造的專利數量卻減少了[34]。或許我們擁有蓬勃發展的高等教育及大量的知識工作者，但是在開發新點子方面，幾乎是停滯不前。

這個情形讓人特別憂心，因為我們一直期待新科技能幫忙解決許多問題。以氣候變遷為例，以「多疑的環保論者」自稱的比約恩．隆柏格（Bjorn Lomborg），覺得我們太過於擔心氣候變遷的問題，反而對清潔用水或瘧疾之類的問題不夠用心。他主張在乾淨能源和地質工程的研發上，應該多投入五十倍的心力[35]。如果連一個認為氣候變遷被過度誇大的人都提出了這種要求，顯然我們對新科技的期望太高了。

專利權鼓勵了創新，卻也壞了我們創新的樂趣

想尋找解決方案，最明顯的地方就是市場。在市場上，有無數的公司競相把新點子轉變成有利可圖的產品，從新創公司到英特爾、奇異、葛蘭素史克（GlaxoSmithKline）的大企業都在爭搶出頭的機會。正如我們所見，只要業者競爭夠激烈，競相開發便宜的點子（例如新

軟體），市場的創新能力就會源源不絕。

然而，一遇到重大、昂貴、重要性與日俱增的創新時，市場往往會依賴政府存在已久的支持方式，也就是專利。但是專利真的能促進我們需要的創新嗎？這實在很難說。

專利的基本概念是合理的：讓發明者擁有點子的獨家使用權來鼓勵創新，讓創新的效益有機會抵銷掉這個發明所花費的成本。至於專利是否真的能達到這種效果，目前仍有待商榷。事實上，有些荒謬的專利已經違背了專利保護的初衷。例如，美國第6004596號專利「無吐司邊的密封三明治」，以及第6368227號專利「盪鞦韆的方法」（申請專利的是明尼蘇達州一個五歲男孩）[36]。這些無關緊要的專利雖然無害，但是它們的存在卻顯示，一些稱不上創新或不用花心思的東西也能取得專利。

再來看看IBM的「順利成交拍賣」專利：一旦出現意想不到的情況，拍賣就會暫停。這和eBay的拍賣不同，eBay的拍賣容易在截標的最後一刻殺出投機取巧的人。專利局決定授與IBM這項專利實在令人費解，因為這個點子毫無新意。事實上，這樣的做法由來已久。拍賣專家保羅．克倫佩勒（Paul Klemperer）指出，倫敦最有名的日記作家塞繆爾．皮普斯（Samuel Pepys）早在十七世紀就記錄了這種拍賣方法（在融化的蠟燭中插一根針，針掉下，拍賣就結束）[37]。專利授權偶爾會出現這一類的錯誤，卻無法輕易更正。你必須直接找ＩＢＭ較量，雇用律師團打官司，碰碰運氣。專利局應該要提出更便宜的更正方式，這才是最根本的做法。

再舉一個例子，買東西時，先在店裡用智慧型手機掃描商品條碼，接著瀏覽評價，查看附近有沒有更便宜的商家再下手。年輕的加拿大經濟學家艾利克斯・塔巴羅克（Alex Tabarrok）是最早有這種構想的人之一，那時網路狂潮正盛，有天早上他淋浴時，突然靈光乍現，想到或許可以用手機當掃描器。偏偏其他人也這樣想過，他很快就發現，幾個月前有人剛為這個構想申請了第6134548號專利[38]。這個例子看起來似乎只有塔巴羅克一人倒楣，但其實我們都是受害者。隨便授與專利來保護靈機一動的構想，只會造成智慧財產的壟斷，毫無任何助益。

更糟的是，專利也無法鼓勵一些真正重要的創新。在手機掃描器、順利成交拍賣兩個例子中，專利的保護作用發揮得太過，但在促成愛滋病毒疫苗或乾淨能源的重要突破上，專利的刺激效果又太薄弱。部分原因在於專利有時間限制，很多重要的專利可能在成為有競爭力的產品以前，專利就已到期。例如，太陽能的價格可能要很久後才會降到化石燃料的水準，而後者從工業革命以來就一直享有價格優勢。

另一個諷刺的問題是，許多企業會擔心他們要是研發出重要的技術，政府可能要求他們放棄專利權或大幅降低產品價格。二〇〇一年底，當恐怖分子郵寄炭疽菌導致五人喪生時，生產抗生素速博新（Cipro，可用來治療炭疽病）的拜耳公司就遇到了這種狀況[39]。四年後，當人類感染禽流感的恐慌越演越烈時，擁有克流感（Tamiflu）專利的羅氏（Roche）大藥廠也在世界各國政府的施壓下，同意授權這種藥物生產[40]。為什麼政府在緊急狀況下，就無法對專利展現應有的尊重？原因很明顯。話說回來，如果大家都知道創新很重要，而政府卻可能無視專利保護，又如何指望專利制度能夠鼓勵重要的創新呢？

起司三明治的專利問題，只要改善行政流程就能解決，但是改革專利制度能否鼓勵業者專注於真正大規模的長期專案，這個問題依舊存在。創新減緩的現象可能會持續下去。

如果專利無法刺激市場產生我們需要的創新規模，另一個明顯的替代方案是依賴政府。畢竟，政府理當放眼未來，有責任解決我們的共同問題。但目前為止，政府補助並未充分發揮潛力。至於為什麼，我們可以從二十世紀一位傑出人物的出現看出端倪。

留點餘裕給自己，跟「追求短期滿足的堡壘」說再見

分子遺傳學家馬里奧・卡佩奇（Mario Capecchi）忘不了童年的一段記憶：德軍敲開了

他母親在義大利阿爾卑斯山上的度假小屋，逮捕了他的母親，把她送去集中營——可能是達豪（Dachau）集中營。卡佩奇從小就會講義大利語和德語，他聽得懂納粹軍官的話，當時他才三歲半[41]。

卡佩奇的母親露西是個詩人，也是反法西斯的行動家；他的生父盧西亞諾（Luciano）是墨索里尼空軍部隊的飛官，性格殘暴，露西拒絕嫁給他。二次大戰前，在天主教和法西斯主義盛行的義大利，可以想見未婚生子是多大的醜聞。露西知道她會惹禍上身，早已變賣大半家當，把錢託付給當地的一戶農家。她被捕後，那家人收留了卡佩奇。有段期間，他就像平常的義大利農家之子，學習過鄉野生活。

一年後，他母親留下的錢用光了，卡佩奇只好離開了小村莊。他記得他曾和父親住過一小段時間，但後來覺得還不如去流浪：「在戰火的恐懼中，對年幼的我來說，最難以接受的事也許是有個會對我動粗的父親。」不久，盧西亞諾就在空戰中喪生了。

於是，四歲半的卡佩奇成了街頭流浪兒。對我們多數人來說，四歲半的孩子只要吃東西別弄得到處都是，或是上幼稚園不要哭哭啼啼，應該就心滿意足了。同樣年紀的卡佩奇卻只能靠吃剩菜為生，混幫派，在幾家孤兒院進進出出。八歲時，他在醫院待了一年，可能是得了傷寒，天天發燒，時睡時醒。當時醫院的狀況很差，沒有毯子，沒有床單，病床擠在一起，只能吃麵包皮和菊苣咖啡果腹，許多義大利的孤兒都死在這樣的醫院裡。

但卡佩奇活了下來。九歲生日那天，一個長相奇怪的女人來醫院看他，那是他的母親，她在集中營捱過五年後，模樣全變了，完全認不出來。她已經找了他十八個月。她為卡佩奇帶來一套傳統的提羅爾服裝，然後帶著他前往美國。如今卡佩奇還留著當時的那頂帽子，還有帽上的裝飾羽毛。

二十年後，卡佩奇進入哈佛大學，師從DNA發現者之一的詹姆斯．華生（James Watson）學習分子生物學。華生鮮少稱讚別人，但他曾說，卡佩奇「讀研究所時的成就，比多數科學家一輩子的成就還多」。他也建議年輕的卡佩奇，他要是捨哈佛這個頂尖學府去其他地方深造，那肯定是瘋了。

不過，幾年後，卡佩奇還是覺得哈佛不適合他，即使這裡有絕佳的資源、勵志的同伴，還有導師華生的鼎力支持。他覺得哈佛要求研究者提出成果過於匆促，如果你想循著既定路線，照著可預期的步驟前進，哈佛確實不錯。但卡佩奇覺得，如果你想做大事，想改變世界，你需要留點餘裕給自己。他認為哈佛已經變成「追求短期滿足的堡壘」。於是，他轉往剛成立新系所的猶他大學，猶他大學有類似加拉巴哥群島那樣的隔離環境，可以盡情讓他做研究。

一九八〇年，卡佩奇向美國國立衛生研究院（National Institute of Health）申請研究經費。衛生研究院是用政府的資金，贊助可能拯救生命的研究，金額龐大，總額是美國癌症協會撥款的二十倍。卡佩奇提出三個不同專案，其中兩個研究的主題扎實，已有明確的追蹤紀錄及逐步描述的目標，幾乎保證能成功。

第三個專案的風險較大，他想證明可以在老鼠DNA裡的某個基因做特定改造。這樣的企圖心太大了，尤其時間還要退回到一九八〇年。老鼠DNA所包含的信息有七、八十本百科全書那麼多，卡佩奇想做的，相當於在這麼多本百科全書中找出一個句子來修改，而且必須在以分子那樣小的規模來進行。他的想法是製造出一個和想改造的那個基因很像的模擬基因，再把這個相似的基因注入老鼠細胞中，想辦法讓模擬基因去找到類似的夥伴，最後把它踢出基因的雙股螺旋，自己取而代之。這個提案不僅沒有成功的把握，甚至看起來成功的機率很低。

國立衛生研究院認為卡佩奇的計畫聽起來就像科幻小說，他們調降了卡佩奇的申請級別，並強烈建議他砍掉第三個冒險提案。不過，由於另外兩個結果導向的提案很扎實，他們還是同意資助他的申請。（他的運氣算不錯了，因為在此同時，生物學家馬丁．埃文斯（Martin Evans）也向英國醫學研究委員會（Medical Research Council）申請類似的專案補助，卻遭到斷然拒絕。但是，無論情況有多混亂，有兩個研究贊助機構總比一個好，因為可以資助更多五花八門的提案。」

那麼，卡佩奇是怎麼做的呢？他拿了衛生研究院的研究經費，但是不理會他們的忠告，幾乎把全部資金都投在第三個高風險的專案裡頭了。後來他回顧那段往事時，也覺得是一場豪賭。國立衛生研究院要求受資助者，三到五年內必須提出夠大的初期成果，要是做不到，他們會中斷資金。此外，沒有他們的認可，以後卡佩奇可能也很難從其他地方申請經費了，他的職業生涯將會大受打擊，研究助手必須另謀出路，實驗室可能就此關門大吉。

二〇〇七年，卡佩奇因為老鼠基因的研究成果，榮獲諾貝爾醫學獎。在這之前，國立衛生研究院的專家小組在答應繼續贊助他經費時，就坦言：「幸好你沒聽我們的建議。」

想要中樂透，首先就得花錢買彩券

卡佩奇的故事，不是要我們崇拜執拗的天才（雖然我們確實應該那樣做），而是我們不該要求所有天才都帶有這種執拗的個性。有多少重大的科學或科技失敗，不是因為研發者缺乏遠見，而是因為他們缺乏像卡佩奇那樣特別的叛逆性格？

但是在抨擊國立衛生研究院缺乏想像力以前，讓我們先想像以下的情況：我和你的面前都有一張白紙，現在我們需要設計一套制度，好好運用龐大的公共資金（亦即納稅人的錢）來資助研究人員。這事責任重大，我們當然希望看到的是有明確說明的研究專案，也會徵詢專家的意見，檢查每個專案在科學上是否合理，確定那不是天馬行空的想像。我們會希望申請人或研究人員已經有初步的研究結果，也希望未來每隔幾年可以檢查一下專案的進度。

所以，我們會設計出一套合情合理的制度，而這套制度，將會阻止卡佩奇進行老鼠基因研究。

國立衛生研究院對專案的評估，是由專家主導，以成果為導向，穩定推動優質的研究，這種運作方式非常合理。然而，對於那些成功率低卻可能有革命性突破的樂透式專案來說，這種資助方式卻是錯誤的。傳統的資助制度是為了規避風險，更在乎的是防範失敗，而不是達到成果。對任何組織來說，這種資助態度是可以理解的，尤其使用的是納稅人的錢，更要再三慎重，不能冒險。所以，當我們自己都不想冒險時，卻指望卡佩奇為了一個拯救生命的好點子而拿自己的職業生涯冒險，那就說不過去了。

幸好，國立衛生研究院的模式不是資助醫療研究專案的唯一方法。就有一位古怪的億萬富翁創立了一家大型的慈善醫療研究機構叫「霍華休斯醫學研究中心」（Howard Hughes

Medical Institute, HHMI）。該中心有一個「研究員」計畫，明確鼓勵「研究員冒險，探索尚未證實的領域，積極接納未知，即使那意味著不確定或可能失敗」[42]。事實上，要吸引霍華休斯中心撥款資助，最難的就是說服他們那項研究有足夠的不確定性。

ＨＨＭＩ不只支持具體的專案，也支持個人，因為他們認為這樣一來，科學家就可以隨著新資訊靈活變通，追求任何突然出現的研究機會，不必向專家小組解釋做研究的理由（麥克馬斯特將軍肯定也會認同因應現實來應變的需求）。ＨＨＭＩ不要求申請人備好詳細的專案說明，他們更想看的是關於構想的梗概說明，以及申請人近期的最佳研究個案。當申請人發現對方要求的條件這麼少時，有時也會大吃一驚。

當然，ＨＨＭＩ最終還是會要求成果，但是他們對「成果」的定義更有彈性，畢竟一開始並沒有具體的專案。ＨＨＭＩ只要認可研究者投入的心血令人信服，就會自動續撥五年經費，只有在十年內都得不到成果時才會停止撥款。而且，即使需要做到這一步，也是逐漸停撥，而不是馬上斷絕金援，好讓研究人員另尋資金來源，不用走到解雇人員或關閉實驗室的絕境。

你現在腦中還殘留著卡佩奇的成就，所以會認為這種方法聽起來很棒，但是ＨＨＭＩ的贊助制度真的比較高明嗎？難道它不會導致太多成本高昂的失敗案子，或是讓研究人員以為從此資金不虞匱乏，而變得太過安逸？

也許吧！有三位經濟學家曾經嚴謹地衡量過這兩種截然不同的贊助方式，皮耶・阿佐雷（Pierre Azoulay）、古斯塔沃・曼索（Gustavo Manso）和約書亞・格拉夫・齊文（Joshua Graff Zivin）取得了國立衛生研究院及ＨＨＭＩ的資料，看看多年下來兩者分別促成了多少重要的科學研究。首先，他們仔細比較了ＨＨＭＩ贊助的研究員及國立衛生研究院贊助的最優秀科學家（曾獲得罕見獎助金及國立衛生研究院ＭＥＲＩＴ獎的人）。另外，他們也用統計技巧從國立衛生研究院挑選一些傑出的研究員，他們的過往紀錄幾乎和ＨＨＭＩ的研究員一樣。

無論他們三人用哪種方法分析那些數據，都發現更開放、更有冒險精神的ＨＨＭＩ所資助的是最重要、最罕見也最有影響力的研究。在資格上，ＨＨＭＩ的研究員顯然和國立衛生研究院的研究員差不多，但他們更有影響力，被引用的研究報告數量是後者的兩倍。他們更可能贏得獎項肯定，也更可能指導出得獎的學生。他們更有獨創性，常為該領域創造出全新的「關鍵字」，更常改變研究主題，並吸引了更多該專業領域之外的人引用他們的研究。

不過，ＨＨＭＩ的研究員也遭遇更多的失敗，研究論文完全無人引用的比例也更高。這也難怪，畢竟國立衛生研究院當初的制度設計就是為了規避失敗，而ＨＨＭＩ則是積極接納失敗。在追求真正原創研究的過程中，失敗在所難免。

就創新來說，**失敗是值得付出的代價。我們不能預期買的每張彩券都中獎，但是想要中獎，就要買彩券**。以統計術語來說，創新報酬的機率分布明顯是往高報酬偏斜，亦即小失敗很多，但大成功寥寥無幾。國立衛生研究院因為趨避風險，錯失了許多重要的點子。

受託分配納稅人數十億美元稅金的官方機構，更在乎的是降低風險而不是提高收益，理由並不難理解。國立衛生研究院的審查方式，確實有存在的必要。前面提過，聖塔菲研究機構的複雜理論家考夫曼和霍蘭德證明，適存度地形變化莫測，要想找到發展方向，最好的做法是結合小步伐和冒險的大躍進。國立衛生研究院所資助的就是小步伐，那誰該資助冒險的大躍進呢？HHMI每年撥出龐大的經費贊助研究，但這些經費其實只占全球研發預算的〇．〇五％[43]。還有一些類似的贊助機構，不過多數研發要嘛高度商業化導向（完全與天馬行空的思維相反），要嘛就像國立衛生研究院那種目標導向的贊助。穩當的小步伐有了，但試驗性的大躍進還是付之闕如。

政府機構需要以一九三〇年代的英國空軍將領為榜樣：「讓民間業者卻步的那些高風險的新奇設計，如果要讓人認真投入研究，就應該提供誘因。」[44]重要的新點子，都是這樣刺激出來的。

遺憾的是，這樣的政府機構很少見。目前為止，我們發現了推動新科技的兩大重要原則。第一，盡可能做許多不同的試驗，即使它們看起來相互矛盾，而且基本上大多數會失敗，也在所不惜。第二，鼓勵一些高風險的冷門試驗，即使很可能失敗也無妨，因為成功的報酬相當可觀。多數政府資助的研究有個很大的缺點：都和這兩個原則背道而馳。政府機構喜歡大計畫，喜歡握緊計畫如何達成的確定感，所以像噴火戰鬥機這樣的例外才會少之又少。

在催生重要的點子方面，傳統的政府資助扮演著很重要的角色，如果在撥款上能倣效HHMI那種容忍失敗的模式，就更能發揮鼓舞效果。至於市場，在開發新點子以及把政府所資助的新構想變成實用產品方面，顯然也扮演關鍵的角色。

然而，鼓勵昂貴、有希望改變世界的創新，到底還是令人望而生畏。政府官員在運用鉅額的公共資金時，一般還是會趨避風險，而專利制度也很少能激勵私人企業投入高成本的長期研究。在這個複雜的世界，不論是政府資助或專利制度，都不太可能兼顧兩個鼓勵重大創新的根本要素：廣開門戶，接納高風險的新點子；以及甘冒風險投入數百萬或數十億美元的意願。這兩個要素正是二十一世紀創新的根本，兩者看起來互不相容，但事實不然，結合這兩者的方式早就存在三百多年了，只是被大家忘了。

找到方法解決問題才是重點，管它來自何方

一六七五年，英國政府為了改善航海，尤其是解決「經度」問題（好知道船隻在東方或西方多遠的地方），建立了皇家天文台，這是世界上最早也最有名的政府研究機構之一（緯度問題比較容易解決，只要衡量白天的長度，或是太陽、星辰的高度即可）。大不列顛身為海上強權，貿易路線遍布全球，船長卻無法知道船隻的方位，這問題實在是貽笑大方。如今皇家天文台一廂情願地宣稱這個難題之所以有了驚人突破是和他們有關，還自豪地說天文台位於東倫敦格林威治的原址被「本初子午線」（亦即零度經線）分成了東西兩半。

然而，這個看似光榮的連結，背後其實另有隱情。皇家天文台的天文學家費時近一世紀，都無法解決經度問題，不僅如此，還無情地打壓那個能解決問題的人[45]。

一七〇七年，皇家天文台的專家歷經三十多年的研究，依舊對經線問題毫無頭緒。大家對於天文台如此無能，都感到不滿。某個大霧朦朧的夜晚，海軍上將薛威爾（Clowdisley Shovell）誤判他的艦隊是在離英格蘭本島更西的地方，而導致四艘船在錫利群島（Isles of Scilly）不幸觸礁，死亡人數比鐵達尼號還多。英國國會向牛頓及彗星專家愛德蒙·哈雷（Edmond Halley）兩人求助，一七一四年國會通過《經度法案》（*Act of Longitude*），懸賞

兩萬英鎊給能解決問題的人。依照當時的一般薪資水準，這筆獎金約折合時幣三千萬英鎊[46]。

這一筆錢扭轉了經度問題的解決方式。皇家天文台的天文學家不再是官方唯一的研究員，任何人都可能解開問題。一七三七年，一個住在鄉村的木匠約翰．哈里森（John Harrison）向經度委員會提出了解決方案，震驚了科學界。他拿出一個精準計時的航海鐘，無論船隻在海上顛簸起伏有多大，溫濕度的變化有多劇烈，計時都不受影響。當時大家都曉得，只要知道倫敦的準確時間，航海者就能根據太陽位置計算經度，問題是要製造出精準的鐘錶仍有重重的技術障礙，幾乎每個人都認為這超出了人類智慧所及。哈里森在鉅額獎金的刺激下，證明大家的想法錯了。

這個例子本來可以給我們一個實用的啟示：重賞之下，必能刺激有益社會的點子從出乎意料的地方冒出來。遺憾的是，皇家天文台的專家卻覺得這件事對他們來說是奇恥大辱。皇家天文學家詹姆斯．布拉德雷（James Bradley）及其愛徒內維爾．馬斯基林（Nevil Maskelyne）千方百計阻止哈里森拿到獎金，同時也想辦法以另一種天文方式來判斷經度。布拉德雷先是濫用職權，拖延哈里森製作的航海鐘進行海上測試，接著又藉故把哈里森的兒子連同航海鐘一起送到戰區；而最後當航海鐘終於通過測試（在前往牙買加的八十一天航程中，誤差只有五秒），他們甚至堅持要做更多的檢測。一七六五年，馬斯基林升任皇家天文學家時，乾脆就打著「觀察和測試」的名義，沒收了哈里森所製作的鐘錶，再用搖晃的馬車沿著倫敦的鵝卵石路，把這些鐘錶載運到格林威治。怪的是，從此以後，這些鐘錶的計時就沒那麼準了。

當然，哈里森面對這一切遭遇的反應，也幫了倒忙。他不是個執拗硬氣的天才，脾氣又暴躁。儘管如此，他還是遭到了不公平的拒絕，甚至可能還被騙了*。哈里森的航海鐘後來確實成為衡量經度的標準方法，只不過這是他辭世之後的事了。

無論如何，經度大獎確實促使了解決方案的出現，而這種重賞激勵法也開始廣受各界模仿。一八一〇年，拿破崙祭出一萬二千法郎徵求保存食物的方法，糕點師傅尼古拉・阿佩爾（Nicolas Appert）因此發明了濃縮湯塊，沿用至今[47]。遺憾的是，像皇家天文台那樣故意找碴的低級反應還是屢見不鮮。一八二〇年，法國貴族蒙迪雍（Montyon）男爵把財產捐贈給

*經度委員會始終沒把獎金頒給哈里森，但確實給了他一些研發經費。在哈里森向英王請願後，國會也給他了一筆獎金，替代那筆永遠沒兌現的大獎。女作家戴瓦・梭貝爾（Dava Sobel）在《經度》（*Longitude*）一書中，精采描述了這個令人難過的故事。不過，梭貝爾對於哈里森的貢獻可能有點誇大其辭：哈里森確實打造出適於航海的鐘錶，也確實是個傑作，但實際上並未幫皇家海軍或整個社會解決經度問題。若要解決經度問題，他還需要繪製藍圖，讓熟練的鐘錶匠能夠據此做出一模一樣的鐘錶。

法國科學院，要求他們利用這筆錢每年頒發兩個獎項，一個用來「推動更健康的工業發展」，另一個用來「精進醫療科學或手術」。但科學院對捐款人的條件不以為然，他們認為既然要頒獎，蒙迪雍的那些錢應該先撥出一部分做為獎項的行政開銷。在無獎可頒的那幾年，他們拿著那些錢去購買藏書及實驗器材，理由是「評審時或許用得上」。

蒙迪雍男爵過世十年後，科學院連假裝履行其遺願的表面功夫都省了，公然挪用他捐贈的獎助金做他們喜歡的任何專案。最後，科學院開始拒絕外界捐贈遺產以設立獎項的請求，堅持他們有權決定撥款給他們青睞的專案或個人[48]。

法國科學院的做法並非特例，歐美各地的科學機構後來也都從頒發獎金的方式，改為撥發經費，或是直接聘用研究員。其餘獎金通常是以追贈方式來肯定得獎者的貢獻，而且給獎標準也很主觀（最有名的是諾貝爾獎），不像經度獎金和食物保存獎金那樣，是事先宣布目標來鼓勵大家尋求解決方案。儘管創新獎金的成效很成功，但後來都被直接撥款補助取代了[49]。撥款和獎金不同，撥款是一種栽培人才的方法，而獎金是任何人都有資格角逐，只要能提出成果就能贏得重賞，也因此在本質上，難免對一些現有機構造成威脅。

不過，重賞獎勵法歷經了近二百年的沒落後，如今又再度流行起來。這要感謝新一代企業家和慈善家的慷慨解囊，他們更在意的是解決問題，而不是解決方案來自何方。

創新這檔事，到底能不能拿來比賽？

網飛（Netflix）是一家以郵寄方式出租影片的公司，他們會根據顧客租過的片子及上官網瀏覽的影片來推薦片單。推薦越貼近顧客的偏好，顧客越開心，所以二〇〇六年三月，網飛的創辦人兼執行長里德・哈斯汀（Reed Hastings）和員工開會討論如何改善推薦電影的軟體，好提高推薦片單的準確度。哈斯汀受到哈里森故事的啟發，提議發出百萬美元給能夠開發出優於網飛推薦系統Cinematch演算法的人。

二〇〇六年十月，網飛一對外宣布「網飛獎」百萬美元競賽，馬上就引起了Web2.0世代的廣大迴響。比賽辦法宣布後沒幾天，相關領域的行家就爭先報名參賽。一年內，領先的參賽者就把Cinematch的推薦錯誤降低了八%以上——已經很接近百萬大獎的一〇%要求。此次競賽，總計有二千五百多個來自一六一個國家的團隊報名，參賽人數多達二萬七千人。二〇〇九年九月，得獎名單揭曉，大獎由AT&T的研究團隊獲得[50]。

利用高額獎金刺激創新的做法再次流行了起來，而且速度很快。例如，過去十年，眾包網站意諾新（Innocentive）提供一項服務，讓「求解者」祭出獎金徵求「解題者」，雙方都是匿名。那些有待解決的問題，看起來就像在世界上最不浪漫的徵友網站上刊登的小廣告：

「誠徵：拉扯彈性薄膜時，可釋出怡人香氣的技術」（五萬美元）；「誠徵：光學生物感測器的表面化學塗料，必須有高度黏著力及專一性。」（六萬美元）。

還有一些更讓人動心的高額獎金，比如由非營利機構的X大獎基金會（X Prize Foundation）所舉辦的提案競賽，其中包括「人類基因體定序競賽」（Archon X Prize for Genomics）：只要能在十天內以每個基因體一萬美元的成本，為一百個人類基因體定序，就能贏得大獎。這種方式，比二〇〇〇年首度出現的私人基因體定序還要迅速，且便宜許多，當時耗時九個月、耗資一億美元才完成單人的基因體定序。此次提案競賽的主持人是基因學家克萊格．凡特（Craig Venter），他也是千萬高額獎金的贊助人之一。

這種研究的終極目標是提供個人化的醫療服務，讓醫生可以在完全了解每個病人的基因敏感性下，開立藥方及給予醫療建議。要進入到這種個人化的醫藥時代，就必須先具有上述的技術大躍進才有可能。另一個高額獎金的例子，則是徵求可以把量產汽車的燃料效能提高到每加侖一百英里的車廠。

這種重賞獎勵法有個固定的模式。X大獎基金會先確定目標，再找贊助人，接著對外宣布競賽，並盡可能掀起大家參與的熱情，好吸引比獎金本身更多的投資。一旦原定目標達成，他們會以盛大的儀式頒獎宣傳，接著再設立其他挑戰。得獎者可以保有智慧財產權，要是智慧財產權有商業價值就可充分利用。

「此次競賽的目標之一，是改變大家的思維方式。」X大獎基金會的副主席鮑伯・魏斯（Bob Weiss）表示，「我們想創造徹底的改變。」[51]

高額獎金確實產生了很大的影響，其他競賽也採用類似的模式。例如M獎（Mprize），其競賽內容是創造出壽命更長的老鼠，但終極目標也是延長人類的壽命。另外，一九九八年由波士頓商人所成立的非營利機構克雷數學研究所（Clay Mathematics Institute），則以百萬美元來徵求破解七道「千禧年」數學難題的解題者。當然不是每個人都為了獎金而來，第一個破解其中一題的人是俄羅斯的數學奇才葛利戈里・佩雷爾曼（Grigory Perelman），就拒領了百萬獎金[52]。

不過，若說要將創新競賽的潛力發揮到淋漓盡致的，以上這些競賽都不值一提。二〇〇一年，由五國政府及比爾與美琳達・蓋茲基金會（Bill and Melinda Gates Foundation）共同挹注了十五億美元，成立一個稱為「先期市場承諾計畫」（Advance Market Commitment）的醫療救助專案，用以獎勵研發與供應更有效防治肺炎鏈球菌疾病（如肺炎、腦膜炎、支氣管炎）的疫苗。這項研發之所以需要獎金鼓勵，是因為即使有專利保護，這類藥品未來的主要受惠者都是來自社會底層的貧困者，藥廠無法從這些人身上獲得大量回報，當然也就無心研發。每年有近百萬名兒童因感染肺炎鏈球菌而喪命，這些孩子幾乎都生長在貧窮國家。

從哈里森的故事可以看出，創新競賽的問題在於，如何判斷創新者的發明有資格領獎。當獎金不是頒給某種主觀認定的成就（例如在特定時間內速度最快的飛機，開啟噴火戰鬥機研發的史耐德世界飛行錦標賽就是如此），而是頒給某種實用的成就時（例如找出經線或研發腦膜炎疫苗），這個問題特別明顯。哈里森遇到的爭議是，他究竟是改進了鐘錶的製作技術，還是改善了天文學的研究。這類爭議也可能出現在今天：某種肺炎球菌疫苗可能比較便宜，可以最快上市；另一種疫苗可能比較可靠，副作用較少。誰來決定哪一種疫苗勝出，有資格贏得大獎？還是讓兩者都拿獎，或是兩者都不給？

有鑑於此，疫苗研發競賽是以協議的方式，高額補助成功疫苗的第一筆大訂單[53]。研發者需要先說服窮國政府或人民買疫苗（價格肯定很低），才能領取獎金。此外，研發者能多快領到獎金，以及究竟是分批領，還是一次領完，這都要看市場的反應而定。這樣的競賽也多多少少取代了廠商憑專利產生的定價力，因為藥廠想要拿到獎金，就不得不低價供應藥物。

由於只有規模非常大的藥廠才能每年斥資五十億美元以上做研發，因此只從務實的商業角度來看的話，十五億美元的高額獎金應該能引起藥廠重視[54]。結果確實如此，二〇一〇年底，尼加拉瓜的兒童獲得了第一筆獎金贊助生產的肺炎球菌疫苗[55]。

以後還會有更多的新疫苗問世。下個目標是瘧疾疫苗，可能需要五十億美元的獎金才能引起藥廠的研發興趣。熱中重賞獎勵法的人認為，也許連愛滋病疫苗都可以用這種方式研發出來。他們臆測，愛滋病疫苗的研發獎金大概需要一百億到二百億美元，亦即各大藥廠每年研發經費總和的三倍，金額相當驚人[56]。不過，懸賞獎金最妙的優點就在於，在成果出現以前，主辦單位不需要支付一分一毫。這樣一來，完美的組合就出現了：一方是完全開放的競技場，容許各種失敗，而且只有在問題解決時才支付高額獎金；另一方是最大膽、最冒險的點子，終於有成功的機會。

創新的過程不能太有潔癖，要容忍混亂與紛雜

二〇〇四年六月二十一日，也就是距米切爾顛覆大家對飛機的傳統看法的七十年後，一架造型古怪、機翼細長到不可思議的飛機「白色騎士號」（White Knight One）滑入了莫哈韋沙漠（Mojave Desert）的跑道。航空工程師伯特．魯坦（Burt Rutan）是這架飛機的研發者，他是米切爾那一類的天才，住在類似加拉巴哥群島那樣的沙漠小鎮，當地只有零星的幾家速食店和加油站，還有一個龐大的停機坪停放著廢棄的商用客機。魯坦說：「我們只做創

新，因為在莫哈韋沙漠上，沒別的事做。」[57]在白色騎士號的薄翼下方，雙體船式的兩個機艙中間懸掛著一個粗短的附屬飛行器「太空船一號」，裡頭坐著六十三歲的麥克．梅爾維爾（Mike Melvill）。私人太空飛行的時代即將來臨，太空旅行的美夢即將成真[58]。

表面上，這個劃時代的成就是由創新競賽促成的。共有二十四支隊伍競爭非營利基金設立的安薩里X大獎（Ansari X Prize），白色騎士號是其中之一（參賽者五花八門，例如某個團隊是由「福克斯市的福克斯咖啡店」熱情贊助）。幾個月後，白色騎士號在短時間內完成了兩次合格的飛行任務，所以魯坦的團隊拿到了一千萬美元的獎金。

但這不是故事的全貌，背後還有一個慈善家保羅．艾倫（Paul Allen）的鼎力支持。艾倫是微軟的共同創辦人，也是高居世界富豪榜的有錢人。他資助魯坦進行研發的理由，讓人不由得想起了霍華休斯醫學中心：他說他喜歡那個點子，也相信試驗者的能力。或許，這艘由民間製造的載人太空飛行器能成功問世，也要感謝務實的商業精神：魯坦和理查．布蘭森（Richard Branson）的維珍集團（Virgin Group）合作，維珍集團決定把太空旅行當成一樁有利可圖的事業來經營。維珍銀河工程（Virgin Galactic）已經委託魯坦製造一艘更大的飛船：太空船二號，有更大的窗戶及活動空間。

如果再把視角拉遠一點，私人太空飛行時代的到來，美國政府也有功勞。一九五〇年代，美國太空總署（NASA）的短命前身「國家航空諮詢委員會」（NACA）資助火箭動力實驗機X-15的開發與製造。X-15搭著B-52轟炸機飛到高空後，可以在十萬六千公尺高的太空邊緣飛行。不過，這種「托運」升天的方式，在甘迺迪總統把目標轉移到登陸月球後，就廢棄不用了。顯而易見的，登月任務採用由地面發射的多階段火箭是更好的選擇。但我們為此付出的代價是，失去了多元發展的效益：一種原本看來成功在望的低成本衛星發射方式（空中發射衛星）就這樣被放棄，直到前述結合獲利、獎金與慈善的組合出現後，這個技術才得以起死為生，變成有實用價值的東西。

簡言之，「以私有資金把人類送上太空」這個看似不可能的計畫，就在良莠不齊的各方參賽者及複雜的多種資金來源的神奇搭配下，竟然成功了。我們應該擁抱這樣的混雜，因為正是這種混雜促成了許多其他的美好事物。比如說網際網路，一開始是由五角大廈的文職人員所簽定通過資助的研發專案，但是到了後來，卻是學生宿舍的創新者讓它充分發揮潛力。同樣的，衛星和全球定位系統（GPS）的研發要靠政府全力資助，但把它推上市的卻是民間的業者。

這些例子帶給我們的啟示是：多元化會促成更多的多元化。如果你想刺激更多的創新，可以結合許多策略併行發展。理論上，有獎創新競賽可以取代專利制度——政府可以淘汰專利保護制度，為想要的創新設立有獎競賽。但是，當我們想清楚說明這種方法如何運作時，也讓我們看到了它的局限。政府要如何了解某個創新的成本、效益，甚至成功的可能性，從而制定規則、設定競賽的獎金金額呢？我們知道我們需要愛滋病疫苗，但是沒有人知道我們需要網際網路，直到我們擁有了以後才知道它的重要性。也因此，我們當初不可能設立有獎競賽來鼓勵大家發明全球資訊網。

不是所有官員都像凱夫－布朗－凱夫那樣睿智，也不是所有科學家都像卡佩奇肯大膽一試，所以有獎競賽還是可用來彌補這些避無可避的缺憾。但是，有獎競賽應該做為輔助工具，而不是取代其他的資助及獎勵創新的方法。數學的千禧年大獎很可能會頒給已經獲得公家資助的數學家，史耐德世界飛行錦標賽從未資助過噴火戰鬥機的研發，而是證明了米切爾的能力，也促使休斯頓夫人在恰當時機出現給予大方贊助。肺炎鏈球菌疫苗的研發資金，可能限制了藥廠的定價力，但並未剝奪藥廠的專利權，他們還是可以在其他市場上賺錢，或是靠後續的技術發明來收取權利金。試誤的過程會很混亂，而鼓勵試誤法的體制或機構也可能一樣錯綜複雜。

無論我們把梅爾維爾的成功飛行紀錄歸功給誰，那一次的飛行都注定名垂青史。上午六點四十七分，白色騎士號起飛，在一小時內爬升到近九英里的高空上，任何商務客機都無法爬升到這樣的高度。接著，白色騎士號放開梅爾維爾搭乘的那艘太空船，太空船滑行一下子後，梅爾維爾發動了火箭引擎。太空船一號開始往上旋轉，近乎垂直上衝。十秒內，太空船加速突破了音速；七十六秒後，引擎自動關閉。此時太空船已經飛到五萬公尺高空，繼續以時速二千英里以上的速度，穿過越來越稀薄的大氣層，最後飛到近十萬公尺的高空，那也是大家公認的太空邊際。抵達太空邊際後就進入短暫的失重狀態，此時梅爾維爾坐在沙漠上方的弧形太空艙中，把手伸過氧氣管，從左胸的口袋掏出一把M＆M巧克力[59]。他張開手掌，放開那把巧克力豆，巧克力豆開始往四面八方飄盪，懸浮在他的頭部四周，開始撞擊太空船的舷窗，此起彼落的撞擊聲打破了船艙裡的寧靜。

| 第4章 |

別貪多，做個選擇吧

面對人生中的「難搞題」

身為經驗主義者，我願意從自己和他人的錯誤中記取經驗[1]。

——穆罕默德．尤努斯（Muhammad Yunus）

阻礙改變的，不是冷漠而是過於複雜[2]。

——比爾．蓋茲

來自鄉間的飢民湧入比較富裕的首都郊區，年輕的經濟學教授看到他們不分男女老幼，個個骨瘦如柴到脫形，這一幕令他相當震撼。「他們到處都是，安靜的躺著，沒人喊口號，也不向我們要求什麼。他們就靜靜的躺在我們的家門前，沒有因為我們在家裡享用美食就指責我們。」這樣的場景讓他覺得，餓死是最殘忍的死亡方式[3]。

這位年輕教授在返鄉服務以前，拿到了美國傅爾布萊特獎學金（Fulbright）及范德堡大學的博士學位。家鄉的窮困景況讓他決定該做點事，但是做什麼呢？他看到乾旱的冬季，因為缺乏資金安裝灌溉抽水機，首都外圍的田地都閒置著。他把當地的地主和農場工人集合起來，提議一套冬季種植方案：地主出土地，工人出勞力，由他出資買種子、肥料和抽水機的燃料，日後三方再平分所有收成。經過一番協商後，大家終於達成共識，於是教授推出了第一個開發專案。

對教授來說，結果得不償失，儘管農地確實豐收了，但沒有人還他錢，他損失了六百美元。對一九七〇年代中期的一個年輕孟加拉學者來說，這筆錢不是小數目。不僅如此，最貧困的人也沒得到好處。教授驚訝地發現，辛辛苦苦打稻穀的貧困婦女，收入還是少得可憐。

但年輕的教授不氣餒，他繼續思考還有什麼方法可以幫這些絕望的貧民。他注意到吉大港大學（Chittagong University）附近做手工藝的婦女必須先借高利貸買材料，高利貸的利息每天高達一〇％，以那種利息算法，一分錢的債務只要拖欠一年，就會膨脹到美國經濟的規模。一九七六年，教授開始借錢給這些婦女。一開始有四十二個家庭來借錢，每家的借款都不到一美元，遠比他之前借給當地的農夫還少。這位年輕的教授就是穆罕默德．尤努斯，總共四十二筆的小額貸款後來發展成了孟拉加的鄉村銀行（Grameen Bank），如今鄉村銀行已是全世界最有名的微型信貸機構。

尤努斯創立鄉村銀行的故事深入人心，尤其是他在二〇〇六年因此獲得諾貝爾和平獎之後更是舉世皆知。但是，故事之前的事——讓尤努斯狠狠虧損一大筆錢的農地專案——則鮮為人知。很少人知道這個著名的故事，就是從試誤法開始的。

學學尤努斯，用「小蟲視角」看世界

從根本上來說，適應、變通有賴於變異與選擇。上一章我們強調變異的重要，本章則要來談談選擇的重要。要區分哪種方式可行、哪種不可行，可能出奇困難，尤其是在經濟發展的領域，特別是在開發援助方面。部分原因在於，面對濟貧這樣巨大的挑戰時，我們似乎更想以簡單的方式來快速解決：我們不問什麼方式有效，看到似乎可以一蹴可幾的萬靈丹，就不自覺地被吸引。

尤努斯幾乎被神化為「社會發展的守護神」，就是一個明顯的例子，這事從很多層面來看都很奇怪。尤努斯確實很有魅力，也受人景仰，早在創建鄉村銀行之前，在眾人眼中他就是年輕有為、充滿企圖心的吉大港大學經濟系主任，有很大的影響力。他空出個人的大辦公室，改造成教職員交誼廳；上全國媒體抨擊荒唐的公車時刻表（為了配合時刻表，每天下午兩點後校園裡空無一人），引發熱議；號召有影響力的請願活動，要求政府有更明智的做法來解決飢餓問題（他從小就很能解決實際的問題，為了他最愛看的《晨星》雜誌（*Shuktara*），他曾盜用某個雜誌訂閱人的身分偷偷影印）[4]。然而，尤努斯不是唯一想到非營利微型信貸的人。一九七三年，非營利組織「國際美僑社區協會」（ACCION International）就在巴西開辦微型信貸業務了；前兩年的一九七一年，國際機遇組織（Opportunity International）也在哥倫比亞推行非營利貸款。事實上，鄉村銀行也不是全球最大的微型信貸業者，連在孟加拉的規模，都比不上孟加拉鄉村促進委員會（Bangladesh Rural Advancement Committee, BRAC）[5]。

尤努斯在偶然間跨入微型信貸的領域，因為他願意試驗及接納先前的失誤。他的學經歷也很合適，他也跟俄國的保金斯基一樣，曾經旅居海外，四處遊歷，在美國取得博士學位後，返回熟悉的祖國進行試驗，比所有外國顧問更了解當地的環境。

關於看事情的角度，尤努斯所提倡的是「小蟲視角」*。「我認為我應該近距離進行觀察，才能看得一清二楚。」他解釋，「要是路上遇到障礙物，我會像蟲子那樣繞過，這樣做就能達成目標，完成任務。」[6]

小蟲視角有其獨特的驚人之處，部分是因為心態正確：**遇到障礙就虛心自我調整，改變**

路線，直到成功為止；部分是因為視野：**距離近，所以能把障礙看得很清楚**，這一點尤其難得。目前，貧困地區的開發主要是由各國政府及國際捐助者負責，但是政府往往立場疏離，敷衍了事，意識型態至上；而國際捐助者的態度則有過之無不及。

孩子一邊玩旋轉木馬，一邊替媽媽打水，真是棒呆了……才怪

世界上很多貧困地區的開發，充滿了出乎意料的情況，許多看似成功的案子，其實都不像表面所見，無法置身處地的資助者經常沒能發現失敗並及時喊停。在援外事務方面，我們很少有機會可以親眼見證真相。

就拿「遊戲抽水機」（PlayPump）這個失敗的例子來說吧，這個提案聽起來很有創意：這是一組結合深井、旋轉木馬、抽水機、水龍頭等構造的給水系統，用以解決非洲的缺水問題。當孩子玩著類似旋轉木馬的旋轉輪時，可以把水抽上來，存在大水箱裡，打開水龍頭就

＊編按：小蟲視角（worm's-eye view）是指像蟲一樣貼在地面，向上仰視，意思是指了解或懂得某件事的一小部分，用成語表示就是見樹不見林。蟲視與鳥瞰的視角完全不同，分別指微觀和宏觀。

有水流出來。這個提案不僅不需要不可靠的電力抽水機，婦女也不用再為了取水辛辛苦苦了好幾個小時。於是，乾淨用水成了孩童玩遊戲時的附加收穫。

真是如此嗎？相較於一般的手動抽水機，遊戲抽水機造價更貴，也更沒效率，而且還要孩童願意把大半的玩樂時間都花在這個遊戲上才能奏效。從非洲鄉間所拍的照片來看，那些遊戲抽水機似乎真的發揮效果了。但很少人會親自去非洲鄉間長住，所以很難確定真相為何。加拿大的年輕工程師歐文．史考特（Owen Scott）在馬拉威住了一段時間，他為「無國界工程師協會」工作，可以看到安裝遊戲抽水機後的真實情況。

「每次我去看遊戲抽水機，都看到了同樣的情況：一群婦女和兒童費力地轉動旋轉輪汲水，我從來沒看過有人在上面玩耍。」妙的是，「只要有外國人拿著相機出現，小孩就樂了，然後開心地玩起了那個旋轉輪。只有不到五分鐘，那個東西才看起來像個了不起的發明。」[7]

有些地方以遊戲抽水機取代傳統的手動抽水機，於是史考特比較兩種抽水機汲取二十公升淨水的時間，結果手動抽水機花了二十八秒，而遊戲抽水機需要賣力轉動三分零七秒，看起來還有點傻氣。史考特到人口稀少的馬拉威村莊詢問當地居民：比較喜歡哪種抽水機？一致的答案是傳統的手動抽水機好用多了。

但問題是，不是每個人都像史考特那樣追根究柢，外國人用五分鐘拍出來的照片看起來很有說服力，很觸動人心，所以沒多久，遊戲抽水機這個創意發明就獲得了世界銀行的頒獎肯定，隨即還拿到美國國際開發署（USAID）、美國總統防治愛滋病緊急救助計畫（PEPFAR）等援外機構，以及私人基金的多方贊助，連當時的第一夫人蘿拉．布希和饒舌歌手Jay-Z等名人也加入了義助行列。

史考特所對抗的，是一大群有權力的支持者，於是他把訪問馬拉威教師的影片放上YouTube，設法發揮影響力——「這個影片要告訴大家的是：現在就喊停，遊戲抽水機在馬拉威只是幫倒忙。」[8]

當初資助遊戲抽水機的凱斯基金會（Case Foundation），如今聲稱他們發現這種抽水機「安裝在某些社區的效果最好，例如大型的小學，但在其他社區未必適用」，他們現在正在尋找其他方式，這也是因應失敗、靈活變通的範例。

貧困地區的開發援助，成敗的界線往往很微妙。尤努斯借錢給農民買材料，結果損失了幾個月的收入；後來他把錢借給婦女買手工藝的材料，卻推動了一場全球性的運動，並且獲得諾貝爾和平獎。遊戲抽水機可能在城裡可行，但在鄉間不實用；又或者，把旋轉木馬改成蹺蹺板，效果可能更好。我們面臨的挑戰在於：如今資助貧困地區開發的金援，泰半來自外國政府、大富豪以及幾百萬好心的西方人士，單憑一些精心挑選的圖片文字，就要他們判斷捐款的運用是否得當，確實強人所難。

維他命C這麼重要，醫生也是一直「試誤」才發現的……

還有另一個領域的從業人員，也在想辦法為需要幫助的人提供更長期的幫助。他們就跟扶貧專家一樣，努力因應不太理解的複雜問題，找出解決之道；但也可能在出於好意之下，造成了嚴重的傷害。這些人，是醫生。

我已經不記得了，但我聽說就跟一九七三年出生的多數人一樣，襁褓時期我也是趴著睡的。這是一九五〇年代由班傑明．斯波克醫生（Benjamin Spock）所建議的嬰幼兒睡姿，當年的父母都很吃這一套。斯波克醫師在一九五六年版的《育兒寶典》中，建議家長不要讓嬰兒仰著睡：「萬一吐奶，很可能會因嘔吐物噎住而窒息……我覺得一開始就讓嬰兒習慣趴睡比較好。」[9]斯波克的《育兒寶典》是史上賣得最好的暢銷書之一，有好幾千萬人從書中讀過這個建議，而從他人口中得知這個建議的人更是不計其數。

現在我們知道，對很多不幸的家庭來說，這個原本立意良善的建議卻是致命的。趴睡很少會直接造成死亡，畢竟我和多數嬰兒都活下來了，但是正因為整體死亡率低，多年後才知道嬰兒趴睡的真相：這種睡姿其實很危險，會使嬰兒猝死率提高三倍，好幾萬名嬰兒就是因為趴睡而猝死。

把這一切都推給斯波克醫生有失公允，一部分是因為當年建議趴睡的小兒科醫生很多，他只是其中較有影響力的一位；但更主要的原因在於，一九五六年幾乎沒有證據可以指出哪種睡姿更危險。從一九四〇年代中期，小兒科醫生就開始激烈爭辯這個議題，像斯波克這樣的專家只是做出他認為最合理的建議罷了。其實，早在一九七〇年就有確鑿證據指出趴睡的風險，是我們拖得太晚才開始有系統地檢閱所有證據。直到一九八八年，醫生才開始建議父母最好讓嬰兒仰睡[10]。從一九七〇到一九八八年這十八年間，大約有六萬名嬰兒不幸因趴睡而猝死。

如今，醫生越來越重視嚴謹的證據，因為他們知道錯誤的建議可能害死人，好心不見得能辨好事。醫生也發現，只根據理論或傳統智慧來挑選醫療方式可能很危險：嚴謹的證據往往會推翻一些行之有年的做法。

從十七世紀到現在，醫學有了長足的進步。十七世紀，比利時的科學家海爾蒙特（Jan Baptist van Helmont）質疑當年庸醫的療法，證明放血和清腸根本毫無效果。他提議做一場公平的試驗，甚至準備好押三百弗羅林幣當賭注*：

讓我們從醫院、收容所或其他地方，找二百或五百個罹患黃熱病、胸膜炎等疾病的窮人，把他們分成兩組，抽籤決定，一組歸我，一組歸你。我不用放血或清腸就能治癒他們，你則是採用你知道的方法……咱們等著看哪一邊死的人更多[11]。＊＊

歷史沒有記載是否有人跟海爾蒙特打那個賭，不過放血療法之後又沿用了三百年，看來應該是沒有人跟他對賭。直到一個多世紀後，海軍醫生詹姆斯．林德（James Lind）小心翼翼地做成了一場試驗，很可能也是相關方面的頭一個重要試驗。林德想找出壞血病的療法，這是當時相當棘手的惡疾，一開始會先導致瘀青和牙齦出血，接著出現傷口和內出血，最後是死亡。直至今天，世界各地還是有營養不良的人深受壞血病所苦，而在當時，水手罹患壞血病的情況特別常見。當時用來治療壞血病的方法五花八門，而英國皇家海軍上將偏好醋療法，皇家醫學院甚至認為硫酸才是最佳補品，還有一些建議是喝海水、吃肉豆蔻、喝蘋果汁或吃柑橘類水果[12]。

一七四七年春天，林德搭乘索利斯伯里號（Salisbury）戰艦出海，他從三十六位罹患壞血病的船員中，挑選十二名船員做測試。為了讓測試盡量公正，他挑選的都是病情差不多的船員，然後把他們分成六組，每組使用不同的療法。使用柳橙和檸檬療法的病患復原良好，飲用蘋果汁、酸劑或海水的病患則復原不佳。以今天的標準來看，這不是完美的隨機臨床試驗，但達到了想要的效果。我們現在知道壞血病是因為缺乏維生素C，所以柳橙和檸檬是合理的療法。多虧有了林德的實驗，後來船艦上開始載運更多的柳橙和檸檬，許多水手因此保住了一命[13]。

不過，林德的試驗也突顯了收集與檢測證據的困難。首先，如果林德當初是依賴別人為其他目的所收集來的數據（比自己進行試驗還快，也比較省錢），他可能找不出療法，因為可靠的數據往往難以取得。根據林德的紀錄，我們知道那次出海有三十或四十名船員罹患壞血病，其中六人後來不幸喪生，但是官方紀錄只提到了兩個病例。有時候除了親自做實驗，你別無選擇。

即使可以取得可靠的數據，真相也不見得昭然若揭。例如，林德曾經懷疑壞血病和啤酒有關，因為他發現船上的啤酒喝完後，船員就開始出現壞血病。但那純粹只是巧合，壞血病

＊編按：Florin 幣是舊時歐洲流通的金幣。

＊＊海爾蒙特的試驗不是史上最早的紀錄，醫師班·高達可（Ben Goldacre）指出《聖經》裡就有臨床試驗的描述（但以理書一：一六）。

與啤酒喝光的唯一共通點是出海太久，除此之外，兩者毫無關聯。類似的關聯性，很容易讓人誤以為有因果關係。

當然，試驗免不了道德上的問題。參與林德試驗的十二名壞血病患者中，有十人因服用後來證明無效的海水、酸劑或其他物質，導致病情惡化。在我們無法確切知道哪種療法正確的情況下，其實道德爭議相當低，因為即使林德不在船上、不做實驗，那十名船員的病情也不可能好轉。相反的，一旦我們強烈懷疑某種療法有效時，就會出現道德問題。如果後來有人想複製林德的試驗，在另一次航程中重複同樣的過程，那些被迫喝醋或蘋果汁而不是吃檸檬或柳丁的壞血病水手，就有理由抗議自己受到不平待遇。

這類試驗的道德困擾，如今還是存在，但令人驚訝的是，即使有兩種療法的效果相當，一般還是會傾向反對做試驗[14]。假如有醫生想做對照試驗來測試兩種療法，他必須先獲得道德委員會的核准。諷刺的是，臨床上在缺乏可靠的依據下主觀選擇任一種療法，也不需要特別說明醫療結果的醫生，卻不需要獲得上級單位的核准，這樣做的醫生，我們會覺得他是在盡醫生的本分。

嚴詞訓誡、留校察看、抽鞭子，哪種管教方式的效果最好？

蘇格蘭的流行病學家亞契．考科藍（Archie Cochrane）一心想打破這種雙重標準，沒有人比他更認真。

他除了在西班牙內戰中對抗法西斯主義，也不遺餘力地推動醫學界尋找更好的醫藥證據。他不滿地指出，有些醫生有「上帝情結」，自以為不需要試驗就**知道**正確的療法，即使有同事提出更有把握的相反意見也不予理會。考科藍常遭到其他醫生的嚴詞批評，而且往往失之偏頗，從他的例子可以說明為什麼近年來濟貧援助會引發激烈的爭論。

一九七〇年代，考科藍出版了一本深具影響力的著作，名為《效能與效率》（*Effectiveness and Efficiency*）。在他的努力下，促成了考科藍實證醫學資料庫（Cochrane Library）的成立，如今這個資料庫有全球二萬八千名醫學研究員的志願者，匯集各種有效療法的最佳證據。不過，要說考科藍最有名的成就之一，則是二次大戰期間在極度惡劣的情況下所做的第一次臨床試驗。

二次大戰期間，會說流利德語的考科藍是薩洛尼卡（Salonica）德國集中營的戰俘，當時集中營裡的俘虜爆發嚴重的凹陷性水腫（腿部異常腫脹，皮下充滿液體）。考科藍也是患者之一，他完全不曉得這是什麼疾病，對於療癒沒抱多大的希望。不過他還是展開測試，以手邊能取得的材料試驗兩種可能的療法：他個人儲存的維他命C片，以及他設法從黑市買到的馬麥醬（Marmite，味道強烈的鹹醬，深受英國人喜愛，看起來像原油，由酵母製成）。他不知道這兩種方法有沒有效，他把二十名重病患者分成兩組，每組十人。四天後，吃馬麥醬的那組中有八人感覺好多了，吃維他命C的那組則毫無起色。考科藍不確定為什麼馬麥醬有效，但他確實看到了療效。他細心的整理好資料，把資料拿給管理集中營的德國人。

他沒指望德國人回應，因為集中營裡的守衛和俘虜關係一直很糟，有些守衛習慣毫無緣由的朝集中營掃射，不久前有個守衛還朝擠滿病人的廁所扔手榴彈，只因為他聽到「可疑的笑聲」。那顆手榴彈造成嚴重的傷亡，考科藍是其中的倖存者。

不過，一位年輕的德國醫生沒有忽視眼前這個紅鬍子的蘇格蘭人，即使他看來面黃肌瘦，身體浮腫。德國醫生研究了那些資料，對於他細心的臨床試驗和毋庸置疑的結果深感佩服[15]。考科藍返回房間時，心想他的努力肯定毫無希望，不禁潸然淚下。但他不知道的是，那位年輕的德國醫生向上級堅稱，要是不趕緊採取行動就會構成戰爭罪，並要求軍方運送大量的馬麥醬到集中營。馬麥醬運來後，集中營裡頭的病人就開始復原了。

這次試驗是考科藍傾其一生致力於實證醫學之始，只不過在他努力推動對照實驗時，動機常遭到誤解。有一次他還提議用隨機試驗的方式，在嚴詞訓誡、留校察看及抽鞭子三種管教方式中，找出哪一種最能有效阻止學生的不良行為，但他無法說服任何人把讓人深感不妥的抽鞭子納入對照實驗中。顯然，考科藍看法跟大家都不一樣，他覺得全國各地每天都有學生挨打，他實在很懷疑打學生能夠有效遏阻學生犯錯。他不是想證明暴力式的懲罰有效，他只是想以嚴謹的證據來顯示打學生沒有效果（附帶一提，他們確實測試了其他兩種方法，結果發現嚴詞訓誡比留校察看更能有效防止學生遲到）[16]。

在另一個例子中，考科藍試圖在醫院的冠狀動脈加護病房進行隨機試驗，他想知道患者待在加護病房是否真的比在家休養更好。該市的醫學專家以「道德」為由阻止了試驗，於是考科藍轉往另一個城市。考科藍發現，醫界同僚對他的道德要求比他們對自己的要求還嚴格，所以在報告初步結果時，他故意玩了一手。他讓他們看在家休養死亡率較高的那份證據，儘管這數據在統計上並不明顯，卻是令人擔憂的發展趨勢。

「考科藍，」他們說，「我們一直覺得你的做法是不道德的，你必須立即停止試驗……」考科藍回憶道：「我先給他們時間表達意見。」接著考科藍才透露他刻意把數據顛倒過來了，其實是住在冠狀動脈加護病房的狀況更危險，在家休養還比較安全。那麼，冠狀動脈科的醫生們在聽到這個結果後，會強烈要求立即關閉他們的病房嗎？「現場一片死寂，我覺得很尷尬，畢竟他們都是我的同事。」[17]

從這裡可以輕易看出，為什麼進行冠狀動脈加護病房的對照試驗會讓人不安。考科藍有勇氣去弄清楚：如果不做對照試驗，就只能做無對照試驗，那反而更糟，因為無對照試驗幾乎無法讓我們學到什麼。

考科藍做了維他命C和馬麥醬的對照試驗後，在戰爭後期被遣送到德國的霍耶斯韋（Elsterhorst）戰俘醫院實習。某個深夜，一名年輕的俄國士兵被送進他負責的病房，看來病情嚴重，一直不停尖叫。考科藍怕他吵醒其他人，把他帶到自己的房間。他認為這名士兵的情況是胸膜炎（肺臟和肺腔惡化）造成的，而他無法減輕患者的痛苦。

「我沒有嗎啡，只有無法止痛的阿斯匹靈，我不知道如何是好。當時我幾乎不會說俄語，病房裡也沒有人會俄語。最後我直覺地坐在床上，傾身抱著他，尖叫聲幾乎立即停止。幾個小時後，他在我懷裡平靜地過世了。他之所以尖叫，不是因為病痛，而是因為孤獨。這也為我上了一堂很棒的臨終照護課。」[18]

考科藍堅持收集療效證據，而不是聽信有「上帝情結」的權威人士所主張的療法。不是他不在意，相反的，正是因為他太在意才會這樣做。

對最聰明的孩子來說，教科書很棒；對其他孩子來說，沒差

在援外事務上採用隨機試驗，時間沒有醫學界那麼久，主要是因為援外事務本身的歷史就不長（一九四九年世界銀行才撥出第一筆貸款給法國）。但是最近在一群所謂「隨機派」（randomista）的年輕研究員努力下，國際開發領域的對照試驗開始多了起來。「倘若我們不知道自己做的有沒有效，我們跟中世紀的醫生及他們使用的水蛭有什麼兩樣。」頂尖的隨機派研究者艾絲特．杜芙若（Esther Duflo）說：「有時病人好轉，有時病人死亡，都是水蛭造成的嗎？還是其他原因？我們不知道。」[19]

一九九〇年代末，在肯亞做了三個有趣的試驗，顯示隨機試驗對窮國的扶貧開發有很大的幫助。荷蘭「國際兒童救援組織」（International Christelijk Steunfonds）資助肯亞布西亞（Busia）和特索（Teso）兩地的政府進行「學校援助計畫」，為二十五所學校購買英語、科學、數學教科書。不過，國際兒童救援組織不是直接挑選二十五所最值得贊助的學校（或二十五所人脈最好的學校），而是在三位隨機派研究者的指導下採取更聰明的方式，這三人分別是哈佛大學的麥克．克雷默（Michael Kremer）、明尼蘇達大學的保羅．葛拉威（Paul Glewwe）及世界銀行的希爾維．穆林（Sylvie Moulin）。肯亞政府提供他們一百所值得贊助

的學校名單，他們從中隨機挑選了二十五所。

所有傳統的統計方法都顯示，教科書可以大幅提升孩子的成績。不過，就像林德曾經臆測壞血病是因為沒有啤酒可喝造成的，上述結論也可能是數據搞的鬼。在有教科書的學校，學生家長可能比較有錢，或老師可能人脈更好，如果統計者忽略了其中一些因素，就有可能推斷出「教科書和學習成績有關」這樣似是而非的結論。

果然，葛拉威、克雷默及穆林三人分析隨機試驗的數據後，發現鮮少證據顯示教科書能提高學業成績（至少在那個環境下是如此）[20]。教科書對最聰明的孩子有不小幫助，但對多數孩子卻沒有多大的幫助，原因或許是那些教科書是針對首都奈洛比生活較富裕的學童設計的，又是以英文撰寫，而對多數貧童來說，英文已是非常隔閡的第三語言了。

多數援外組織不會這麼費工夫，他們只會引用一些教科書看起來很有幫助的研究，並印製大量的精美手冊，說明他們發送了多少教科書。國際兒童救援組織則是先花心思去確定教科書計畫是否值得支持，結果發現並不值得。

但國際兒童救援組織並未就此放棄，也沒有印製精美的宣傳手冊，而是展開第二個試驗：他們提供老師翻頁式掛圖，做為上課的視覺輔助教具，涵蓋科學、健康、數學、地理及農業等學科。這個點子看起來比教科書可行。掛圖生動的插圖可以幫助閱讀能力不佳或習慣以視覺吸收資訊的學生，而正統的統計結果也顯示這些掛圖有不錯的成效[21]。國際兒童救援組織拿到了一百七十八所學校的名單，從中隨機挑選半數學校發放掛圖，但最後掛圖計畫也失敗了。

國際兒童救援組織還是不氣餒，繼續資助肯亞學校做第三個試驗。這次他們出資幫孩子治療蛔蟲[22]，這和大家所想的教育推廣不同，但是就像掛圖和教科書一樣，這項計畫也有它的道理。蛔蟲會導致孩童營養不良，妨礙幼童成長，由於農村公廁很少，孩子又常赤腳在便溺過的地方玩耍，因此特別容易感染蛔蟲。國際兒童救援組織分批在七十五所學校提供蛔蟲治療，每批各二十五所學校。第一批學校馬上可以獲得治療，第二批要等到兩年後，第三批是再隔兩年。這個計畫的成效相當好，不僅孩童的身高大幅增加，再次感染的機率降低，也減少了四分之一的曠課率，而且全部費用不高。

更棒的是，國際兒童救援組織不需要花大把銀子去進行嚴謹的驅蟲試驗。他們資金不足，沒有辦法為布西亞和特索地區的每所學校提供殺蟲藥錠，他們是一步步地推動整個計畫。只要確定每一次都是隨機選校，就能取得完美的數據，讓克雷默及同事愛德華·米奎爾（Edward Miguel）做公平的試驗，好判斷驅蟲計畫究竟是成功，還是像先前那些看似可行的計畫那樣令人失望。

然而，就像考科藍的醫界同事一樣，有些人也對這種試驗感到不安。國際兒童救援組織和隨機派研究者所**試驗**的對象是人，而且還是孩子，這樣做道德嗎？既然我們有理由相信某種政策或療法有效，難道不該讓所有的人都能雨露均霑嗎？反之，如果我們沒有理由相信某種政策、療法或捐助的東西有效，憑什麼硬要那些弱勢族群接受呢？

哥倫比亞大學著名的發展經濟學家傑佛瑞・薩克斯（Jeffrey Sachs），是大力主張避免使用隨機試驗法的人之一，也是「千禧村發展計畫」（Millennium Development Villages）的幕後推手。該計畫是一個針對分散在非洲各地十二個村落的四萬人，提供農業、健康、教育、再生能源等方面的複雜援助方案。薩克斯認為這個計畫有其必要性，不僅因為當地貧民有各種需求，也因為這會產生「重要的協同效應」。

原則上，這種多層面的援助方式可用隨機試驗來測試效果：隨機挑選一些村落，給他們一整套的完整援助，而其他村落則是對照組。但薩克斯沒有這麼做，他說要求對照組接受訪談和評估，卻不給他們任何東西，這是有失道德的。他接受《紐約時報》訪問時表示：「到一個村子裡做研究，卻不給他們蚊帳，我於心不安。」[23]

但是，隨機試驗不見得要這樣運作，對照組不需要完全都不給[24]。醫學試驗上更常見的做法是：拿新藥和目前最好的療法做比較。千禧村發展計畫也可以比照辦理：試驗組的村落可以獲得全套的完整援助，而對照組的村落則有「替代援助」可用。所謂的替代援助，是指價值相當（金額也很大）但形式更簡單的援助方式——一種合理的做法是把錢直接給村民，讓他們自行運用。

在這樣的試驗中，所有參與者都可以得到好處，而全世界也會看到發展的效果是單純來自現金挹注，或是像薩克斯所主張的那樣，需要專業規畫的多層面援助。除了太自以為是的人（比如考科藍那些有「上帝情結」的同事），這樣的做法應該挑不出有什麼明顯的疑慮。

這些之所以重要，是因為「遊戲抽水機」專案會犯的毛病幾乎無處不在：在推動扶貧計畫時，通常表面上看起來或聽起來很棒的提案，會讓人產生更強烈的動機。就像作家瑪德琳．賓汀（Madeleine Bunting）在《衛報》的報導：「所有類型的示範村總是能夠深深觸動捐款人，它們通常看起來很好。只要把資源集中起來，就能把一個地方打理得有模有樣，但實際上很難持久。」[25]

一九九〇年代，由世界銀行資助的中國西南扶貧計畫（SouthWest project），就是其中一個例子。當時看起來效果非常好，但計畫結束五年後，該地區的其他村落已經趕上了當初參加計畫的幾個村落，可見援助效益只是暫時的。

我們不能理所當然地覺得複雜的援助計畫一定有效，這也是杜芙若和米奎爾等專家批評千禧村發展計畫的原因[26]。這類計畫可能成效斐然，也可能毫無效果，但是不做隨機試驗，很難知道真相究竟如何。

以擲硬幣方式來決定誰能加入美好的新計畫，確實難以安心，但是令人難過的真相是，這類援助計畫都在普遍遭到剝削的環境中進行，不像西方的臨床試驗有相對富足的環境。無論做不做隨機試驗，當地人大都得不到需要的幫助。事實上，由於這類扶貧援外計畫本來就非常稀少，因此要進行試驗取得有益的數據，作業上根本就不困難。國際兒童救援組織分批次（一次二十五所肯亞學校）提供驅蟲藥，不是因為他們想用這種方式進行隨機試驗，而是因為他們的資金不足以一次幫助所有的學童。這個試驗單純只是在必須採取的方式中，善用其帶來的附加價值罷了。當然，如果國際兒童救援組織沒有試驗的意願，一開始就不會給任何孩童驅蟲藥，所有資金可能都會拿來買無用的教科書和掛圖，強塞給更多的學校。

人世間有著太多「難搞題」，真有答案就見鬼了

以道德疑慮為由，拒絕援外計畫進行隨機試驗，是真有其事。不過，如果跟以管窺天的自大心態來對比，道德疑慮只能算是微不足道的小問題。隨機試驗還有另一個強大的阻

礙：FUQ問題（fundamentally unidentified questions，本質上無法識別的問題），用計量經濟學家喬許·安格理斯特（Josh Angrist）比較粗俗的說法就是「無從搞起的問題」（questions that are completely FUQed）[27]。所謂的「難搞題」，就是指那些無法透過試驗回答的問題，例如排放二氧化碳對全球氣候的影響。我們可以衡量和計算，根據現有的知識進行推斷，但就是無法進行對照實驗。我們不曉得二氧化碳的排放對氣候有什麼確切的影響，要等做了以後才會知道；即使做了，我們也無法確定採取不同的行動是否會有不同的影響。

有些開發援助專家認為隨機試驗派的方法有致命的局限性，因為有太多的開發援助問題都是「難搞題」。他們認為，貧困是多種錯綜複雜的原因造成的，包括貪污、女性受壓迫、缺乏信貸、社會關係瓦解等等，只能靠複雜的開發援助計畫解決。那個結太複雜了，無法用隨機試驗來解開。

任何社會學家遲早都會遇到這類問題。不過，很多一度看起來根本無法搞定的問題，最後都在研究人員大膽運用巧思下解決了。解開這種死結的關鍵，就是所謂的「識別策略」（identification strategy），也就是在所有錯縱複雜的關係中抓出因果關聯。舉個例子來說，如果停滿烏鴉的樹下，穀物生長得較好，那是因為樹蔭的關係，還是鳥屎的關係？*計量經濟學家是經濟學裡的統計分支，他們常問彼此「你採用什麼識別策略？」，就像青少年常問彼此：「你上二壘了嗎？」。史帝文·李維特（Steven Levitt）以《蘋果橘子經濟學》（*Freakonomics*）的研究廣為人知（例如有關毒梟和相撲選手的研究），但對其他經濟學家來說，讓他享有盛名的是出色的識別策略。其中最有名的是對犯罪率和墮胎合法性的研究，他收集美國各州長期的證據，也看各州之間的關係變化。不過，最清楚的識別策略其實是隨機試驗，因為在一開始設計實驗時就考慮到了識別問題。如今隨機試驗派做的很多實驗，都曾經被認為是行不通的。

貪污似乎是個「難搞題」，每個人都同意貪污大幅阻礙了貧困地區的發展，但一些明顯的原因讓人很難精確衡量有多少公帑或援助資金最後進了私人荷包。這也是為什麼貪污的衡量通常是間接的，比如由研究人員詢問造訪過某國的外國人，那個國家是否存在貪污現象，或者有沒有人跟他們索賄。二〇〇三年，年輕的哈佛經濟學家班傑明·奧肯（Benjamin Olken）做了一個相當大膽的實驗，用以直接衡量世界銀行和英國國際發展部所資助的一個大型專案有多少資金遭到盜用。該專案是在印尼既有的公路網中增建六百多條通往鄉間的道路，選中這個專案做試驗很合理，因為公路工程特別容易污錢，而印尼又是新興國家中被公認貪污情形最嚴重的國家之一。

奧肯雇用了一批專業調查員和工程師檢查道路的施工品質。他們採集岩心樣本檢測建材品質，估計當地的勞力和補給成本，然後算出每條公路的造價。奧肯從世界銀行取得工程負責人**宣稱**的造路費，兩者之間的差距就是對貪污的客觀衡量。當然這只是概略值，但是因為總計有六百多條公路，奧肯相信所有被低估和高估的道路應該能彼此抵銷。此外，他還讓這些人估算他已知道真實成本的其他工程，好確定此次估算成本的準確度。奧肯最後發現，一個典型的印尼鄉村道路工程，有四分之一以上的資金去向不明[28]。

奧肯也想知道有沒有辦法抑制這種地方貪污的現象，他試驗了兩種方法：由上而下以及由下而上。在由上而下的方法中，他告訴村民，政府的反貪污監督人員一定會徹底稽查當地專案，不像往常一樣只抽檢四〇%。在由下而上的方法中，奧肯的團隊召集村民開會，邀請每位村民分享他們對公路建設的看法。在一些採用由下而上方法的村莊裡，他們也讓村民在建議卡上匿名寫下他們的擔憂。在公路建設之前，研究人員就先隨機挑選了哪些村落採由上而下法，而哪些採由下而上法。

令人意外的是，由下而上法幾乎毫無作用，無論是否有建議卡都一樣。召集村民開會幾

＊這個例子出自以下的知名文章：一九八三年，艾德．利莫（Ed Leamer）在《美國經濟評論》（*Armenian Economic Review*）所發表的〈揭穿計量經濟學的騙局〉（Let's Take the Con Out of Econometrics）。

乎沒能採取有效的行動來反制貪污，或許這是因為貪污者污走的是建材費，而不是污走村民的工資，所以他們比較不在意。相反的，由上而下法卻出奇有效，大幅減少了不明去向的開支約三分之一，整個工程的效率還提升了八％～九％。由於興建道路的工程一向耗資龐大，這個實驗結果可說是相當值得。奧肯取得了一個了不起的成就：對兩種看似可行的反貪污方法，做了大規模的嚴謹評估和公平檢驗。

此實驗的結果或許出人意料，因為我們已經看過不少例子是由下而上法優於由上而下法，稍後我們會看到更多有力的例子顯示這樣的趨勢。但重點是：這是個複雜的世界，對美軍行得通的方法，在印尼村落未必同樣可行。我們從這裡學到了一課：我們應該持續試驗與變通，因為一次單獨的成功未必能在其他情境中成功複製。

隨機派的智慧：學生每天替老師拍照，會讓老師不好意思蹺課

在另一個全然不同的環境，一個同樣巧妙的識別策略也讓當地的貪污現象無所遁形。隨機試驗派的四位研究者瑪麗安娜・柏特朗（Marianne Bertrand）、西蒙・詹科夫（Simeon Djankov）、雷瑪・漢娜（Rema Hanna）、森迪爾・穆蘭納珊（Sendhil Mullainathan）針對一

些考駕照的印度人進行試驗：其中一些人考上駕照的話，有獎金可拿；另一些人則是在考前獲得駕訓班的學費補助[29]。等受試者考完駕照後，研究人員又突然要求他們在另一個獨立監考人的監督下再考一次。結果是：拿到駕訓班補助的考生通過率較低，但他們比較會開車。不知怎麼回事（但也不難想像原因），拿到駕照有獎金可拿的受試者，會想方設法去說服監考人給他們駕照，即使他們根本不會開車。

我們再來看一個存在已久的爭論話題：放債人究竟是在剝削窮人，還是在幫助窮人？這個問題看似無法估量，但經濟學家迪安・卡蘭（Dean Karlan）和強納森・齊曼（Jonathan Zinman）做了一個相關試驗。他們說服南非一家消費信貸公司，在原本申請不到貸款的人中隨機放款給一半的人。結果發現，比起另外一半被拒絕的貸款人，這些人即使付了以西方標準來看很高的利息（年利率二〇〇％），生活條件卻更有可能開始好轉。卡蘭和齊曼訪問那些貸款人來了解原因：有不少人用那筆貸款花在防止失業的一次性開銷上面，例如買更得體的新衣服，或修理家用摩托車。

隨機派所做的試驗似乎生冷不忌，什麼題材都可以做。比如杜芙若和漢娜為了解決印度鄉村教師曠職的問題，所做的一個試驗。她們把無法竄改時間的相機送到其中一半的學校，讓學生在每天上課前和上課後都為老師拍照，此後老師缺勤的情況就大為減少，學生的成績也明顯提高了[30]。

另一個隨機試驗，是弄清楚斯里蘭卡那些小企業家因為缺乏資金而錯失的投資機會到底有多好。這個問題看起來難以捉摸，但其實要得出明確的答案卻異常簡單。研究人員找到四百多家小店（例如修車行或小攤子），隨機給其中一些店二百美元，另一些店一百美元，其餘的店則一毛都不給[31]。得出的結果是：每月的投資報酬率約有六％，年報酬率更高達九〇％上下。

另有一些隨機派和菲律賓的某家銀行合作，用傳簡訊提醒的方式幫助村民增加存款[32]。在印度的拉賈斯坦邦（Rajasthan），隨機派研究者隨機挑選了一些村民，讓他們免費觀賞現場演奏、木偶戲，以及關於女性領導人的政策宣導[33]。此一試驗是想測試，看過表演的村民對婦女的態度是否有所改善。「如果有正面效益，意味著可以藉此教育人民。」杜芙若解釋，「如果沒有效果，還是很有趣。因為這表示，你必須讓他們實際去體驗婦女一旦行動起來會如何。」

還有很多同樣別出心裁的例子。不過要論艱鉅的程度，很少案例能比得過政治學家麥卡坦・漢弗瑞斯（Macartan Humphreys）與其同事在戰火肆虐的國家所做的試驗。

賴比瑞亞就是一個泡在戰火中的國家，明明是一個充滿希望的名字*，卻有不堪回首的歷史。賴比瑞亞是十九世紀上半葉由美國黑奴解放後回到非洲西岸所建立的國家，如今深陷赤貧（賴比瑞亞人的收入是撒哈拉以南非洲諸國平均收入的六分之一），正從兩次慘烈的內戰中緩慢復原[34]。起兵叛亂奪得政權的前總統查理斯．泰勒（Charles Taylor）在海牙國際法庭接受戰爭罪審判時，他的前陸軍中尉約瑟夫．馬薩（Joseph Marzah）指控他命令部下做出種種令人髮指的行為，例如「佐著鹽和胡椒」吃下敵人內臟，或是活生生剖開孕婦的肚子[35]。內戰衝突結束五年後，仍有四分之一的賴比瑞亞人流離失所。在賴比瑞亞北部的洛法縣（Lofa County），有八五％的人民至少逃離家園一次，一〇％的人在內戰中喪生或受傷，五％的人曾上戰場，很多人上戰場廝殺都是被脅迫的[36]。

像洛法縣這樣慘遭戰火蹂躪的社區如何修復？在扶貧開發的圈子裡，一個稱為「社區導向式重建」（community-driven reconstruction, CDR）的方法日益盛行。二〇〇三年在賴比瑞亞內戰結束時，據估計光是世界銀行就投入二十幾億美元在CDR上。很多人也說CDR是讓阿富汗等國家發展起來的唯一方法。CDR的構想其實很簡單：公益團體先進入社區尋求合作，接著提供社區居民大量的金援，並附帶一套簡單的條件：社區必須以民主方式遴選組

＊編按：賴比瑞亞的英文 Liberia 有自由及解放的含意。

織委員會，來統籌決定資金如何運用。理論上，這麼做可以確保當地人根據需要做出理性決策，同時密切監督有無貪腐現象。如此一來，不僅可以促進當地經濟復甦，更可鼓勵人們參與決策，重建社區守望相助的精神。一旦有社區無法團結起來，就不能再獲得資助。這種方式可以促進組織由下而上成長，而不是由上而下發展。

這個政策看似可行，也符合潮流，但很多行不通的政策當初看起來也是如此。所以，這些ＣＤＲ計畫是否真能有敦親睦鄰的親善作用，或者只是追趕一時的熱潮，早晚都會失敗呢？這又是一個難以具體回答的問題，似乎只能且看且走。但是漢弗瑞斯和同事詹姆斯・費倫（James Fearon）、傑若米・溫斯坦（Jeremy Weinstein）設計了一個實驗，並得出一個嚴謹的答案。

這三位研究人員和在賴比瑞亞推動社區導向專案的公益機構「國際救援委員會」（International Rescue Committee, IRC）攜手合作，而ＩＲＣ的資金則來自英國國際發展部（ＤＦＩＤ）。他們三人說服ＩＲＣ以抽籤方式，隨機分配資金給當地社區的領導人。率先以選舉方式選出委員並成立「社區發展委員會」的村落，就能獲得ＩＲＣ高達一萬七千美元的獎金，是賴比瑞亞人平均年收入的一百倍，當然非常誘人（在富裕國家，平均年收入的一百倍大約是二百萬到五百萬美元之間）。

有了隨機抽中的村莊（可獲得ＩＲＣ資金），還有另一群沒抽中的村莊當對照組，接下來，費倫、漢弗瑞斯、溫斯坦要想辦法衡量這個專案是否有效。他們招募了一群當地的研究人員（完全獨立於ＩＲＣ之外），進行類似麻省理工學院研究室才會做的賽局理論實驗。他們從每個村落隨機挑出二十四個村民，整個洛法縣總共選出近二〇〇〇人。每個人都可獲得賴比瑞亞幣三百元（在當地算是不錯的週薪，約是五美元），他們可以選擇：自己收下五美元，或是把部分或全部的錢捐給社區（他們每捐一美元，社區就可以獲得二倍到五倍不等的對應資金）。每個人的手中都有一個信封，他們最後會把信封交給研究團隊，沒有人知道信封裡面有沒有放著捐給社區的錢。

這個試驗可以檢測犧牲小我、成全大我的合作意識有多強。其中還有另一層檢驗的深意：研究人員發現，村民很快就學會如何在口頭上迎合捐款人。但在這個試驗中，要表現真實的合作意識就得犧牲掉週薪，再也不是口惠而實不至，嘴上說說而已。

漢弗瑞斯是個性隨和的愛爾蘭人，學歷洋洋灑灑：牛津大學經濟碩士、哈佛大學政府管理學博士，都柏林大學及法國里爾大學的歷史與政治學學士。我和他談起那次試驗時，他對於ＩＲＣ的學習意願讚譽有加：「現在有越來越多的機構來找你，是因為捐款人要求這些機構證明他們的專案真的有效。」他解釋，「但ＩＲＣ是難得的例外，他們是真的想改善他們的工作方式。」

不過漢弗瑞斯也坦言，他本來對ＩＲＣ專案的效果有疑慮，所以後來試驗的結果才會讓他大為驚喜：社區重建專案確實改變了當地居民對社區的態度。即使是沒獲得ＩＲＣ資金的社區，村民也展現出令人敬佩的社區精神：超過六〇％的貧窮村民為了社區發展，會全數捐出他們拿到的補助金（戰火摧毀了他們的家園，卻沒有毀了他們的慷慨與團結）。至於那些成立民選委員會的村落，全數捐出補助金的比例更超過七〇％。這種合作意識的提升幅度，在統計上是穩健可觀的。這對支持社區導向重建的人來說也是好消息：ＩＲＣ專案似乎真的可行。

現在，漢弗瑞斯與ＩＲＣ再次合作，在剛果展開更有企圖心的研究。此次需要勇敢又敬業的當地研究人員組成幾個團隊，造訪剛果東部的偏遠村莊，而ＩＲＣ會從中隨機選擇一些村落參加ＩＲＣ的社區重建專案。首先，他們需要先找出那些村莊的位置，這個任務並不容易，因為他們拿到四份名單，但四份名單上的村落位置都不一樣。這些村子都相當偏遠，有時需要築橋過河才能抵達，有些是在深及肩膀的沼澤邊，需要跋涉一天才能渡過。而且不要忘了，聯合國資深官員瑪戈特．瓦爾斯特倫（Margot Wallstrom）還說過剛果是「世界強姦之都」。不只如此，二〇〇三年才打完的剛果戰爭，死傷慘重，有五百萬人死亡，連鄰國也遭到波及[37]。

漢弗瑞斯說：「這是個動盪不安的國家。」這話說得太輕描淡寫了，其實剛果有很多人被殺害，甚至那些拿到資金援助的村子中，也有人遇害。隨著調查和實地試驗的一步步開展，命案也成了調查重點。不過「當地的人相當興奮，因為終於有人聽到他們的聲音了。有村民告訴我們：『我們的孩子被綁架，直升機在空中盤旋，但我們這個聖誕節過得很棒。』」

這類試驗不僅果敢大膽，也非常重要，不過在剛果的這場對照試驗更是令人驚嘆。即使撇開深入非洲內陸的難度不談，在試驗的規模上也讓人服氣：獲得資金的所有社區人口近二百萬人，沒獲得資金的對照組也有約二百萬人。考科藍曾經提議過比這個規模還要小得多的試驗，得到的回應卻是「一笑置之」（例如隨機指派學生到附近城市的大學，比較兩種醫療學派的理念）[38]。要是考科藍能活在今天，想必也會對隨機派所做的幾個大計畫拍案叫好。

想讓世界更好，就要讓意見傳達的效率更好

看過了美軍在伊拉克的因地制宜、米切爾的噴火戰鬥機、卡佩奇出色的基因研究、哈里森製造的鐘錶，我們再三強調的是請為新點子留點空間，以及變異很重要。不管是因地制宜

或適應變通都需要有所選擇，需要去蕪存菁。

複雜的世界一直都存在著「如何做選擇」這樣的大議題，換句話說，你永遠都在回答「什麼方式有效」。在開發援助計畫的選擇上，這個問題更是再真切不過了，因為懷抱善意的捐款人，他們難以親自深入當地以「小蟲視角」去觀察。海爾蒙特質疑放血無效，並挑戰其他醫生，要他們證明放血的療效，但那之後三百年，醫界還是照樣把放血當作合法的醫療手段。扶貧開發計畫所涉及的性命更多，但受助者與捐助者之間的意見反饋卻相當少。試驗並挑選能夠成功的計畫，可以用的方法很多，而隨機試驗是最有效的方法之一*。

不過，隨機試驗只成功了一半。一旦知道哪種方法有效之後，還需要廣而推展。在生活層面上，這不成問題，比如說有家餐廳的服務好、菜色多、價格公道……，口耳相傳下，自然會吸引更多顧客上門。隔壁餐廳為了不把生意拱手讓人，免不了得見賢思齊，學習競爭對手的技巧，以免關門大吉。

但是輪到公共服務領域，事情就沒那麼簡單了。開發專家歐文．巴德（Owen Barder）曾是英國前首相布萊爾的顧問[39]，他指出，市場可以提供迅速有力的意見反饋，但是公共服務領域的反饋迴路很長，也很鬆散。對學校有意見的家長，可以向當地的父母官反映，或者直接向校長提出建議。他們也可以把孩子轉到其他學校就讀，但是轉學對學校的直接影響幾乎沒有，至少不像顧客對餐廳的影響那麼大。

在開發援助領域，意見的反饋迴路就更長更弱了。以學校來說，捐錢給學校的人及納稅人，可能和送孩子上學的家長是同一批，學校與家長關係密切。但是在開發援助上，納稅人和慈善捐款人很可能永遠都見不到他們幫助的對象。如果援助計畫因故失敗，原本的受益人也很難透過層層的中間人往上反映，「遊戲抽水機」的問題就是一例。而且，受益人只要能獲得部分效益，即便多數的資金都浪費或被污掉了，他們也沒什麼理由橫加阻撓，以免援助計畫被喊停。巴德因此得出以下的結論：開發援助計畫若要適應良好且進一步演化，「我們就不該一心想著要設計出更好的世界，而是應該讓意見的反饋迴路變得更好。」

斯德哥爾摩大學的發展經濟學家雅各・史文森（Jakob Svensson）在烏干達研究反饋迴路多年，在和世界銀行的莉特娃・蕾妮卡（Ritva Reinikka）一起合作的一個深具影響力的研究中，他調查與學校有關的一個現金補助專案，這是烏干達政府一種按學生人數發放的學校補助。但蕾妮卡和史文森發現，中央政府撥款後，有八〇％的經費不知去向，通常是被地方官

*隨機取樣不是做對照試驗的唯一方法，有時系統化改變處理方式和對照組可能比隨機取樣更好。本書以「隨機試驗」統稱所有小心掌控的對照實驗，希望講究精準定義的讀者能見諒。

員污掉了。

烏干達政府在發現如此大規模的貪污後，以一種聰明的試驗反擊：中央政府在兩家報紙刊登每個月撥到每間學校的經費。不久，情況開始改善。家長知道學校原本該拿到多少經費後，就開始激烈抗議。六年內，學校拿到手的撥款比例從原本的二〇％增至八〇％，利用報紙廣而宣之的方式似乎奏效了[40]。即使蕾妮卡和史文森無法做隨機試驗，他們還是證明了一點：家長越有能力取得資訊，就能越大幅度地降低當地學校的貪污現象。

史文森和馬蒂納．比約克曼（Martina Björkman）做了另一個調查，他們以隨機試驗研究在烏干達診所採用社區監控的效果。這個試驗類似奧肯對印尼興建公路的研究，史文森和比約克曼設法讓社區居民回報是否從當地的診所獲得應有的保健服務。但研究結果，和奧肯的研究截然不同。在這個例子中，社區監控非常有效，可能是因為有了監視器，社區居民都知道醫生有沒有上班；反之，奧肯的試驗很難監控建材是否偷工減料。這項試驗也讓診所變得更乾淨，醫生和護士的缺勤率降低，同時藥品遭竊的情形也改善了。最顯著的改變是，在引進社區監控的地區，疫苗接種率上升了近二分之一，而幼兒夭折數則減少了三分之一，效果相當驚人[41]。由此可見，意見反饋很重要，如果我們能改善開發援助計畫的反饋迴路，就能創造更有力的動機，讓此類扶貧計畫可以表現得更好、不斷演進，從而適應存活下來。

從一張產品空間圖，看出國家的成長潛力

援外計畫應該多做隨機實驗的檢測，並以受惠者的意見反饋來改善成效，即便如此，這類專案仍面臨了一個更大的問題。不論是目前中國和印度的經濟發展，或是已經工業化的韓國、日本及歐美各國，經濟樣貌似乎變得越來越複雜，且影響層面更廣，即便是企圖心最大的援外專案，也無法追趕得上。

但很多經濟學家認為，一個國家只要是往正確的方向發展，即使踏著小碎步，也能慢慢累積到足夠的步數。一七五五年，亞當．斯密（Adam Smith）在一次演講中表示：「一個國家想從落後狀態晉升到富足安康，只要能做到和平穩定、賦稅寬鬆、法治合理，其餘一切自然能水到渠成。」換句話說，政府只要把根本做好，其餘一切都會逐漸迎刃而解；而海外援助確實對此有幫助，只要有妥當的試驗。

但是在一七五五年為真的說法，如今未必為真。想像一下，電子商務業者亞馬遜的管理人正考慮要不要到新國家設立分公司，他會針對那個國家的經濟狀況提出以下的相關問題：多少人有信用卡？多少人能上網？當地郵局的員工經常偷包裹嗎？當地有具體的住址嗎？先要有適合的經濟組成要件，才能讓亞馬遜的商業模式發揮效果，否則一切免談。萬一情況更

糟，同時欠缺好幾個組成要件，可能連支持其商業模式的政治機制都付之闕如。如果只是單一法規阻礙亞馬遜進入新市場，亞馬遜可以向政府請願；但萬一問題五花八門，亞馬遜可能乾脆就放棄，轉往別處發展。

假如這種情況不只發生在電子商務部門，而是許多產業都如此，有些貧窮國家可能會深陷困境，難以擺脫貧困。此時，政府或捐助人可能需要介入協調，大力推一把，同時改進郵政、金融、網路基礎設施，或是連民間企業也一起改進。那麼，如何善用試誤法來協調如此費力的過程呢？

不過，這一切還言之過早。在談及如何大力推動之前，我們應該先問問這樣做有必要嗎？即便沒有政府的刻意支援，各個經濟組成要件也很可能逐步發展完成。所以，到底需不需要政府介入推一把呢？出乎意料的，破解這個問題的，竟然是一位癡迷於探討連結本質的年輕物理學家。

西薩．希達戈（César Hidalgo）沒學過經濟學，但他比多數的經濟學家更了解經濟的發展。希達戈是個奇人，專業是物理，用電腦繪製的網絡圖卻被當成藝術品展示[42]。

他說：「萬物皆有連結，這個觀點平凡無奇，但連結系統的架構和本質卻一點都不平凡。」病歷、手機通話、遷徙，甚至線蟲的基因，都成為希達戈視覺化的創作。他補充說：

「這些都是由科學論文的數據衍生出來的圖案。」希達戈留著長髮和山羊鬍，看起來就是個未滿三十歲的典型物理學家，但他在其他方面卻打破了大家的刻板印象。希達戈和經濟學家里卡多・郝斯曼（Ricardo Hausmann）、貝利・科林格（Bailey Klinger）以及網絡物理學大師艾伯特─拉斯洛・巴拉巴西（Albert-László Barabási）合作，以視覺化的方式呈現經濟發展的過程。

他們是以美國國家經濟研究院（National Bureau of Economic Research）的數據為基礎，國家經濟研究院把各國的出口細分成七百七十五種截然不同的產品，例如冷凍牛肉、電風扇及附帶風扇的抽油煙機等等。出口是很有意義的衡量方式，因為你能出口某種產品，就表示其他國家的人願意購買那個產品。接著，郝斯曼和科林格按照所得數據畫出世界各國的「產品空間圖」（product space map）*，估算每種產品之間的相似度。他們的思路是：如果每個主要的蘋果出口國也出口梨子，每個主要的梨子出口國也出口蘋果，這表示蘋果和梨子是類似商品。由此推斷，這兩種經濟體應該都有肥沃的土壤、農藝學家、冷凍包裝廠和港口。

*編按：產品空間圖是描述某個現有產品所體現的價值與理想產品的接近程度，現有產品越是接近理想產品，這個產品所體現的效用就越大。

然後，希達戈和巴拉巴西開始把郝斯曼和科林格的數據，轉繪成不同產品之間的關係圖——不是地理上的關聯，而是以抽象的經濟空間來表示。蘋果和梨子在產品圖上看起來很接近，因為很多國家同時出口這兩種商品，也有很多國家完全不出口這兩種商品。在抽象的產品空間圖中，可以看到石油生產遠離其他的任何產品，因為一國是否出口石油幾乎無法反映該國還出口了什麼產品。

希達戈負責產生產品空間圖，圖像乍看之下有點像美國畫家傑克遜．波洛克（Jackson Pollock）的抽象畫，以錯綜複雜的線條連接大大小小四散的墨點，同色的墨點聚在一起，彷彿畫家在這裡抖動手腕。群集的墨點其實是代表產品空間裡的較大子集，例如織品、車輛或水果；每個墨點均代表具體的產品。

研究人員不只對產品空間感興趣，也對產品空間所代表的國家生產力感興趣。希達戈運用一種數學技巧（他稱之為「反思法」）設計出電腦程式，把產品和出口產品的國家反覆圈起來，如此一來就可以從產品空間推斷一國的生產力。

希達戈一開始先觀察隨處可見的產品：很多國家都出口這種產品，所以可以推斷製造這種產品不難。**只**出口常見產品（例如襪子）的國家，可以推斷國內缺乏許多複雜的生產力。有些國家出口的東西，如果其他國家鮮少有生產（例如直升機零件或記憶體晶片），可能生產力比較先進。接著，這種反思法把所得到的信息帶回產品空間：簡單經濟體生產的東西，往往是簡單的產品；先進經濟體生產的東西往往是先進的產品。這聽起來像循環推論，但其實不是：某種商品（例如黃金）乍看之下似乎是先進產品，因為只有少數國家生產，但是在產品和經濟體之間反覆以數學計算後，會發現先進經濟體和黃金生產國之間沒有關聯。

反思法最後會聚合出一份比較簡單和比較複雜的產品清單，並為生產這些產品的經濟體做「複雜度」排名。經濟的先進度和人民所得密切相關，但兩者之間沒有必然的關係。有些國家有先進的生產力，但所得不高，意味著這些國家還有「成長空間」。根據二〇〇〇年所收集的數據，南韓就是這樣的例子：世界先進度排名第十九位，但所得未達到那種先進度應有的水準。同樣的，中國和印度也有很大的成長空間。相反的，有些國家的所得很高，但經濟體很簡單，難以持續保持其經濟地位。有趣的是，這些國家中就包括希臘和阿拉伯聯合大公國（杜拜所在地）。

希達戈繪製的關係圖展現了研究人員以前無法觀察到的經濟體發展趨勢，從而為經濟體的成長提供了新的見解。希達戈只要在全球產品圖上突顯出某國出口的產品，就可以在產品網絡圖中顯示每個經濟體。富國的經濟體比較大，也比較多元，有很多產品（這些產品特別接近網絡密集相連的核心）。東亞四小龍經濟體看起來很不一樣，從紡織品與電子產品周遭的大群集可以看出近來成長迅速。跟一般印象相反的是，最富裕的國家反而生產的產品不多。非洲國家生產的產品往往很分散，彼此之間沒有太大的相似度，這可能是個大問題。

網絡圖顯示，密切相關的產品通常能推動經濟體的發展。哥倫比亞就是一例，所生產的產品在整個網絡圖上有緊密的連結，這表示哥倫比亞只要能夠做到和平穩定、賦稅寬鬆、公平正義，財富就會像亞當·斯密所說的那樣水到渠成、源源不絕，因為還有很多機會讓民間企業發揮。南非則是剛好相反的例子，南非目前出口的很多產品（例如鑽石）與網絡圖的其他產品不太一樣，這就意味著如果南非要開發新產品，必須在這個抽象的產品空間中大躍進。

然而數據顯示，要出現那樣的大躍進非常罕見：希達戈在他的筆電上點擊一幅幅的產品圖，他透露經濟體的發展通常是從一個群集擴散到附近的另一個群集。對有些國家來說，除非政府大推一把，否則產品空間實在太遠了，很難跨越。

我們可以找到因政府大力推動而跨越產品空間的一些例子。首先是智利，一九八二年智利政府支持民間的鮭魚養殖業，並且吸引了最優秀的國際企業到智利海域發展。此後的二十五年，智利的鮭魚業成長了一倍，本土企業也蓬勃發展，使智利成為僅次於挪威的鮭魚出口大國（可能是成長太快，二〇〇七年疫病爆發，導致智利的成長受創，有些人歸咎於官方標準過於鬆散）[43]。再來看看台灣，面對巴西以廉價蔗糖搶攻市場，台灣政府發現，先前種植甘蔗的一些農地可以改種蘭花[44]。與其像歐盟和美國以提高關稅進行反擊，改種蘭花是更明智的對策。台灣當局把基礎設施——包裝區、電力、修築道路、設置展覽館，甚至成立遺傳實驗室——一一做好，並邀請民間企業參與，如今台灣已是世界最大的蘭花出口國。

不過，這裡有個兩難困境。希達戈的研究帶給我們的啟示是，政府的大力推動有時是必要的。智利的鮭魚養殖業和台灣的蘭花產業顯示，政府的大力推動可能發揮很大的效果。但是更多的紀錄顯示，在貪腐嚴重或獨裁集權國家，政府想推動經濟發展往往結局慘烈。即使是在富裕的民主國家，政府推動的經濟措施也常令人失望。例如，丹麥政府專門設立了一個創投基金，用以資助令人振奮的新事業，但沒過多久，基金價值就蒸發了六〇%。英國某個地方的發展基金，結果更是一敗塗地，九四%的資金都血本無歸。平均來說，此類基金在英國的報酬率是負一五%，在歐洲各國的報酬率是負〇．四%，相較之下，矽谷的創投業者就沒必要為報酬率輾轉難眠了[45]。

看起來問題似乎是出在政府身上：看中的都是阿斗型的產業，例如大銀行或汽車公司。政府資助的對象似乎都有個「理想」模式：規模龐大卻一事無成的公司，看來就是注定要失敗。或許這也是為什麼政府大力推動的政策，往往看起來很愚蠢——感覺政府不是推業者上軌道，而是把業者推落懸崖。

然而，如同上述，要從簡單產品跨足到複雜產品，距離實在太大，小小步伐的確難以跨越，那麼政策制定者該怎麼做？答案是：政府需要想辦法善用只有政府才有的資源和耐心，而不是病急亂投醫，推出一些粗製濫造的無用專案。這也意味著政府需要找出一種新工具，幫他們挑選有效的政策，而且那個工具還要能大規模運用，比隨機試驗的應用範圍還要更大。

從混亂中建立秩序，從落後中蓬勃發展

呂貝克（Lübeck）是德國北岸的濱海小城，一一五八年時還只是一個小城堡，而且沿岸海盜猖獗。地方統治者獅子亨利（Henry the Lion）在征服當地後占領了城堡，處死海盜首領，開始把呂貝克變成歐洲北部最富裕的城市。他的方法很簡單：頒布一套只適用於呂貝克的法規；頒給市民「最尊貴的公民權」特許狀；驅逐封建統治者，以地方議會取而代之；創建獨立的鑄幣廠，確保貨幣健全流通；禁課重稅；建立自由貿易區，讓呂貝克的商人和明斯特（Münster）、馬德堡（Magdeburg）、紐倫堡（Nuremberg）、維也納等城市交易。接著，亨利開始在歐洲北部散布消息，說呂貝克熱烈歡迎通曉商務的人遷入，商人們紛紛響應進城，呂貝克成了當代的香港或上海，一朝崛起後就勢不可擋。神聖羅馬皇帝查理四世把呂貝

克列為「帝國五大榮耀」之一，與羅馬、比薩、威尼斯、佛羅倫斯齊名[46]。

於是，各地開始模仿呂貝克的做法，波羅的海沿岸的城市紛紛倣效亨利制定的規章並稍做修改，同樣締造出了一個又一個的繁榮光景。呂貝克後來成了漢撒聯盟（Hanseatic League）的中心，這個政商聯盟最後總共有兩百個城市加入，一直延續到十七世紀（呂貝克直到二十世紀仍保有一些獨立性，一九三二年呂貝克參議院拒絕希特勒在當地宣傳，於是希特勒把呂貝克貶為漢堡轄下的郊區，以此報復）。

隨著全球各地迅速都市化，或許呂貝克的時代又要來了。記者薩巴斯蒂安・馬拉比（Sebastian Mallaby）指出，亨利在呂貝克推動的政策「有點像在現代的剛果或伊拉克建立全新的芝加哥市」，這正是經濟學家保羅・羅默（Paul Romer）想做的事。羅默是「特許城市」（charter cities）運動的發起人，他主張世界需要一些全新的城市，有自己的基礎設施、自己的民主政策、稅收制度、公司治理規章。這些城市就像呂貝克一樣，自己有一套管理法規，以吸引有雄心壯志的人遷入。馬拉比認為，呂貝克代表中世紀時期「從混亂中建立秩序，從落後中蓬勃發展的典範」，如今羅默就是在推廣這種模式。

很多證據顯示特許城市在當今世界是可行的，例如新加坡（長期獨立的成功城邦）、香港、深圳（三十年前還是香港附近的漁村，設立為中國第一個經濟特區後，如今繁榮景況已不輸香港）。除了東南亞，杜拜也證明在任何地方都能建立成功的城市。這四個城市除了都靠海，它們和呂貝克還有個共同點：採用的法規完全不同於周遭地區。

所以，我們知道獨立城邦可以在全球化經濟中存活下來並蓬勃發展，也知道在短期內建立完善的基礎設施是可能的，還知道城市化對全球有益（生活更緊湊、居住空間縮小以及提倡公共運輸），再說城市化早已經開始了。換句話說，建立某些享有自治權的新城邦，在經濟、建築、環境及社會上都是可行的。

羅默把特許城市的概念發揮到了極致，他甚至主張這些城市可以交給外國管理[47]。他舉了幾個充滿想像力的例子，其一是古巴。美國及加拿大都同意把古巴東南端的關達那摩灣（Guantanamo Bay）交給加拿大管理，讓加拿大在加勒比海上建立一個像香港的地方。如此一來，古巴就有一個通往二十一世紀資本主義的入口，美國也解決了自己的公關問題，加拿大則是同時增加了影響力和財富。從經濟上來看，這個構想看似可行，但在政治上卻是異想天開。

羅默向來不缺自信，他是個聰明的經濟成長專家，離開學術圈後到網路圈創業，累積了一些財富，後來又謝絕出任世界銀行的首席經濟學家，四處推廣特許城市的理念[48]。但話說回來，這種極端的特許城市真的有必要嗎？羅默認為確有必要，他認為外國管理可為政局不穩的國家帶來可信度，就像民選的政治領袖有時會把利率的掌控權交給央行專家主導，或是把一些主權讓給國際機構一樣[49]。

但是，也許他把可信度看得太重了。畢竟，呂貝克（馬拉比最初舉的特許城市例子）完全是內政問題，獅子亨利不需要和教宗、英王亨利二世或其他人簽訂條約，他只要對未來的市民做出承諾就夠了。

特許城市有一種不同於其他城市的魅力，獅子亨利在呂貝克就充分掌握了這點：這種城市允許大規模的變異和選擇。變異之所以必要，是因為特許城市的關稅、法律、稅賦都和該國的其他地區不同，與外國管理一點關係也沒有。例如，深圳完全是由中國管轄，但深圳的政策與中國其他地區的政策截然不同。

以韓國的松島新城（New Songdo City）為例，這是位於首爾城外約四十英里處，填海造地所興建而成的一個都會區，規模和曼哈頓市中心差不多，是南韓政府以營利為目標的特區專案，但由韓國的浦項鋼鐵（POSCO，可能是全球最成功的鋼鐵公司）和美國的開發商蓋爾（Gale）出資打造及管理。這裡有南韓最高的摩天樓、高爾夫傳奇人物傑克·尼可勞斯（Jack Nicklaus）設計的高爾夫球場、仿效威尼斯興建的運河、林立的奢華住宅群、大片的綠地，以及由思科（Cisco）獨家供應的數位化基礎設施。

松島新城真正有趣的地方，不是從無到有的建造方式（這種方式在以前通常無法正常運作），而是這個商業特區猶如被封存在一個獨立的「法律和管理泡泡」之中。這是個自由經濟特區，勞工法比南韓的其他地方寬鬆，友善外國人的法規對外商更有吸引力（例如可用英文提交官方要求的文件）[50]。基礎設施只是奠定了基礎，松島新城能否存續下去，還要看未來是否成為幫企業家搭把手的平台。南韓官員私下坦承，比起改革國家的法規，重新打造一個採用簡單規章的小城市要簡單多了。

深圳和松島新城可視為超大規模版的臭鼬工廠。就像米切爾、魯坦、卡佩奇需要避開主流干預來孵育創新一樣，有時候城市經濟也需要避開盤根錯節的國家政策，才能暢通無阻。特許城市讓國家在可行的範圍內做適度變通，這些試驗的規模大到足以改變現況，但又小到可以同時允許幾十個或幾百個測試一起進行。所以，特許城市擺脫了發展上的兩難困境：政府的大力推動往往以失敗收場，而小步伐的改變卻又不足以達到效果。

特許城市這個構想還有另一個重點：它不僅是變異，也是選擇。獅子亨利把呂貝克變成特區，也為任何一個想遷入的人敞開大門（八百年後蘇聯的鋼鐵城卻是強迫工人前往）。二十一世紀的特許城市也可以如法炮製：政府建立新城市，由民眾自主決定是否想在新法規下生活和工作。這是終極的選擇機制：一旦城市的法規、制度和基礎設施能讓居民安居樂業，就能吸引到所需要的人才來促進發展。

特許城市確實是一種大膽嘗試，但令人訝異的是，它也符合變通的種種條件：允許測試新方法；規模小到即使有城市無法吸引人們和企業進駐，也不會影響到一國的存續；此外，還有能夠區分成敗的內建機制（由人們自己決定去留）。可惜的是，過去六十年來的開發案大都欠缺了最後一點。

事實上，善用人民的力量做為選擇機制，不只可以運用在特許城市上，也可以解決另一個全球性的大挑戰：氣候變遷。

第5章

真相……很複雜

氣候變遷危機中的迎變策略

我想，隨著氣候變遷和其他問題的出現，例如全球暖化、燃料成本等等，我們將會發現事情變得非常複雜。[1]

——查爾斯王子

進化比你聰明。[2]

——萊斯利．歐格爾（Leslie Orgel）

在維多利亞盛世時期，愛爾蘭科學家約翰．丁鐸爾（John Tyndall）在倫敦的皇家科學研究院擔任講師，他留著濃密的絡腮鬍，擅長做科學實驗，因為採用最新儀器公開證明多項科學原理而出名（丁鐸爾師從本生燈的發明者羅伯．本生（Robert Bunsen））[3]。一八五九年，丁鐸爾在新實驗中使用真空幫浦——一根長銅管，一端塞著岩鹽，另一端則是一種名叫「熱倍加器」（thermomultiplicateur）

的敏感溫度計。

丁鐸爾做這個實驗，是為了解開法國科學家約瑟夫・傅立葉（Joseph Fourier）三十年前提出的問題。傅立葉曾計算過有多少能量從太陽抵達地球，以及地球輻射多少能量到太空中。地球越熱，輻射出去的能量越多，傅立葉原本以為當地球吸收的太陽熱量和地球輻射回去的能量達到平衡時，地球上的平均溫度大約攝氏十五度。但仔細計算後，他嚇了一跳，因為實際上在能量平衡時，地球的平均溫度應該是攝氏零下十五度，換句話說，地球應該是個巨大的雪球。

丁鐸爾認為，這個謎題的答案應該是地球的大氣就像溫室一樣鎖住了熱量。因此，他決定測量一下大氣的保溫效果。首先，他抽出銅管裡的空氣，把熱倍加器塞入銅管中，結果如他所料，真空無法吸收輻射的熱能。接著，他加入氧氣和氮氣的混合體，這兩種氣體共占地球大氣的九九％。於是，他的問題出現了：氧氣和氮氣也不太能吸收輻射熱，大氣層似乎沒有溫室那樣的作用。所以，這到底是怎麼回事？

丁鐸爾對空氣的純度一直很感興趣，他做過一個淨化空氣的試驗：把黏稠的甘油塗抹在容器內壁上，幾天後，空氣中的雜質都黏附在甘油上，容器裡的空氣變得非常純淨，食物放在裡頭幾個月也不會變質。他還發明一種衡量空氣純度的方法：觀察光線穿過空氣時散開來的樣子。然而，前述實驗會出問題，正是因為空氣的純度：地球的大氣裡不只有氧氣和氮氣，還有些許其他氣體[4]，包括約〇．四％的水蒸氣、〇．〇四％的二氧化碳，以及氬和其他的微量氣體。

丁鐸爾猜想，這些雜質雖然微不足道，但或許它們正是解題的關鍵。當他把微量的水蒸氣、甲烷、二氧化碳加進銅管後，輻射熱就突然被吸收了。

丁鐸爾大為驚喜，因為效果太明顯了。儘管水蒸氣和二氧化碳的含量極低，銅管吸收的輻射熱卻是先前的數倍。他寫道：「同樣是一個分子，水蒸氣分子吸收輻射熱的效能是氧分子或氮分子的一萬六千倍。這個結果太驚人了，無可避免地會令人質疑。」[5]

於是，丁鐸爾發現了所謂的溫室效應。

一個半世紀後，沒有人會再懷疑溫室效應了，現在大家爭論的：一是我們應該關注的程度，二是應該怎麼做。第一個問題就是上一章提到的「難搞題」，我們無法像丁鐸爾那樣做實驗解決，因為牽涉的變數太多：大氣溫度較高時會形成雲，從而反射較多的熱量；而溫度一高，冰雪會融化，從而反射較少的熱量；但北極冰原的消融，又會釋出甲烷這種溫室氣體。這些因素環環相扣，相互影響，有的會抑制溫室效應，有的會增強溫室效應，最後的結果難以確定。有些災難性的結果，其實似是而非。

問題不在於知不知道，而在於做不做得到

我們知道在工業革命以前，空氣中的二氧化碳濃度是二八〇 ppm（〇．〇二八%），現在的濃度約三九〇 ppm，協商氣候問題的國際談判代表只會打嘴炮地宣稱，要我們把二氧化碳的濃度控制在四五〇 ppm 以下。我們不知道二氧化碳的濃度高到哪個程度會是災難，有些氣候學家認為四五〇 ppm 太高了，但也有少數人相當樂觀，例如麻省理工學院的氣象學家理查．林森（Richard Lindzen）就認為二氧化碳的濃度超過一萬 ppm 都沒問題。這樣的不確定性成了我們採取行動的理由，不能坐視不管，因為這個不確定性有可能導致災難。

本章提出一個不同的問題：既然要採取行動，究竟該怎麼做？在這個解題的過程中，我們會遇到一個明顯的矛盾：解決氣候變遷的問題，遠比我們所想的還要複雜，正因為我們不了解問題的複雜度，才無法推動比較明確的解決方案。

這種表面的矛盾，騙倒了許多熱中氣候議題的激進者。兩三年前，我對著一群環保政策的權威人士簡短地演講完後，一個關心氣候變化的激進者氣急敗壞地攔住我，責問我怎麼會說氣候變遷的問題太複雜呢？「那再簡單不過了！」他說，接著滔滔不絕地引用統計數據，例如地球有多少人口、地球的「承載力」、北極融冰等等，那些資訊證明他對這個議題相當

熟悉，但也證明他搞錯了重點。他一心想說服我氣候變遷非常重要，但他把問題的重要性和解決方案的簡易度混為一談了。

很多有關氣候變遷的討論也犯了同樣的錯誤，把目標和政策混為一談。氣候變遷的談判者都認為每個國家都應該降低甲烷、二氧化碳等溫室氣體的排放量，但究竟要降低一〇％、一五％或二〇％，意見不一。而關心氣候變化的激進者，則要求降低更高的比例，很多科學家也認同他們的看法。可笑的是，把討論重點放在要降低一五％、五〇％或八〇％，感覺起來就像我們憑意志力就能要降多少就降多少似的。我們要琢磨的是這些目標如何達成，即便只是微幅減少溫室氣體的排放，也會牽動到我們日常經濟的全面調整。地球上約有七十億人口，很多人每天做的幾十種選擇都會影響溫室氣體的排放。要讓溫室氣體的排放量出現有感調降，需要每天改變幾十億種選擇，每小時都有數十億人要做改變。你卻說：「那再簡單不過了！」真的嗎？

想要減少溫室氣體的排放，答案無非是個人主動改變行為，或是政府改變規則。環保人士常把矛頭指向大企業。有些公司確實有強大的遊說力，成功阻止政府對氣候變遷採取行動。但這是政治，不是日常的商業活動，我們不該搞混誰應該負起主要的責任。我們開車不是因為石油業者艾克森美孚叫我們開車，而是因為我們覺得開車很方便，所以若是哪個政治人物想要干預我們享有開車的便利，我們就不把票投給他。改變只會來自兩個地方，一個是我們選出來的政府改變政策，另一個是我們每個人主動改變自己的行為。

個人可能為了拯救地球而主動改變嗎？這看起來像簡單的意志力問題：我們知道必須這樣做，而挑戰就在於我們能否真正做到。這聽起來是不是再簡單不過了，但真相又如何呢？我們就來看看吧。

我真的很願意生活得更環保，可是……

一部電影改變一生？這種事情不常見，尤其是PowerPoint簡報做成的影片，但這種事才剛發生在傑夫身上[7]。

傑夫是個單純的小伙子，現年二十六歲，單身，住在倫敦，在保險公司上班，十二個小時前還對氣候變遷沒什麼興趣。傑夫非常迷戀朋友的新室友裘蒂，就在昨晚，他決定為了裘蒂改變他對氣候問題的看法。裘蒂是激進的環保主義者，確實很漂亮，她放高爾（Al Gore）的紀錄片《不願面對的真相》（*An Inconvenient Truth*）給傑夫看。然後，傑夫斷斷續續做了一夜的夢，夢到自己和裘蒂結了婚，但是南極的融冰眼看著就要淹沒他們的家。今天早上醒來，傑夫整個人脫胎換骨，成了環保尖兵。

傑夫一早起床，一如既往地先燒開水泡咖啡，但他突然想到用電壺煮開水很耗電，乾脆改喝冰牛奶。接著他像平常一樣吃了兩片吐司，只不過沒有烤，這樣又省了更多電。他要出門上班以前，先把手機充電器的插頭拔掉，接著拿起汽車鑰匙，三思過後，他決定改搭公車。在公司附近的公車站下車後，早上沒喝咖啡讓他無精打采，於是他轉往星巴克買了一杯卡布奇諾。中午，他仔細詢問餐廳老闆各種食材的來源，點了用在地牛肉製成的起司漢堡。下午空閒時，他上網閒逛，訂了介紹豐田普銳斯（Toyota Prius）油電車的小冊子，並預約屋頂風車的安裝師傅到家裡估價。下班時，他已筋疲力盡，心不在焉，放著電腦處於待機狀態，就前往公車站。

公車姍姍來遲，回到家已晚了，他開車去超市（超市不遠，他特地自備環保袋）。他買了節能燈泡和無磷洗衣粉（回家後要用洗烘兩用機清洗明天上班要穿的衣服），挑選在地生產的有機羊肉、馬鈴薯和番茄，還買了一瓶（不是遠從智利進口的）葡萄酒來佐餐。吃過晚飯後，他沒用洗碗機，而是自己洗碗，省了更多電。他打算裝上新買的節能燈泡，卻又覺得丟掉沒壞的燈泡很浪費，於是把新燈泡收進抽屜，等燈泡壞了再換。那天晚上，傑夫如願以償地做了好夢，夢到裘蒂笑得一臉幸福，坐在他新買的普銳斯上，天窗透入的微風吹拂著她的秀髮。

你可能已經猜到了，傑夫的環保生活並不像他所想的那麼環保。

我們先從牛奶看起，牛奶需要的關鍵生產配備是乳牛，乳牛會排放大量的甲烷（如果我說多數甲烷是從牛的嘴巴排出而不是從另一頭，是否會讓你舒服一點？）[8]甲烷是比二氧化碳威力更強的溫室氣體，乳牛生產二五〇毫升的牛奶，就會打嗝排出七．五公升（重約五克）的甲烷，相當於一百克二氧化碳造成的效果*。再加上生產牛奶的其他投入，例如飼料、運輸、殺菌，估計下來，傑夫喝的二五〇毫升牛奶大約產生三百克的二氧化碳[9]。他不用電壺燒開水只減少了二十五克的二氧化碳[10]，所以他的第一個環保決定（以牛奶代替咖啡）反而增加了十二倍的溫室氣體排放量。乳製品很不環保，所以就環保角度來看，傑夫烤吐司但不塗奶油，會比不烤吐司但塗奶油更好[11]。

牛肉同樣也是來自會製造甲烷的牛隻，所以傑夫選起司漢堡也不恰當（一個牛肉堡相當於排放了二千五百克的二氧化碳）[12]。他晚餐吃的羊排一樣糟，羊也會製造甲烷。傑夫要是選豬肉或雞肉會比較好，豬和雞排放的二氧化碳只有牛羊的一半。選魚又更好了，尤其是游在靠水面的魚類（例如鯡魚、鯖魚、小鱈鱈等），而且這幾種魚數量充足，不像鱈魚和鮪魚的數量少[13]。完全吃素最環保，但是高爾的紀錄片和裘蒂這張美女牌，可能還不足以說服傑夫吃全素[14]。

傑夫費盡心思採買在地生產的有機食物，這對環保有幫助，但效果不大。選購有機食物可以讓起司漢堡和羊排產生的二氧化碳量減少五％～一五％，但其實為了減少「食物里程數」而買在地食物，往往達不到預期的效果。長途運輸食物確實會消耗能源，但影響不像你想的那麼大。多數食物是走船運，即使是走空運，也不需要寬大的座椅、充足的活動空間、免費的香檳（「食物里程數」會被誤以為跟「飛行里程數」有關，從而聯想到商務艙的享受，而不是空間運用巧妙的貨櫃），而且那些遠地運來的食物可能是在比較適合的氣候裡生長的。

傑夫選了英國在地生產的羊肉，而不是紐西蘭進口羊肉，反而釋出的二氧化碳更多，根據某學術團隊的說法（不過他們是紐西蘭人）甚至有四倍之多[15]。雖然數字有待商榷，但基

---

*我是採用政策專家的經驗法則計算的，他們估計甲烷的溫室效應是二氧化碳的二十倍，但這其實很複雜。有些科學家認為甲烷的危害比這個估計值還嚴重，例如美國太空總署戈達太空研究院（Goddard Institute）的德魯．辛德爾（Drew Shindell）就是這麼想的。總之，甲烷包住的熱量比二氧化碳多，但幾年內就會分解成二氧化碳和水蒸氣。所以，溫室氣體的危害效果有多大，要看計算的時間長短而定。

本見解是毋庸置疑的：英國自家生產的羊肉比紐西蘭生產的羊肉會消耗更多的石化燃料，這是因為紐西蘭的綠草期更長、水力發電較多，足以抵銷運輸產生的排碳量。傑夫選購英國番茄而不是西班牙番茄也是受到了誤導，因為西班牙日照充足，而英國番茄需要在溫室裡栽種，即便從西班牙大老遠把番茄運送到英國，整體排放的二氧化碳還是比較少[16]。至於傑夫放棄的智利葡萄酒，從地球的另一端運到英國，也只比當地釀造的葡萄酒增加五％的溫室氣體排放量[17]。

傑夫對於自備環保袋上超市相當得意，但是一個塑膠袋的排碳量其實只占袋子裡那些食物總排碳量的千分之一而已，還不足以抵銷他為了方便，開車上超市所製造的排碳量[18]。而且，即便他開的是油電車，每英里的排碳量也超過一五〇公克。這個數字還是假設路上不塞車的保守估計，但是在倫敦怎麼可能不塞車。而且，普銳斯的愛好者再怎麼信誓旦旦，畢竟它還是實體的交通工具，卡在車陣裡會阻礙其他車輛的車速，所製造出的排碳量比它省下的還要多得多[19]。

不過，我們至少還是要肯定一下傑夫搭公車上班的舉動，只不過效果還是有限。倫敦很大，大眾也熱中搭乘公共運輸，但一般的倫敦公車平均一班車只載運十三名乘客。一般汽車平均載運一．六人，以這樣的乘坐率來看，汽車每客位英里的排碳量（載運每一名乘客每一英里的二氧化碳平均排放量）還比公車少[20]。有人說這不相干，因為公車無論如何都要上路，所以傑夫搭公車所製造的溫室氣體近於零。照這個邏輯來看，傑夫也可以盡情搭飛機長途飛行，反正飛機無論如何都要起飛。問題的癥結在於，傑夫買機票的行為會影響航空公司決定那條路線的航班安排。除非公車的出車頻率完全不受乘客需求的影響（這確實有可能），否則上述論點也適用於搭公車。

當然，傑夫是自己開一輛車，沒有額外的〇．六人共乘，所以搭公車每英里大概可以少排一百克的二氧化碳，來回通勤三英里可以少排三百克。但可惜的是，他煮馬鈴薯時沒蓋鍋蓋，又增加了排碳量，抵銷了搭公車的效益。

傑夫買節能燈泡是對的，但是留著不裝卻是錯了，因為舊燈泡很耗電，馬上換掉比較環保[21]。他也不該捨洗碗機不用，洗碗機比手洗的排碳量少，而且效率高出好幾倍[22]。無磷洗衣粉對附近的湖泊環境是好事，但是真要為氣候變化著想的話，衣服應該低溫水洗，掛在晾衣繩上自然曬乾，而不是用滾筒烘乾機。低溫水洗晾乾的排碳量是六百克，烘乾則是三千三百克[23]。

好吧，如果以上的環保舉動都無法讓裘蒂動心，那麼傑夫打算在屋頂裝風車的計畫，應該能挽救這段還未開始的戀情吧？答案是：不可能。在都市裡，小型的屋頂風車平均可發電八瓦，所以光是要為一百瓦的電燈泡供電，就要裝十二個風車。這種小風車每天只能幫傑夫減少一二〇克的排碳量[24]，而他下班忘了關電腦所產生的排碳量，就已經是安裝風車所減掉的排碳量的五倍。這種忘了關機的小事，連最執著的環保人士都很容易犯，我環顧一下我和妻子共用的辦公室，就看到她今天早上忘了關電腦[25]。至於傑夫上班前拔掉的手機充電器呢？可能會省了半瓦的電，只占電腦待機時耗電量的百分之一，減碳效果比風車還不如，拔插頭每天只能減少區區六克的排碳量[26]。

總之，儘管傑夫立意良善，有意識地減少溫室氣體的排放，但所有行為的減碳效果並沒有他想的那麼多，甚至有些做法的效果適得其反。你還認為環保再簡單不過了嗎？除非你把一生都耗在研究排碳量，但即便你真的如此，也未必有用。關於這點，尤安．默里（Euan Murray）可以作證。

如何計算一杯卡布奇諾的碳足跡？算了，喝黑咖啡好了

默里是在英國政府設立的碳信託基金（The Carbon Trust）工作，該機構的宗旨是幫企業減少排碳量。默里負責研究「碳足跡」，亦即研究產品在生產、運輸、消費、廢棄的過程中

排放多少二氧化碳。我剛剛用來估算傑夫一天排碳量的方法，就是默里每天上班所做的事，他所服務的對象是各種企業，從銀行（每個銀行帳戶的排碳量是二百克）到百事可樂公司（一包洋芋片的排碳量是七十五克）[27]。這位紅髮藍眼的蘇格蘭青年，是現代環保尖兵的標準樣貌：穿著有袖釦的俐落襯衫，自信敢言，說到碳排放的專業細節時口若懸河，完全不用靠術語撐場面。他在蘇格蘭南部的綿羊牧場長大，這點讓他面對計算碳足跡這樣繁瑣的任務時，有相當切合實際的觀點。「如果我問我爸：『羊的碳足跡是多少？』他會不解地看著我，以為我瘋了。」他解釋，「但他可以告訴我放養密度是多少，餵食什麼，他能回答這些問題，因為這是他經營事業的一部分。」確實是這樣，碳足跡就是在計算這一類的細節。

前例提到，傑夫進辦公室前忍不住去買了杯卡布奇諾提神，我問默里對這個舉動的看法（《誰賺走了你的咖啡錢》的讀者可能會發現這是我愛談的話題）。卡布奇諾可能和斯韋茨的烤麵包機一樣複雜，因為一杯卡布奇諾不僅需要用到精製的濃縮咖啡機，還需要乳牛、咖啡豆、紙杯、塑膠蓋等等。想計算卡布奇諾的碳足跡，就要先估算這一切相關因素各有多少碳足跡。由此可見，為什麼我需要請專家幫忙了。

但是，默里只能幫我到某個程度。碳足跡的估算相當費時，即使只是大略分析產品的組成，也會發現需要計算碳足跡的東西有成千上萬種（還記得前面班恩霍克估計，現代經濟提供了約一百億種不同的商品嗎？光是星巴克就宣稱所供應的飲料多達八萬七千種）[28]。碳信託基金還沒接到客戶委託計算卡布奇諾的碳足跡，所以默里只能根據自己的經驗估算。

「運輸的排碳量很小，其實這方面的排碳量可以直接視為零，因為一艘船可以載運很多方糖和咖啡豆。」他開始一邊塗寫，一邊寫下各種可能的算法。「而且糖和咖啡不需要投入大量的能源或其他物質。」他花了幾分鐘大略計算一杯卡布奇諾可能產生的溫室氣體排放量，最後得出一個結論，這可能讓傑夫對乳製品又更頭疼了。「我猜卡布奇諾的碳足跡主要來自所添加的牛奶。」

默里拿一條吉百利（Cadbury）牛奶巧克力當作估算標準，碳信託基金已經算過這種產品的碳足跡。牛奶雖然只占吉百利巧克力體積的三分之一，但即使把處理、加工及運輸可可豆和糖，以及運輸最終成品的這所有成本都考慮進來，牛奶還是占巧克力碳足跡的三分之二。遑論牛奶幾乎是卡布其諾的唯一材料。如果默里以回應企業客戶的方式來回答我的問題，他需要為很多的細節計算出精確的數字，不僅如此，他還要解決一些棘手的哲學問題。例如，傑夫是搭公車上班途中順便買咖啡，不是特地開車去買，這樣星巴克算是減碳有功嗎？可能不算。但是咖啡店員工的通勤要不要考慮進來？種植咖啡的農民往返咖啡園的交通要不要考慮？如果改淋雙層糖漿，是不是碳足跡比較低？這樣一杯微不足道的卡布奇諾就能證明，覺得環保「再簡單不過了」，其實錯得離譜。

至少傑夫現在知道牛奶的碳足跡了，但他應該為此改喝雙份濃縮咖啡嗎？喝黑咖啡會不會比可怕的豆奶拿鐵更好？即使傑夫時時刻刻都在研究最好的環保方法，即使他永遠都和默里保持聯繫，犯錯還是在所難免。在我評估傑夫自以為環保的一天作為時，也必須從專家們莫衷一是的資訊中選擇。我看到一些資料顯示，一般開車通勤時，由於會遇上塞車，即使是開油電車，排碳量也比我先前說的高出好幾倍。《別讓地球碳氣：從一根香蕉學會減碳生活》（*How Bad Are Bananas?*）的作者麥可・伯納斯—李（Mike Berners-Lee）告訴我，香蕉是低碳食物。但《為什麼我們不救地球》（*Why Aren't We Saving the Planet*）的作者傑夫・畢帝（Geoff Beattie）卻說，香蕉是高碳食物。我也看過可靠的研究顯示，肉類只要養殖得宜，不會像現在這樣對氣候變遷造成那麼大的衝擊。即便你在這個問題上費盡心思大量閱讀相關的研究論文，還是得不出定論。

所以，傑夫該怎麼做呢？我向環保人士請益時，有人說要降低星巴克對氣候的影響，最好的做法就是乾脆不去。這個建議對有咖啡癮的傑夫來說是強人所難，而但對其他不那麼關心環保的人（亦即多數人）來說，更是不為所動（最近有個民調問大家，平常主要採取什麼方式對抗氣候變遷，三七％的受訪者回答「什麼都沒做」[29]，剩下的人大都只提了使用節能燈泡或做回收）。我們也許可以戒掉卡布奇諾，但不可能戒掉所有的消費，所以接踵而來的問題是，我們該消費「什麼」。光是呼籲大家為拯救地球做出改變，效果其實很有限。

餅乾、咖啡、漢堡，跟氣候變遷有什麼關係?來個 app 吧

我們可以想像一種高科技的解決方案，在迷霧中為傑夫指點迷津：某種智慧型手機的 app，可辨識傑夫居住地的上百億種產品和服務，並計算它們的存在會帶來多少二氧化碳或甲烷。傑夫只要掏出手機拍照或掃描條碼，就能馬上知道餅乾、濃縮咖啡或起司漢堡對氣候變遷的影響。

也許將來這個夢會實現，但請先想像一下複雜的處理過程：這個手機 app 肯定能讓傑夫少犯一些愚蠢的錯誤，卻無法幫大多數人提供正確的數據。如果像默里說的，牛奶的來源對牛奶的碳足跡非常重要，星巴克就需要在網路上公布牛奶供應商的資料，除此之外，還需要貨車的運輸里程、電費帳單及供應商等其他信息。手機安裝簡單的排碳量計算器，或許真的有幫助，但只靠一個 app 就想要完整計算任何產品的碳足跡，簡直是天方夜譚。

即使如此龐大的資料庫真的能建起來，問題也還沒解決。只有真正熱中環保的人，才會

看到什麼東西都用 app 去掃描並認真關注結果。上述關於氣候變遷的民調顯示，不管是「什麼都沒做」的三七%受訪者，或是偶爾才做環保的多數人，都很容易對手機顯示的排碳量資訊視而不見，覺得無關痛癢。

不過，有個辦法或許可以讓這個夢變成現實，提供購物者即時訊息，而且不需要掃描器或涵蓋各種產品的中央資料庫。

請想像一下，全球主要的石化燃料生產國都同意以下的方式：對境內開採的石化燃料徵收每噸五十美元的碳稅（相當於每噸二氧化碳約十四美元）。換算一下，每桶石油大約多加五美元，每噸煤炭大約多出四十美元*。

此一決定可能看起來和計算排碳量的手機程式無關，事實上兩者息息相關。碳稅可以跟著市價系統運作，就像大型的雲端電腦一樣，把資源配置到最有價值的地方。五十美元的碳稅會讓汽油價格每加侖上漲約十二美分，讓人因此減少開車或想辦法省油，也會刺激大家買節能汽車。碳稅也會提高每度的電價，如果是煤力發電，每度電價會增加一．五美分；如果

---

*我不是主張課徵某個稅率的碳稅，只是在說明運作原理。每噸碳課徵五十美元的碳稅，其實並未偏離合理的碳價估算範圍，雖然估算值的範圍很大。

是天然氣發電，每度電價會增加〇．七五美分。電價一漲，大家就會想著節約用電，為住宅加裝隔熱材質，並要求電力公司多建天然氣發電廠取代煤力發電廠，或是投資核能或可再生能源[30]。

而這只是個開始。隨著各種能源的相對價格開始改變，以及能源平均價格的提升，能源消耗大的產品就會跟著漲價。從西班牙進口的番茄因運輸的能源成本增加，價格會上漲；但英國本土生產的番茄漲價更多，因為溫室的加熱成本更高。

不需要什麼偉大的計畫，這一切就會自然發生。卡車運輸業者在決定運費時，要是忽略上漲的柴油價格，最後只能關門大吉。番茄栽種者自行吸收溫室保溫的成本，不提高菜價，生意也很難長久。但是話又說回來，如果有人不需要溫室就能種出番茄，拿到市場賣時，就會覺得碳稅反而讓他比其他競爭對手更有價格優勢。傑夫去超市買番茄時，不需要拿智慧型手機掃描條碼，只要看價格就夠了。因為排碳量越高的番茄，價格越高。無論傑夫對氣候變遷的議題有什麼看法，購物時，價格永遠都是他會考量的因素。

碳稅的作用就相當於重新創造一個計算排碳量的 app，還給了它尖牙利齒，讓它能有效運作。它完全不需要中央資料庫，世界上每種產品的價格都會根據生產時的排碳量做調整，這樣一來就會促使每個決策者（從電力公司到傑夫本人）想辦法節能減碳。

儘管碳稅的構想已經出爐了好幾年，但是在政治上始終沒什麼進展，目前有幾個國家是對一小部分的產業課徵碳稅。歐盟有「總量管制與交易制度」（cap-and-trade scheme），效果類似碳稅，但在起步階段就出現了一些問題，沒能涵蓋很多產業。印度有煤炭稅，但稅率很低。目前還沒有經濟大國全面課徵高額的碳稅，國際談判也一直難有突破。

所以，我們暫且不談碳稅，先來看看政府更願意接受的替代方案：由主管機關制訂法規，從上而下減少排碳量。

想蓋房子？好啊，自己發電吧……

二〇〇三年，倫敦西南的默頓自治市規畫官員艾德里安・休伊特（Adrian Hewitt）和幾位同事一起制定「默頓法規」（Merton Rule）[31]，並說服自治市議會批准施行。法規中規定，任何開發案只要超出某個規模，就必須有能力自己製造該建築所需的一〇%能源，否則開發商就無法獲准興建。由於聽起來很合理，很快就傳播開來，幾年內就有一百多個地方議會也跟進施行。當時的倫敦市長肯・李文斯頓（Ken Livingstone）還推出「默頓法規加強版」（Merton Plus），把比例提高為二〇%。後來英國政府也大力推廣這條法規，休伊特在地方市政規畫圈成了名人，默頓自治市也因為在環保方面領先潮流而屢獲獎項肯定。

這項法規之所以會廣受歡迎，原因顯而易見。多數人都樂見再生能源業的成長，那條法規是以簡單又直覺的方式鼓勵再生能源的發展。它鼓勵開發商安裝酷炫又醒目的新科技，例如太陽能板，而不是用隔熱材料那樣乏味的東西。而且這條法規又不需要政府付出成本，某個地方議會就是看中財務支出是「零」才跟著施行（他們可能只關心議會的財政支出，不在乎其他人的支出）。開發商需要付出的成本也很少，因為在競爭市場上，他們會把多數的成本轉嫁給建築的買家。建築的買家為了該建築付出大量的購買或承租金額時，其實不會注意到這條法規造成的額外支出。

但默頓法規並非完美無瑕，最明顯的缺陷是，建築雖然內建再生能源設備，但不見得會啟用。有一種簡單的再生能源設備是雙燃料鍋爐，可以燒天然氣，也可以燒木質顆粒之類的生質能源。開發商不需要大改建築設計就能安裝這種設備，所以完全符合默頓法規。這種鍋爐安裝好後，燒天然氣當然是比較簡單、便宜的選擇，不必費心取得木質燃料。所以，建築的再生能源產能是一〇％，但再生能源產量是零。而且「默頓法規加強版」的二〇％比例更容易導致這樣的結果，因為除了生質能源以外，鮮少有其他的選項能達到那麼高的標準。

在主管機關的大力監督下，也許可以調整法規，強制要求建築的用戶使用再生能源設備，但是那也不是好主意。我問過傑佛瑞．帕爾默（Geoffrey Palmer），他不僅熱中環保，也是澧信工程公司（Roger Preston & Partners）的常務董事。他在翻修倫敦滑鐵盧車站旁的辦公大樓「伊莉莎白大廈」（Elizabeth House）時，就遇到默頓法規帶來的難題。「我們研究了幾個選項，」帕爾默歎了口氣，「但我們知道最後還是會選生質能源。」為了讓大廈的規模符合規定，帕爾默的團隊設計了一個生質燃料鍋爐，燃料儲倉跟二十五公尺長的泳池一樣大，但那只能裝十四天份的燃料。帕爾默估計，為了在儲倉裡填滿木屑、木質顆粒、宜家（IKEA）的碎木刨花，每週需要兩台載重三十～四十噸的卡車，開車進倫敦市中心，倒車進入伊莉莎白大廈，把那些燃料卸到貨物裝卸區。我們可能不樂見這樣的規定強制執行。

而且，萬一再生能源設備壞了，樓主也不願花大錢修理。再好的機器設備，用久了都需要修理，再生能源技術才剛發展不久，特別容易出狀況。「你在屋頂安裝太陽能板，但五年保固期過後壞了，你不太可能花錢重新安裝。」

默頓法規還有其他的問題。法規要求再生能源的產能應該設在建築物內，因此其他的選項就得放棄。在附近山丘上安裝風力機其實很有效率，和煤炭或石油之類歷經二十億年壓縮而成的能源相比毫不遜色。如果是在大廈屋頂安裝小型的風力車，四面八方有其他的建築遮擋，產生的電力頂多只能幫你的手機充電。帕爾默正在為倫敦地標「巴特西發電站」（Battersea Power Station）的改建工程，設計生質能量系統。由於發電站位於泰晤士河畔，以駁船運送木屑相當方便，那些再生能源不僅足以供應它本身所需，也可以滿足附近其他開發的能源需要，但默頓法規不接受這種特殊的地方試驗。

我們一再看到例子證明因地制宜的重要：有些計畫書面看起來很好，但執行起來毫無道理；有些地方建議看似古怪，但實地運作起來相當切合實際。默頓法規並未考量到特定地點的可行方案，以郊區新開的大型超市為例，在某些方面可能很不環保，但是寬敞又平坦的屋頂正適合安裝太陽能板或大風車，停車場底下也可以安裝地源熱泵。對那樣的開發案來說，要達到一〇％再生能源的目標簡直是輕而易舉。相反的，伊莉莎白大廈這樣的辦公大樓開發案本身就很省電，因為每層地板都能為上面的樓層提供熱量，而且伊莉莎白大廈又位在地鐵站旁邊，這也鼓勵裡面的上班族搭公共運輸通勤，而不是自己開車。要求伊莉莎白大廈和量販超市都自備同比例的再生能源產能，合理嗎？

顯然這個規定有些地方不合理，默頓法規和半吊子環保人士傑夫一樣矛盾。就某些方面來說，默頓法規又更矛盾了：至少傑夫久而久之會從錯誤中記取教訓，但政府法規在本質上就不太可能改進。

默頓法規也不是特例，放眼看各國的政策，可以輕易看到環保規定犯同樣的錯誤，有些規定不僅無用，還幫倒忙，有些規定遠遠達不到應有的效果。

美國的ＣＡＦＥ標準就是出名的例子，ＣＡＦＥ是Corporate Average Fuel Efficiency（統合平均燃料效能標準）的縮寫，於一九七五年推出，目的是改善美國汽車的燃料效能，但也有類似默頓法規的缺點。ＣＡＦＥ為輕量卡車另外制定比較寬鬆的標準，當時輕量卡車只是小眾類別，大都是用來載運貨物的商用貨卡。汽車製造商覺得他們可以製造一種看似輕量卡車的汽車，藉此避開繁瑣的規定。結果ＣＡＦＥ反而促成全新型汽車的出現，這種車子比一般汽車更大、更重，導致一九八八到二〇〇三年間，美國售出的新車燃料效能逐步下滑。

ＣＡＦＥ還有其他類似默頓法規的缺點，其一是汽車製造商沒有動機做得比標準更好，汽車一旦達到ＣＡＦＥ標準，廠商就不再精進引擎技術，生產效能更好的汽車，而是把目標轉為製造更大、更快的汽車。另外，由於乙醇汽車不必符合ＣＡＦＥ標準，汽車廠商也製造出一類新型汽車，理論上是燃燒甲烷，但實務上幾乎不用甲烷，這讓人不禁聯想到符合默頓法規卻閒置不用的雙燃料鍋爐。最重要的是，即使ＣＡＦＥ標準真的促成新種高效能汽車的出現，那也無法鼓勵那些汽車的車主少開車[33]。

第三個類似的例子是歐盟的「再生能源指令」（Renewable Energy Directive），它也造成了出乎意料的結果。再生能源指令要求歐盟成員國確保一〇%的交通能源來自再生能源[34]。

原則上，這是鼓勵改用以風車和太陽能板供電的電動車。但實務上，最便宜、簡單的選擇，是傳統汽車或稍微改裝的汽車使用生質柴油或乙醇之類的液體燃料。如今這項規定所衍生的結果人盡皆知：為了生產乙醇，原本可用來栽種糧食的耕地變成種植玉米。

在此同時，在對抗氣候變化方面，乙醇汽車的貢獻有好有壞。用甘蔗製造乙醇可以掌控有害的副產品（如甲烷），其實可降低排放，但用玉米製造的乙醇則是比汽油還糟。砍掉雨林種植棕櫚樹，如此製造出來的棕櫚油生質柴油，排碳量是汽油**二十倍**以上。生質燃料的影響是好是壞，完全看栽種什麼作物及如何加工而定。歐盟的規定還沒反映這點，如果他們把這點也考慮進去，他們會發現很難恰當處理這些複雜的狀況[35]。為了三個不同的問題，由三個不同單位（美國國會、歐盟委員會、默頓市議會）發布的三套不同環保規範，都出現類似的缺點。這顯示某個重要的環節導致我們難以訂出恰當的規範，但那個環節究竟是什麼呢？

經濟鬥牛犬：貿然下結論，可能會害你面臨不幸的結局

回想一下第一章提到西姆斯製作的動畫，他讓虛擬生物在電腦裡進化，進化的過程令人驚嘆。西姆斯下指令：「去搶綠色方塊！」結果進化的過程衍生出多種策略。他又下指令：

「游泳！」會游泳的生物就出現了，有些游泳方式看起來很眼熟，有些很怪異。生化家萊斯利．歐格爾（Leslie Orgel）說過一句名言：「進化比你聰明。」意思就是說，放任進化過程去解決問題，它往往可以找到人類設計師意想不到的方案。

但歐格爾這句名言也意味著一種弊端：萬一問題陳述有誤，進化可能找到人類始料未及的漏洞。當然，在生物進化的過程中，不會有人講錯目標，基因能夠代代相傳就算是成功。但是在西姆斯的虛擬進化中，是西姆斯為繁衍成功設定標準，有時衍生的結果適得其反。影片中有一段特別明顯，畫面上出現一個進化到能在陸上快速移動的生物。那生物的軀體是一塊粗糙的厚片，兩邊鬆散地接著兩塊東西，它只能一直繞圈打轉，「頭」不動，但兩「腿」不停地交叉又分開，沿著圓圈的外圍走。那個虛擬生物看起來像個沒用的輸家，但它不是，它其實是贏家，因為它達成西姆斯設定的目標：在平面上快速移動。

在第一章中，我們發現經濟本身也是一種進化過程，透過各界的試誤法得出許多巧妙的獲利策略。結果一如歐格爾所言，衍生出來的東西比任一位規畫者所想的還要出色。但是就像歐格爾那句話所預示的陰暗面，萬一經濟的遊戲規則寫得不好，經濟演化時會發現漏洞，這也是為什麼看似合理的環保規定卻衍生適得其反的結果：砍伐熱帶雨林以生產棕櫚油；裝滿木質顆粒的卡車硬擠在擁擠的倫敦市街頭；休旅車突然流行起來。進化比人類聰明，經濟進化通常可以智勝我們為了指導經濟發展而設立的規則。

或許鬥牛犬正是這種不幸後果的代表。這種狗有邱吉爾般的腮幫子，是純種狗中最有魅力、也最受寵愛的一種。鬥牛犬有獨特的塌鼻和弓形腿，層層的皺皮讓牠的臉像一張揉皺的天鵝絨布。這些特質都不是偶然形成的，而是上百年精心培育下的產物，培育者刻意讓牠們繁衍出最塌的鼻子、最彎的腿、最皺最垂的腮幫子。這種精挑細選出來的外型，迫使牠必須承受一些問題，很多鬥牛犬因身體構造不便，必須借助外力才能交配。人工授精是一種方式，請三四個人按住兩隻狗也是一種方式。現在甚至還有特殊的輔助支架，製造商宣稱使用那種支架，只要一個人就能幫鬥牛犬交配。但是即使鬥牛犬成功受孕，牠們往往需要剖腹生產，因為鬥牛犬的頭太大，產道太小。鬥牛犬和多數狗不同的是，牠們無法以喘氣來調節體溫，所以有中暑的風險。眼睛四周的可愛皺褶讓牠們的淚腺容易感染。鬥牛犬常因呼吸道遭到壓縮而透過喉頭呼吸，所以喉頭容易受傷。進化及違背常理的後果，比鬥牛犬的培育者還要聰明[36]。

就像西姆斯和鬥牛犬的培育者改變遊戲規則，而使畸形生物蓬勃發展那樣，政府也可能做出同樣的事情。一九七〇年代，紐西蘭興起一種奇怪的產業：電視組裝業。紐西蘭業者找上日本製造商，委託日本收集電視機的零組件，分門別類，附上詳細說明，然後運到紐西蘭組裝（這對日本廠商來說比較麻煩，所以那些零組件比組好的電視機還貴）[37]。這是因為紐西蘭政府要求電視機必須在國內生產，這對市場很小的紐西蘭來說是成本極大的要求。當地的企業家因此想出這種最省錢的做法，經濟進化比紐西蘭的政府還聰明，製造出這種特殊的「經濟鬥牛犬」。

歐格爾法則的陰暗面意味著，當我們貿然對某個解決方法做出結論時（例如，內建再生能源產能的建築、使用生質燃料的汽車），可能會發現出乎意料的不幸結果。默頓法規、CAFE標準、其他環保規定都製造出一堆經濟鬥牛犬：完全符合規定的建築或汽車，但資金都浪費在永遠用不到的技術上，也放棄了以其他方式減少排碳量的機會。

微妙的影響力，可用來指引不假思索的行動

以上的例子雖然令人失望，但也有令人振奮之處。如果立法者光靠立法，就能讓日本廠商把比組裝好的電視機還貴的零組件運到紐西蘭，或是促使裝滿木屑的卡車硬是開進擁擠的倫敦市中心，或是讓人打著保護地球的名義砍伐熱帶雨林，那就證明人類有窮則變、變則通的才智潛力。好的規則可以讓歐格爾法則變得對我們有利，善用機緣巧合，從最意想不到的地

方找到解決環境問題的方案。

我們在「默頓法規」的例子中也看到法規漏洞的根源：條文在文字上與精神上的根本差異。我是和環保經濟學家普拉尚・瓦茲（Prashant Vaze）一起享用環保咖啡時（我喝濃縮咖啡，他喝豆奶卡布奇諾），體認到這番道理的。瓦茲著有《節約的環保主義者》（*Economical Environmentalist*）一書，他對我滔滔不絕地闡述「推力」（nudge）概念。這是行為經濟學家理查・塞勒（Richard Thaler）和博學多聞的法學家凱斯・桑思坦（Cass Sunstein）提倡的，該理論的主旨是說：微妙的影響力可用來指引不假思索的行動，但同時保有個人選擇的權利。例如，白熾燈泡很耗電，但弱視者及皮膚有光敏狀況的人比較喜歡這種燈泡，商家可以不把白熾燈泡上架，有客人詢問時才取出。這樣一來，一般人就不會在無意間買到白熾燈泡，而真的想買白熾燈泡的人，不必大費周章也能買到。

「推力」的概念本身相當聰明，但是要把它立法就難了。瓦茲一邊描述塞勒和桑思坦的經典推力例子，一邊揮手指向身後的餐廳櫃檯。他說，政府可以規定餐廳把有益健康的沙拉擺在醒目的地方，把讓人發胖的甜點藏在不好找的地方。

問題是，這家餐廳根本不**賣**沙拉。

塞勒和桑思坦舉的範例大都是出自私人或主動的創新，通常是那些有能力貫徹執行規範精神及字義的人，這種情況並非巧合。前面提到「把沙拉擺在醒目地方」的推力，可能在公司的餐廳裡，很適合用來推動健康飲食。但如果你想透過立法推動，那會產生什麼效果？也許立法者可能規定所有的餐廳都必須提供沙拉，但你要是要求車站月臺的咖啡吧也那樣做，就未免太誇張了。另一種規定的方法是，餐廳本來就提供沙拉時，才必須把沙拉擺在醒目的地方。但是如果很少人點沙拉，餐廳必須靠蛋糕和甜點獲利呢？在那種情況下，推力可能害餐廳賠錢。餐廳必須選擇，究竟要把沙拉擺在醒目的地方，還是乾脆不賣沙拉，很多餐廳可能選擇完全不賣健康的餐點，那又成了另一種經濟鬥牛犬。

笨拙的推力雖然比硬推或明文禁止要好，但那終究還是笨拙的。自從「推力」概念流行起來後，這個詞也因為定義鬆散而遭到濫用。最近我造訪英國財政部，發現官員在大談用「過濾選擇」（choice editing）來施展推力。我問：「你說『過濾選擇』，那是不是『禁止』的意思？」對方尷尬的回應就是默認了。

於是，這又讓我們想起「碳稅」的概念，或者更精確的說法是「碳價」，因為排碳量高的物品可能因為課稅或可交易的權證系統而價格上漲。（相較於「實施」和「不實施」碳價的差異，排碳權證系統和碳稅的差異其實微乎其微）。

實施碳價的目的，是想利用歐格爾法則，把焦點放在我們認定的終極目標上：以最小的代價，減少排放到大氣裡的溫室氣體。換句話說，實施碳價是利用在地化的雲端電腦機制（亦即組成全球經濟的眾多市場），為幾十億種個別的試驗提供意見反饋，目的都是為了削減排碳量，因為削減排碳量可以省錢。

當然，實情不可能那麼簡單。碳價提案引發了許多問題，幸好，由於這個概念已經提出多時，政策專家有很多時間可以思考答案。其中最重要的問題似乎是：「碳價該由誰買單？」答案出乎意料：「誰買單都無所謂。」以下是大致的估算，如果碳價是每千克二氧化碳五美分（假設甲烷的排放可以算進去），碳價會讓漢堡價格上漲十二美分。加上稅後，消費者支付更多錢，生產商收到更少錢，但令人意外的是，誰受到影響並不是看繳稅者究竟是養牛戶、速食連鎖店或消費者而定。

碳價的施行細節還需要考慮更多的法律問題，但是最難的議題是國際上能否達成協定。那樣的協議是必要的，因為二氧化碳是全球污染物。如果一國嚴格控管二氧化碳和甲烷的排放，但其他國家不想管，那就毫無意義了。但是像這樣的協議也不需要做到為每個國家分配各種污染額度，即使各國只是達成非正式的協議，承諾徵收與他國稅率大致相當的碳稅，就有很大的幫助了。

碳價即使能夠擴展到化石燃料之外，反映甲烷排放量或畜牧業和水泥業的直接排碳量，但碳價本身還是無法解決氣候問題。我們從一九七〇年代的能源危機知道，能源價格高漲促使各行各業發表節能專利，例如熱交換器、太陽能板等等[38]。但第三章提過，創新系統可能需要一些遠遠超越碳價效果的誘因。為低碳技術設立創新大獎，是刺激多種試驗的另一種必要方式，每種試驗的目的都是為了解決部分的氣候問題。

沒有人知道實施碳價的經濟會是什麼樣子，那正是重點所在。歐格爾法則告訴我們，當「溫室氣體很貴」這個新規則導致市場傾斜時，經濟進化過程會促成出乎意料的減碳方式。很可能汽車會變得效能更高，建築物會使用更多的隔熱材質和被動式空調系統，我們也會看到更多核能、水力發電、「碳捕集」（避免煤力發電廠排放二氧化碳）等技術的運用。但是除此之外，還會出現什麼變化？天曉得！全球供應鏈可能重組，上億人口可能搬到氣候或地理條件更適合過省電生活的地方。

或許拯救世界的方法，會出自更出乎意料的地方。如果有某種方法可以減少牛羊排放的甲烷（幾乎占溫室氣體排放量的十分之一），那會是很大的成就[39]。澳洲科學家發現袋鼠不會排放甲烷，他們正想辦法把袋鼠腸道裡的細菌植入牛肚中。這個研究可能是死胡同，也可能不是。但是，為溫室氣體訂個合適的價格，可以鼓勵大家探索各種減少溫室氣體的方法，即使其中一種研究是探索如何讓牛像袋鼠那樣呼氣，那也是值得的[40]。

實施碳價是可行方案，因為它把全球性的目標（減少溫室氣體的排放）變成個人的目標。每個像傑夫那樣的人都了解自己的環境和優先要務，每個業者都了解自己的成本。創業家和工程師有無數的點子，等著在適合的商業環境中獲利。政府雖然對這一切了解不多，但它們確實是抱著長遠的觀點，有義務落實對社會最好的事。在複雜的經濟中，政府不該挑揀特定的方式來拯救地球，而是應該使市場傾斜，鼓勵我們做決策時也顧及環保。

第6章

讓自己有「失敗的實力」

鑽油井、金融風暴、六個教訓

我們深陷在巨大的泥濘中，又不懂眼前這台精密機器怎麼運作，因此操控時錯誤百出[1]。

——凱因斯（Hohn Maynrd Keynes）

任何愚蠢的知識分子都能把事情搞大，變得更複雜、更扭曲。反向運作需要一點天分，還需要很大的勇氣。

——修馬克（E. F. Schumacher）

一九八八年七月六日上午，在北海規模最大、最悠久的阿爾法（Piper Alpha）油氣鑽井平台，維修工人拆開備用幫浦檢查安全閥。維修工作持續了一整天，到了傍晚，工人封起管道，填寫報停單，告知那個幫浦還不能使用。工程師把報停單放在控制室裡，但控制室很忙，沒能及時公告那張停用單。當晚稍後，主要幫浦突然故障，值班人員不知道維修狀況，也不知道備用幫浦為何不該使用，由於事態緊迫，他們硬是啟動拆卸到一半的備用幫浦，結果天然氣外洩，起火爆炸。

爆炸就已經很嚴重了，再加上其他疏忽，讓事態更加惡化。通常像阿爾法那種天然氣鑽井台都有防爆牆，但阿爾法最初的設計是為了鑽油，石油易燃但鮮少爆炸，所以就沒裝防爆牆。後來改建的鑽井台又把控制室設在安全隱患區附近，所以爆炸瞬間就摧毀了控制室。然後，用來汲取大量海水灌救的消防泵又出問題，沒能自動啟動，因為它多了一道防止潛水者被吸入消防泵的安全設計。那道安全設計可以從控制室解除，但控制室已經被炸毀了。這表示協調疏散工作的地方也沒了，鑽井台上的工人都撤退到居住區。

附近兩個鑽井平台還是持續向燃著熊熊烈火的阿爾法鑽井台輸送石油和天然氣。那兩個鑽井平台上的操作人員雖然看到阿爾法已陷入火海，卻因擔心關閉生產線的決策代價太高，自己不敢也無權決定。而且，輸送管裡本來就有大量的高壓天然氣，即便立即關閉管線，可能也於事無補。結果天然氣爆炸了，火球往空中竄升到半個艾菲爾鐵塔那麼高，一舉吞噬了鑽井平台。

爆炸也奪走了附近小船上兩位救援人員的生命，以及他們從海裡救起的落水工人。其他的管線不堪大火燒烤，一一爆裂，使火勢越燒越大，逼迫另一艘滅火船駛離現場，誰都無法靠近。在第一次爆炸發生不到兩小時後，整個工人居住區從融化的鑽井台滑入大海，造成一六七人喪生。生還的五十九人中，有很多人是從十層樓高的鑽井台跳入冰冷刺骨的海水中。整個鑽油平台延燒了三週，像花朵在一叢鋼鐵與工程廢墟裡枯萎[2]。

請給失敗多一點寬容，給自己多一點學習機會

工業安全專家深入調查導致這起災難的起因，以記取教訓，預防類似的悲劇重演。但是被波及的連帶災難——阿爾法大爆炸引發的金融市場崩盤——似乎沒有讓我們記取多少教訓。這場被稱為「ＬＭＸ螺旋效應」（LMX Spiral）的保險海嘯*，差點摧毀了脆弱的保險市場「勞合社」（Lloyd's）。

保險業有一種合約，合約中一家保險商同意承保另一家保險商超出一定限額的賠償責任。這種稱為「再保險」的合約有完善的商業邏輯，歷史悠久。但是在勞合社保險市場中，不同的保險集團會相互承保彼此的風險，而這些再保險商也開始承保其他保險商的「全部」

*ＬＭＸ為London Market Excess of Loss（倫敦超額賠款再保險）的縮寫。

損失，而不是單一索賠的損失。

這個微妙的區別很關鍵，因為這一來等於再保險合約把損失從一個保險集團轉移到第二個集團，接著又轉移到第三個集團，可能之後又從第三個集團轉回第一個集團。保險集團這樣繞過一圈仲介者後，可能發現他們就是自己的再保險人（事實就這樣發生了）。

阿爾法鑽油平台爆炸時，這種惡性循環正好繞了一圈，即將引發保險海嘯。在勞合社上交易的保險集團，原本需要支付的保費約十億美元，那已是史上最大的單筆索賠之一。但是一筆保險索賠觸發了好幾筆再保險索賠，接著開始出現連鎖反應。最後，原本十億美元的索賠金，經過連環再保險的索賠後，總索賠金額高達一百六十億美元。有些倒楣的保險集團發現，他們因連鎖的再保險，重複為阿爾法鑽油平台承保了好幾次。直到二十多年後的今天，這個惡性循環的部分環節還沒解完[3]。

如果你覺得這個案例聽起來有點耳熟，確實如此。二〇〇七年信貸危機剛發生的那幾天，多數人還沒意識到問題的嚴重程度時，經濟學家約翰．凱（John Kay）就指出那次的信貸危機和倫敦市場超額再保海嘯的相似之處。保險海嘯和信貸危機一樣，金融機構和主管機關都在自欺欺人，他們都說那些複雜的新金融工具是在稀釋風險，把風險分散給最有能力因應風險的業者承擔；還說歷史數據也顯示，重新包裝的再保險合約非常安全；然後所有參與者都是等到局勢惡化到無以復加時，才發現他們承擔的風險有多龐大。這兩個例子都證明，創新的金融技術都是代價高昂的失敗之作。

我們的金融市場，其實比核電廠還複雜

目前為止，本書都在主張失敗是必然的，也是有用的。進步來自於大量試驗，而很多試驗都會失敗，要**想從失敗中學習，就必須給予失敗更多的寬宥與包容**。但是金融危機顯示，對金融體系來說，包容失敗是危險的策略。當錯誤可能帶來災難性的後果，而我們根本沒有本錢犯下那麼嚴重的錯誤時，該怎麼辦？

當我在研究ＬＭＸ保險海嘯，以期找出未來防範金融危機的方法時，發現我忽視了一個藏得很深卻相當重要的類似事件。那就是阿爾法大爆炸本身，它才是幫我們深入了解金融事故的關鍵，而不是它所引發的金融崩解。想知道如何因應幾乎沒有試誤空間的系統，就應該從研究天然氣鑽井、化工廠及核電廠這些不容出錯的地方著手。

銀行從業人員或主管機關大都看不出銀行和核子反應爐之間的關聯，但是對研究三哩島核洩漏、阿爾法鑽油平台大爆炸、印度博帕爾（Bhopal）嚴重的毒氣外漏以及挑戰者號太空

梭爆炸等工業事故的工程師、心理學家或甚至社會學家來說，關聯卻顯而易見[4]。心理學家詹姆斯．瑞森（James Reason）畢生致力於研究航太、醫學、運輸和工業領域裡的人為錯誤，他最喜歡拿霸菱銀行（Barings Bank）倒閉做為個案研究。霸菱銀行是倫敦歷史最悠久的商業銀行，一九九五年這家有三百多年交易歷史的老銀行宣布破產。倒閉原因是員工尼克．李森（Nick Leeson）在未經授權下，動用銀行資金進行投機交易，損失慘重。他隻手遮天，單憑霸菱銀行監管上的疏失，獨自一人拖垮了整家銀行。

「我以前常跟銀行的從業人員談風險和事故，他們以為我在說詐騙集團。」瑞森告訴我，「後來我提到李森的名字，他們才知道我說的風險是什麼。」[5]

另一位覺得工業事故和金融體系有關聯的災難專家，是耶魯大學社會系的榮譽退休教授查爾斯．培羅（Charles Perrow）。他深信銀行從業人員和主管機關都應該注意安全工程和安全心理學的一些概念。三哩島事故發生後，培羅出版了《當科技變成災難：與高風險系統共存》（*Normal Accidents*）一書，當時車諾比事故尚未發生。該書探討災難的動力學，並主張在某種系統中，災難是無可避免的，或者說災難其實是「常態的」[6]。

對培羅來說，真正危險的組合是複雜又「緊密耦合」的系統。所謂緊密耦合的過程，是指一旦啟動，就很難或無法停下來。骨牌遊戲不是特別複雜，但緊密耦合；烤箱裡鼓起的麵包也是如此。相反的，哈佛大學不是特別緊密的耦合體，卻很複雜。美國學生簽證的政策稍一改變，或政府發布資助研究的新計畫，或是經濟、物理、人類學領域出現暢銷書，或是發生學術內訌等等，都可能對哈佛大學產生難以預料的影響，進而引發一系列意料之外的反應，但任何反應都不至於迅速失控到摧毀整個學校。

目前為止，本書探討的例子都是像哈佛那樣複雜但鬆散耦合（低耦合性）的系統。這些系統本質上相當複雜，失敗稀鬆平常，成功的訣竅在於以失敗為母。

但是萬一系統既複雜又緊密耦合呢？「複雜」就表示系統有多種可能的出錯方式，「緊密耦合」則表示始料未及的結果會迅速擴散，無法立即應變或嘗試其他方法。以阿爾法鑽油平台的悲劇來說，最初的爆炸其實不見得會摧毀整個鑽油平台，但因為控制室被炸毀，導致疏散困難，加上無法解除安全機制，消防泵不能自動啟用。即使鑽油平台上的工人真的關閉輸往平台的石油和天然氣，但太多管道已遭破壞，天然氣和石油還是會持續外洩，使火勢越燒越烈。這樣的連環套是大家始料未及的，而且在第一次錯誤發生後，幾分鐘內，其他的錯誤就接踵而至，讓人措手不及。

對瑞森和培羅之類的專家來說，研究這些災難不只是為了找到真相，也因為這類的研究可以讓我們了解複雜又高耦合性的系統會潛藏什麼意外陷阱，並在了解心理因素和組織因素之後，幫我們避開陷阱。在人類的發明中，鮮少有系統能比金融體系更複雜，耦合程度這麼高。培羅指出：「銀行業比我研究過的任何核電廠還要複雜。」[7]如果銀行業者和主管機關開始關注這些工安專家毫不粉飾的深刻見解，他們可以學到什麼？

你越想要安全，結果反而越危險

二〇〇八年金融危機引起各界一片撻伐，一致認為金融體系應該變得更安全，必須引進某種規範來防止銀行業再度崩解。

為了讓複雜的系統更加安全，落實安全的防護措施似乎是最直接的對策。在安全工程學界，瑞森因為提出應對事故的「瑞士起司理論」而備受推崇。你可以把一系列的安全系統想像成層層堆疊的起司片，就像每片起司都有小孔洞一樣，每種防護措施也會出現漏洞。但是，由於每片起司的空洞位置都不同，所以只要堆疊的起司片夠多，那些起司洞就越不可能連成一線，讓光線透過去。同理可證，金融體系只要採用夠多的安全防護措施，就能防堵漏洞而不出事故。但不幸的是，事情沒那麼簡單。像瑞森這樣的安全專家都很清楚，每增加一道安全措施的同時，錯誤就有可能以出其不意的新方式冒了出來。

一六三八年伽利略提到的例子，正好可以說明此一原理。當時的泥水匠會把石柱水平擺放在兩堆石頭上，以免石柱直接觸碰到地面。但石柱常因自身的重量從中間折斷，解決方法是在中間加一堆石頭做支撐。結果還是不管用，因為兩端的石頭堆通常會稍微下沉，使石柱像蹺蹺板一樣僅靠中間的石堆支撐，隨著兩端逐漸往下掉，石柱最後就會從中間斷裂[8]。

阿爾法鑽油平台大爆炸也是一例。一開始是因為維修工時太長，違反了「避免工程師勞累加班」的規定，所以停工，但卻導致災難發生。接著，為了防範潛水伕被吸入消防泵所設的安全措施，讓事態更為嚴重。此外，還有一九六六年費米（Fermi）核電廠的事故，這個位於底特律附近的核電廠因為核反應爐部分熔毀，使得六萬五千人的生命受到了威脅[9]。核電廠關閉幾週後，反應爐冷卻下來，終於找到了罪魁禍首：爐心的冷卻劑湧出時，衝開一塊鋯合金護套，護套大小如壓扁的啤酒罐，擋住了冷卻劑的流通。事實上，這塊護套是美國核能管理委員會（Nuclear Regulatory Commission）基於安全理由，臨時要求加裝的。

這些例子的問題都是：加裝防護措施後，反而引進了新的出錯方式——工程師稱之為新的「失敗模式」。金融危機的問題就是如此：不是因為缺乏安全系統，而是因為有了安全系統才導致事態更加惡化。

既然有了安全帶，就放心酒駕吧……咦？

以二〇〇八年引爆美國金融危機的主角——「信用違約交換」（credit default swap, CDS）——來說明。CDS的性質，其實是一種為了防止貸款無法清償的保險。第一份CDS出現在一九九四年，簽訂合約的兩方分別是摩根大通（JP Morgan）和國營的歐洲復興開發銀行（European Bank for Reconstruction and Development, EBRD）。摩根大通付費給EBRD做為交換，讓EBRD答應萬一石油巨擘艾克森無力償還四十八億美元的貸款（這被視為幾乎是不可能的事），它就代為償付。狹義上來看，這筆交易很合理：EBRD有大量的閒置資金，想找低風險的收入；而摩根大通的資金用途很多，但根據金融法規，摩根大通必須提撥近五億美元以防艾克森的貸款出問題。透過CDS合約，風險轉嫁給了EBRD承擔，讓摩根大通可以自由運用資金。監管機關批准了這份合約，他們認為這是管理風險的安全之舉[10]。

CDS會出問題，情況有兩種。首先，有些銀行利用CDS確保放款回收無虞後，放款越來越隨便。主管機關核准這些CDS合約，負責評估CDS風險的信用評級機構也隨意給予評級，而銀行的股東也沒有異議。約翰・蘭徹斯特（John Lanchester）在《大債時代》裡詳細記錄二〇〇八年金融危機，他嘲諷地說：「大家彷彿把安全帶的發明，視為趁機酒駕的機會。」[11]確實如此，有證據顯示，安全帶和安全氣囊的確讓駕駛人開車更放肆了。心理學家稱此為「風險補償」。ＣＤＳ實際上製造了一個安全邊際（margin of safety），讓銀行更願意鋌而走險。就像安全帶配上危險駕駛一樣，無辜的旁人成了受害者[12]。

ＣＤＳ導致危機的另一種方式比較隱晦不明顯，是無心插柳帶來的新問題，就像伽利略的石柱及費米反應爐的鋯合金護套一樣，原本用來預防的措施反而成了災難。ＣＤＳ合約同時增加了金融體系的複雜度和高耦合性。本來毫無關聯的機構，因為簽了ＣＤＳ而綁在一起，串成大家始料未及的因果關係鏈。

債券保險業就是很好的例子*。銀行發行複雜的不動產抵押債券時，找上單一險種的保險公司（monoline）以及ＡＩＧ那種龐大的綜合保險業者，請他們以ＣＤＳ提供保險。這種做法似乎對雙方都很合理：對保險公司來說，賣這種保險有利可圖，而且看起來萬無一失；投資者看到債券有穩固的保險公司當靠山，覺得投資很安心。

---

*債券是一種可交易的貸款：如果你購買債券，就有權獲得貸款的還款，還款可能是來自公司（公司債）、政府（公債），或某種更複雜的金融流程。

但是，就如同我們在倫敦超額賠款再保險（ＬＭＸ）螺旋效應中所看到的，即使是保險業這種典型的安全防護體系，也可能出現意想不到的風險。這個潛藏的風險是來自「信用評級」，這是信用評級機構用來評估債券風險的標準。債券一旦有了保險，就直接承襲了承保人（即保險公司）的信用評級。像ＡＩＧ這樣的保險公司都有很高的信用評級，所以即使債券本身的風險很大，只要有ＡＩＧ承保，就能獲得很好的評級。

不幸的是，這個過程反過來也行得通。如果一家保險公司不小心承保太多高風險的債券，可能會把自己推向破產邊緣，而失去優良的信用評級。ＡＩＧ和那些承保高風險債券的單一險種保險公司就是如此，他們的信用評級都遭到調降，所承保的所有債券評級也遭到調降[13]。當大量債券同時遭到降級時，按照狀似合理的金融監管法（目的是為了避免銀行持有太多高風險的債券），銀行必須同時出售這些債券。這裡不需要金融專家也可以看出，安全系統和安全監管的結合，反而促成債券價格大跌。

這一切衍生的結果是：即使銀行避開金融危機的各種主要源頭（例如次貸市場），還是可能被推向破產。銀行可能靜靜地持有中級風險的合理債券組合，那些債券都有保險公司的加保。但保險公司又去承保次貸商品，惹火上身，害銀行持有的債券評級也遭到調降（評級調降不是因為債券組合的品質變了，而是因為承保的保險公司惹上麻煩）。按照法律規定，銀行必須變賣資產，其他銀行也是如此。這種情形就像一位登山者小心翼翼地攀登懸崖，卻因為跟其他魯莽的豬隊友綁在一起，突然就發現自己被安全吊索拖進了深淵。保險公司和他們承保的許多CDS就是那條安全吊索。

CDS不僅沒有降低風險，反而放大了風險，還讓風險在出乎意料的地方冒出來。其他的金融安全防護系統也是如此，例如惡名昭彰的擔保債權憑證（collateralised debt obligation, CDO），它把高風險的次級房貸資金流量重新包裝，以便把風險分成容易理解的區塊，有些區塊風險很大，有些區塊很安全，但結果反而把某些風險放大到難以想像的程度——再包裝的流程使次貸損失呈平方增加，變成預期損失的四倍、十六倍、二五六倍，或甚至六萬五千倍（這些數字僅做說明，並不精確，卻能充分描述CDO的運作）。這兩個例子中，安全系統都讓投資人和銀行變得更粗心大意，更重要的是，它們也把小問題變成大災難。如果當初有人問過工業安全專家，他們肯定會警告金融業者，這種出乎意料的結果其實很常見。

當然，設計更好的安全措施可能會發揮不同的作用，但根據以往的經驗，工業災難專家指出：想設計不會適得其反的安全措施，其實不像我們想的那麼簡單。如此看來，即使設計一個又一個複雜的安全防護系統，也無法解決工業災難或金融災難，那我們該怎麼辦？

跟銀行一樣，核電只有更安全，沒有最安全

一九七九年的三哩島事件，至今仍是美國核電史上最大的災難，而其開端只是因為工程師在清理堵塞的過濾器時，不小心讓一杯水漏進了錯誤的系統[14]。漏水本身並無大礙，卻導致自動安全防護裝置關閉主要的幫浦，使水無法在熱交換器、蒸汽渦輪機、冷卻塔之間流動。如此一來，反應爐需要以其他方式降溫。接下來發生的事，是查爾斯．培羅談論系統事故常舉的經典案例：幾個原本可以解決的錯誤接二連三發生，問題像滾雪球般越滾越大。

工作人員原本應該啟動兩個備用泵，抽取冷水灌注到反應爐中，但兩個備用泵的閥門都在保養後關閉未開。警示燈原本應該提醒操作人員閥門未開，但警示燈的開關上掛了一張修理單，遮住了警示燈。反應爐溫度開始過熱時，安全閥像壓力鍋上的減壓閥一樣自動彈開。等到壓力降回最適水準時，安全閥本來應該自動關閉，但卻卡住無法關閉，導致反應爐把壓力降到危險的水準。

要是當時操作人員注意到安全閥卡住了，無法自動關閉，他們可以關上管道更深處的閥門。但是中控台顯示，閥門是正常關閉的。事實上，中控台只是顯示「向閥門發送的關閉訊號」已正常發出，而不是閥門已經正常關閉。當大家絞盡腦汁想弄清楚問題出在哪裡時，主

管想到可能是安全閥還開著。於是，他要求工程師去查溫度計的數字，工程師卻回報一切正常，因為他看錯了溫度計。

這是很嚴重的錯誤，但是在當時的情況下是可以理解的。現場充滿了混亂的討論聲，背景還有一百多個警報器發出刺耳的鳴叫聲。中控台顯示的訊息令人眼花繚亂，上面亮了約七百五十個燈，每個燈都有一個字母碼，有些離對應的開關很近，有些離得很遠，有些在上面，有些在下面。紅燈表示閥門開啟或設備運轉，綠燈表示閥門關閉或設備停止。但由於有些燈一直是綠色的，有些燈通常是紅色的，即使是訓練有素的操作員，也不可能一眼掃過那麼多閃爍的燈，馬上就看出問題所在[15]。

早上六點二十分，另一批值班人員來換班。他們以新的觀點重新判斷局勢，終於發現溫度過高的冷卻劑已從壓力過低的反應爐持續湧出了兩個多小時。新的值班人員成功地控制住局勢，但是在此之前，已有三萬二千加侖高度污染的冷卻劑流出，不過他們至少及時避免爐心完全熔毀。要是當初有更好的指示器顯示狀況，事故應該可以更快控制下來[16]。

我問過國際原子能總署（International Atomic Energy Agency）核設施安全部的主任菲力浦．賈梅（Philippe Jamet），我們從三哩島事故中學到了什麼。他回答：「你看事故發生的過程，會看到核電廠的操作員完全不知所措。」[17]

賈梅指出，三哩島事件後，很多人把焦點放在這樣一個問題上：如何以操作員可以理解的方式來說明他們必須知道的事。這是為了確保以後操作員想控制故障的反應爐時，不會再受到眼前上百個嘎嘎作響的警報器及上千個閃爍不停的指示燈干擾。

辛克利角（Hinkley Point B）核電廠帶給我們的教訓，就更明顯了。這座老電廠坐落在英格蘭西南部，俯瞰布里斯托灣（Bristol Channel），廠址原先的設計是歡迎學生去參訪的，但現在為了防範恐怖分子而增設了許多檢查站，四周也架起了圍網。二〇一〇年七月底一個下著濛濛細雨的日子，我曾經造訪當地。核電廠的中央聳立著一棟龐大的灰色建築，裡頭有兩個核反應爐。不遠處有一棟低矮的辦公樓，看起來跟市郊商業區的辦公建築沒有差別，辦公樓中央擺放著模擬器，幾乎跟辛克利角控制室長得一模一樣。這台模擬器很有一九七〇年代的感覺，外觀是堅固的金屬控制台，配著粗短的樹脂開關，同時也像真的控制室一樣，增添了現代的平面監視螢幕，專門顯示電腦控制的反應爐訊息。螢幕後面是一台功能強大的電腦，模擬反應爐本身的運作，可以用程式設定它進行各種複雜的任務。

模擬器的解說員史蒂夫．米丘希爾（Steve Mitchelhill）帶我四處參觀時表示：「這些年來改進很多，有些東西看起來像裝飾，其實不然，那是為了減少人為因素的影響。」他所謂的「人為因素」，當然是指核電廠操作員的疏失。米丘希爾特地帶我去看一九九〇年代中期引進的一項創新設備：一種彩色的塗層，設計看起來很簡單，是為了讓操作員在驚慌失措或粗心大意時幫他馬上了解開關和指示燈的關係。這個看似微不足道的點子，可能就足以幫操作員在幾分鐘內阻止三哩島事故發生。

記住：別讓你身邊，充滿太多無關緊要的雜訊

你可能覺得，這些例子與金融市場沒什麼關係。但實際上，三哩島事件令人費解的錯誤，與金融危機時的決策息息相關。

二〇〇八年九月的第二週，一場類似三哩島事件的危機時刻就出現在金融業眼前。所有人的目光都集中在深陷麻煩的雷曼兄弟身上，當時紐約的聯邦儲備銀行總裁蒂莫西·蓋特納（Timothy Geithner）負責監管銀行系統，他也緊盯著事態發展。蓋特納剛從大西洋彼岸飛回美國，就接到ＡＩＧ執行長羅伯·威倫史塔（Robert Willumstad）要求和他會面的消息。根據記者安德魯·羅斯·索爾金（Andrew Ross Sorkin）的報導，蓋特納讓威倫史塔等了半個小時，因為他正在和雷曼兄弟通電話。當兩人終於見面時，威倫史塔問蓋特納，ＡＩＧ能否像投資銀行那樣，使用聯邦儲備銀行的借貸額度。

威倫史塔遞給蓋特納一份簡報，坦承AIG有價值二兆七千億美元的金融合約曝險，其中超過三分之一是和十二家重要的金融機構所簽訂的CDS及類似交易。這表示，萬一AIG垮了，將會拖垮全球的金融系統。AIG比雷曼兄弟的威脅更大，也更出乎意料。但是蓋特納並未察覺事態的嚴重性，畢竟AIG是保險公司，由財政部監管，而不是蓋特納掌管的紐約聯邦儲備銀行。基於某種原因——可能是疲憊或是沒有時間研究威倫史塔的簡報，或者是簡報寫得不夠直接——蓋特納暫時把AIG的問題擱在一邊，又回頭關注雷曼兄弟的問題[18]。

那整個週末，政府官員和幾位投資銀行界的大老都在急著協商如何拯救雷曼兄弟。直到週日晚上，其中一位投資銀行大老接到財政部官員的電話，詢問她能否組織一個小組先處理AIG的問題，這時大家才明白事態的嚴重性。面對這個令人意外的消息，他們的反應並不令人意外：「等等……你週日晚上才打電話過來，我們剛為雷曼的事熬了整個週末，就給我們這個？難不成我們花了四十八小時都搞錯對象了？」[19]就像三哩島事件一樣，複雜系統的管理者在充滿金融雜訊的環境中，顯然無法找出關鍵信息。

耶魯社會學家查爾斯．培羅說：「我們總是責怪操作員，說那是『操作錯誤』。」但是，就像核電廠中盯著錯誤指示燈的操作員一樣，蓋特納之所以抓錯重點，並不是因為愚蠢，而是因為他拿到的資訊既混亂又不充足。譴責蓋特納、雷曼和ＡＩＧ的管理者或許可以一吐怨氣，但是像培羅這樣的安全專家知道，設計更好的系統比期望更優秀的人才，更有實質效果。

航空交通管制就是一個出名的例子，它證明了無論任務如何艱鉅，依舊有辦法創造出可靠的管制系統。那麼，我們可以為金融主管機關設計一個類似航空交通管制的系統，讓他們從系統中看到金融機構即將衝撞出事了嗎？到目前為止，主管機關根本不知道還有沒有另一個ＡＩＧ，也沒有系統化的方式找出危機。他們需要更多的資訊，最重要的是，他們需要容易理解的資訊，就像雷達螢幕上的移動光點那樣一目了然。

英國央行的金融穩定部門主管安德魯・霍丹（Andrew Haldane）期待，未來主管機關能運用檢查電網穩健狀況的現代技術，繪製出金融體系的壓力「熱區圖」（heat map）。有了正確的資料，並以正確的軟體解析資料，主管機關就可以從金融網路圖中看出關鍵的連結、壓力過大的節點，以及意料之外的互動關係。以後不需要再鑽研毫無關聯的試算表或令人困惑的投影片，系統會清楚地呈現風險狀況，讓人一目了然。最好這種熱區圖能每日、每小時更新，甚至是即時更新。

「目前我們離那一天還有十萬八千里！」霍丹坦言[20]。二〇一〇年七月，歐巴馬總統簽署的「陶德—法蘭克金融改革法案」（Dodd-Frank Reform Act）建立了一個新機關——金融研究局（Office for Financial Research），似乎有可能繪製出這樣的熱區圖。理論上，這種技術應該可以顯示哪些公司具有「系統重要性」（亦即「大到不能倒」），以及系統重要性如何隨著時間變化（新的「巴塞爾資本協定第三版」討論哪些規則適合用在有「系統重要性」的機構上*，但目前對「系統重要性」的定義，比起對藝術、文學或色情的定義，也沒有多清楚）。料想未來坐上蓋特納那個位子的人，就不會再為了ＡＩＧ這樣的機構竟然如此重要而大感意外了。

儘管這種系統熱區圖魅力不可擋，但光靠熱區圖還是不可能解決問題，就像唐納德·倫斯斐的「資訊主導」策略也無法解決作戰問題。想要維持金融體系的安穩，除了需要提供準確的系統資訊給主管機關以外，還需要更多東西。一如上戰場打仗，在金融界，任何電腦都不可能完整地概括前線狀況。

墨水還沒乾，股市就要開盤了

二〇〇八年九月的週六夜晚，當蓋特納和紐約幾位投資銀行界的大老花四十八小時處理錯誤的目標時，托尼．洛馬斯（Tony Lomas）正和家人在中菜館吃晚餐，他的手機突然響了。來電的是為雷曼兄弟處理英國事務的資深律師，他請洛馬斯隔天一早帶一群擅長處理「無力償債」問題的專家，到雷曼兄弟位於倫敦金絲雀碼頭（Canary Wharf）的辦公室。洛馬斯早就知道雷曼兄弟有麻煩了，過去一週雷曼的股價跌了四分之三以上。紐約正在協商拯救計畫，但雷曼的歐洲董事會想要一個備援方案（這個要求倒是很明智，因為紐約協商破局後，雷曼迅速崩解，各國子公司必須想辦法自救）。而他們的備援方案，就是請來英國最擅長處理大規模無力償債問題的權威——托尼．洛馬斯[21]。

雷曼倒閉的速度，快得連洛馬斯和他在資誠事務所的資深同事都大感意外。無力償債通常不是突然出現的困境，公司宣布破產的前幾週，通常會先找好相關的管理人員應變。不過，金融服務業的破產，本質上就是突然的。沒人想和有信用風險的銀行打交道，所以不可能有投資銀行是慢慢走向破產地步的。投資銀行要嘛是突然破產，要嘛是根本不會破產。雷曼突然倒閉，立即掀起一陣混亂，馬上受波及的就是會計師的個人生活。一位資誠會計師在

＊編按：巴塞爾資本協定是由國際清算銀行下的巴塞爾銀行監理委員會為了維持資本市場穩定、減少國際銀行間的不公平競爭、降低銀行系統信用風險和市場風險所推出的資本充足比率要求。目前更新至第三版。

週日午飯時，匆匆和家人道別，之後在金絲雀碼頭整整待了一週。他的車子停在臨時停車區，累積了高額的停車費，但是相對於政府為破產管理過程所付出的龐大成本，這筆錢只能算是給政府的一點小意思罷了。資誠負責處理雷曼歐洲分公司的破產事務，第一年就賺了一．二億英鎊；相較之下，第一年付給美國和歐洲政府行政人員的費用總共才五億美元左右。

洛馬斯迅速趕往金絲雀碼頭，進駐雷曼位於三十一樓的辦公室。那裡原是公司高層用餐的地方，牆上掛著昂貴的藝術品，如今藝術品旁邊貼滿了潦草的手寫標示，用來指引陣容日益龐大的資誠會計師團隊。那是危機突發的狀況，週日傍晚，行政人員得知紐約辦公室在週五晚上已經清空雷曼歐洲帳戶上的所有現金。這原本是每週的例行程序，但這次那筆錢再撥回帳上的機會非常渺茫。這樣一來，週一根本不可能交易，即便進行交易也是違法的；而且雷曼和好幾千家的公司還有未結清的業務。週一早晨五點開完董事會後，法官簽字同意把雷曼歐洲分公司的管理權交由資誠團隊接管，雷曼正式宣告破產。簽字是在早上七點五十六分，墨水還未乾，四分鐘後倫敦股市隨即開盤。

資誠馬上開始鑽研雷曼運作的方式，他們看到一張錯綜複雜的銀行架構圖，滿是合法的避稅手法，還有數百個附屬的法人機構，看起來比無人能解的戈蒂安結（Gordian Knot）還要複雜*。但銀行告訴他們，這張圖還只是簡化過的濃縮版。這支團隊並非缺乏經驗，他們已經見識過擅長做假帳的安隆（Enron）歐洲分公司重組的案子，但是相較於雷曼的情況，卻是小巫見大巫。洛馬斯被迫指派人員整天跟在雷曼管理高層的身邊，以了解他們究竟在做什麼。

當時混亂的程度令人瞠目結舌。雷曼歐洲身為經紀商，代表客戶持有超過四百億美元的現金、股票和其他資產。那些錢全數遭到凍結，所以一些客戶連帶著也面臨破產風險。倫敦股市的交易中，雷曼就占了八分之一，但過去三天的交易還沒完全交割。驚人的是，這是常態，在這個動盪程度前所未見的市場上，這些未交割的交易仍在風雨飄搖中。先前雷曼也運用衍生性金融商品來為自己避險了，但是週一取消交易的電子郵件紛至沓來，宣布破產顯然讓一些交易失效了。雷曼破產時，有一百萬張衍生性金融交易的合約無法履行[22]。

只有雷曼的交易員才知道如何處理這些交易，所以只有在說服一些交易員暫時留下來，才能在不擴大損失下結清交易部位。洛馬斯不得不想辦法取得一億美元的貸款，做為發放給交易員的紅利獎金，此舉卻激怒了雷曼的債主（清潔工、廚師、電話和電力服務的供應

＊古代弗里吉亞人（Phrygians）的國王在神廟留下了一個沒有繩頭的結，並預言能解開此結的人可成為亞洲之王。後來亞歷山大大帝在解不開結後，快刀斬亂麻，揮劍斬斷了此結，

商）。即使如此，交易員也無法單獨完成任務：其他公司的交易員都知道，電話另一頭的雷曼交易員是在倒貨，他們都可以趁機大撈一筆。於是，洛馬斯只得招募其他銀行的團隊，私下談好保密條件請他們攬下工作。更糟的是，由於雷曼本身就是大銀行，並沒有自己的銀行帳戶，又不能到其他銀行開戶，因為那些銀行都是雷曼的債主，都可以把雷曼存入的錢合法占為己有。洛馬斯不得不向英國央行求援，直接在央行開幾十個不同幣別的帳戶。

而這些只是緊急的搶救措施而已，清理剩下的爛攤子還需要很久的時間。雷曼倒閉一年多後，英國法院才開始聽取雷曼客戶、金融主管機關、資誠的證詞，決定如何處理雷曼代客戶持有的數十億美元資金。那些錢該給誰？給多少？何時給？根據資誠律師向法院的解釋，正當的法律途徑至少有四種，法院為此持續開庭了好幾個禮拜。還有另外一連串的法院裁決則是和洛馬斯處理雷曼的方式有關，洛馬斯打算把雷曼的債權人分成三類來處理，而不是和所有債權人逐一交涉，以加速破產處理的程序，但是後來這項提案遭到否決[23]。

大家後來慢慢才發現，雷曼用一種合法的會計手段「回購105」（Repo 105），有系統地粉飾它的財務困境，使它累積的大量債務和風險資產看起來的規模和風險都比實際還小。在這個情境中使用「回購105」是否合法，也成為法律訴訟的議題：二〇一〇年十一月，紐約州檢察官起訴雷曼的查帳公司安永會計師事務所（Ernst & Young），指控他們是幫雷曼「大規模做假帳」的幫兇。但是，如果案子無法證實，很可能雷曼的財務指標即使充滿了誤導性，但理論上仍是精確的，就像三哩島核電廠的指示燈一樣，它顯示的是系統已經對閥門發出關閉指令，而不是已經關上了閥門[24]。

雷曼倒閉一週年時，洛馬斯接受《金融時報》的採訪，他說可望在二〇一一年（亦即在啟動破產程序約三年後）解決主要的問題[25]。

事發當時，怎麼做會更好呢？洛馬斯做了以下說明：「如果那個週日我們走進雷曼時，有一本手冊寫著：『應變計畫：萬一公司需要尋求法院保護時，應該這樣那樣做。』那不是簡單多了嗎？我們在處理安隆案時，先花兩週寫下計畫，雖然時間還不夠，但是那讓我們一到現場就可以快馬加鞭地採取最佳行動。至於雷曼的案子，我們沒有時間那樣做。」

洛馬斯一到現場，面對的就是混亂難解的複雜狀態，而他還只是處理雷曼的歐洲分部——雷曼這個全球金融機器的一個小分支而已。但我們已經知道，「複雜」只有在高耦合性的系統裡才會成為問題。我們之所以應該關心雷曼的問題要花多長的時間解決，不是因為銀行的從業人員和股東值得特別保護，而是因為其他公司有幾百億美元的資金都跟著雷曼陪葬了那麼久。如果這次問題能夠解決，下個雷曼就可以讓它安全地倒閉。這表示我們必須鬆開高耦合性的系統，讓它變得更鬆散、更有彈性。

大家一起擺爛，是孕育殭屍組織的天堂

我們可以把骨牌遊戲當成高耦合性系統的最佳範例，你應該看過晚間新聞最後播放的精采片段：有人為了打破紀錄，費盡千辛萬苦排了上萬片骨牌，然後輕輕一推，全部骨牌一片一片倒下。骨牌跟銀行不同，排骨牌就是為了把它推倒，但又不能太衝動，一下弄塌了骨牌[26]。例如，某次活動為了破紀錄，排了八千片骨牌，不料從電視台攝影師的口袋裡掉出了一支筆，把活動搞砸了。有些骨牌活動也曾有過飛蛾或蚱蜢出來攪局的情況。

我們可以嚴格控管環境，在沒有昆蟲或拍攝人員的干擾下進行骨牌遊戲。這樣一來，就可以降低骨牌系統的複雜性，也就是說，即使骨牌緊密耦合也不是多大的問題。但是降低系統的耦合度，顯然是更務實的解決方案。現在專業的骨牌選手會使用安全欄先擋著骨牌，直到最後一刻才撤開，以縮小意外發生的範圍。二〇〇五年，一百名志工在荷蘭的展覽館花兩個月的時間，好不容易排了四一五五四七六片骨牌，後來有隻麻雀飛進來撞倒了一片骨牌。由於加裝了安全欄，只有二三〇〇〇片骨牌倒下，要不然後果可能更慘（不過那隻麻雀就倒楣了，一位骨牌愛好者拿氣槍打下麻雀。此舉激怒了動保人士，他們氣得想衝進展覽館，替可憐的麻雀完成攪局的任務）[27]。

金融系統永遠不可能根除這種搗亂的麻雀（或許「黑天鵝」是比較貼切的說法），所以也需要類似安全欄那樣的機制。如果系統的耦合度可以降低——亦即一家銀行出事時，不會拖其他的銀行下水——即使失誤會連連發生，金融系統還是比較安穩的。

金融系統就像骨牌遊戲——有一家銀行倒閉就會拖垮其他的公司。銀行的骨牌效應有兩種，一種是傳染型倒閉，亦即倒閉時帶著客戶的錢陪葬，從小存戶到大公司都發現支票跳票，跳票不是因為他們的帳上沒錢，而是銀行沒錢。

另一種是僵屍銀行，它們雖未破產，卻苟且偷生，對其他的事業造成威脅。所有的銀行都有資產（房貸是資產，因為貸款者是跟銀行借錢）和負債（儲蓄帳戶是負債，因為存款人來領錢時，銀行就必須給錢），如果資產小於負債，銀行在法律上就是破產了。銀行防範破產的緩衝資金稱為「資本」，這是銀行代替股東持有的錢，萬一銀行有麻煩，股東求償的順位是排在最後的。

如果資產只比負債稍多一些，銀行是處於破產邊緣。為了避免破產，銀行可能改用這種半死不活的僵屍形式繼續營運。這個時候，我們都希望銀行向股東尋求資金挹注，以擴大資本，讓銀行更有信心地營運下去。但多數股東並不願挹注資本，因為好處大都由債權人拿走。切記：要等到債權人都還清以後，才會輪到股東求償。當銀行瀕臨破產時，挹注資本的最大效用是確保債權人全部獲得清償，如有剩餘才輪得到股東。

所以僵屍銀行改採其他方式，它們不尋求股東增資，而是盡量縮減規模，收回貸款拿來還債，也不再放款給新公司或購屋者。這個過程會從經濟裡吸走資金。

骨牌為什麼會跟著倒？廢話，當然是因為骨牌靠得太近！

僵屍銀行和傳染型的破產銀行都會推倒很多骨牌，這也難怪政府因應金融危機的方式，是擔保銀行負債以及強制挹注大量資本給銀行。這樣做可以防止金融危機對經濟體造成更嚴重的影響（骨牌效應），但也因此付出了代價：不僅強迫納稅人支付龐大的費用（及承擔更大的風險），也對銀行的債權人傳達了錯誤的安撫訊息：「你想借多少錢給誰都可以，反正納稅人都會保證你獲得清償。」銀行不是以資本挹注做為緩衝，而是把納稅人推出來當墊背，以減輕金融系統受到的衝擊。鬆開金融系統的耦合度，是指設立類似骨牌遊戲的安全欄，萬一未來有銀行又像雷曼兄弟那樣破產時，就可以讓它安全倒下，不傷及無辜。

在銀行和它們可能拖垮的骨牌之間塞入安全欄的第一種方式，也是最明顯的方式，就是確保銀行擁有更多的資本。這不僅可以降低個別銀行破產的機率，也會降低破產蔓延的機率。銀行不會主動提撥大量的資金做緩衝，所以主管機關必須立法強制執行。但是，這樣做也是有代價的。資本是昂貴的，所以要求的資本越高，可能使貸款和保險的費用越高。所謂過猶不及，資本也是如此，但是從這次信貸危機可以明顯看出銀行的資本太少了[28]。

第二種可能的安全欄是運用「應急可轉債」（CoCo bonds）。應急可轉債是一種債券，在正常情況下，這種債券的持有人是收取利息，求償順位也像一般的銀行債權人一樣，優先於股東。但應急可轉債有點像安全氣囊，萬一銀行倒了，它會立刻變成緩衝，從債券變成資本。所以，一旦發生特定的觸發事件，應急可轉債的持有人會發現，他們手上的債券變成了銀行的新股，也就是說，他們和其他的股東承擔同樣的風險。

沒有人會為此感到開心：原來的股東會發現自己的持股縮水了，以後能分到的獲利也減少了；而應急可轉債的持有人則是發現他們承擔的風險變大了。但關鍵是應急可轉債是事先約定的應急規畫：**一旦**銀行即將變成僵屍銀行，**就會**觸發「應急換股」條款。一般債券的持有者會更安全，因為他們的求償順位優先於應急可轉債的持有者；而有應急資本投入，普通股的股東所享有的報酬也高於銀行只有普通資本的情況時。只要營運正常，應急可轉債的持有者所享有的報酬會高於其他債券持有者，因為他們扮演的是保險者的角色。

聽起來都很不錯。但別忘了，安全氣囊能預防傷害，也能造成傷害。應急可轉債就像其他類型的保險機制，能夠轉移金融系統的風險，而我們已經看過風險轉移可能會導致什麼後果。一九九〇年代，日人把應急可轉債稱為「死亡漩渦債券」，很多人都覺得不可靠。當一家銀行陷入困境而觸發「應急換股」條款，持有該銀行應急可轉債的其他銀行突然變成了股東，被迫只能虧本出售手中債券，並可能害自己也陷入困境。解決這種問題的方式，是禁止銀行之間互相持有應急可轉債，應急可轉債只能賣給個人或退休基金，因為他們面臨短期問題時比較能挺得住[29]。

第三種鬆開系統高耦合度的方法是，在銀行破產時以更好的方式處理。前面曾經提到洛馬斯對於雷曼兄弟毫無破產應急計畫的遺憾，主管機關應該要求各大金融公司備妥這樣的應急計畫，每季提交主管機關審查。應急計畫中應該估算拆分公司需要的時間，讓主管機關在設定最低資本要求時，可以把這個資訊納入考量。如果投資銀行的營運方式異常複雜（通常是為了避稅），破產可能會拖好幾年，那也沒關係，就提高最低資本要求，讓他們有厚足的資本做為緩衝。操作簡單又定義明確的應急計畫，可以減少銀行破產時所造成的干擾，也可以讓銀行準備較少的資本做為緩衝。既然資本很昂貴，這就會鼓勵銀行簡化營運方式，甚至把子公司拆分出去。目前看來，市場是往相反的方向發展，對不斷擴張的超大型銀行更有利（因為營運複雜往往有稅賦優勢，而且似乎大銀行的信用評級更好）。

雷曼兄弟破產一年後，法院還在摸索四種處理雷曼帳務的可能途徑，實在很荒謬。主管機關應該要有權力迅速釐清這種模棱兩可的情況。當然，由於帳務高達幾十億美元，公平處理很重要，但是銀行破產時，最糟糕的決策可能就是猶豫不決[30]。外界對銀行那些錯綜複雜的求償名目，可能導致實體經濟動彈不得，就像狄更斯在《荒涼山莊》（*Bleak House*）所描述的遺產爭奪訴訟案，因為案子拖得太久，訴訟費耗盡了全部遺產，結果沒有一個親屬拿到半毛錢。

主管機關也要有接管銀行或其他金融機構並迅速加以重組的權力。洛馬斯發現，國際銀行倒閉時會分裂成國內銀行，所以這類權力還需要國際協議。不過，技術上，這可能比想像的還要簡單。

賽局理論家傑若米・布洛（Jeremy Bulow）和保羅・克倫貝勒（Paul Klemperer）發明了一種簡單的重組方法*，連複雜的銀行都適用。這種方法也獲得威廉・布伊特（Willem Buiter）的支持，布伊特後來成為花旗集團的首席經濟學家（花旗堪稱全球最複雜的銀行）。這種方法非常巧妙，乍看之下像在玩邏輯把戲：布洛和克倫貝勒提議，主管機關可以把問題銀

＊《誰賺走了你的咖啡錢》的讀者可能記得克倫貝勒是三G執照拍賣的設計者之一。

行強制分成營運良好的「過渡銀行」（bridge bank）和營運不良的「殘渣銀行」（rump bank）。過渡銀行取得所有的資產和最好的負債（例如一般人帳戶裡的存款；如果是投資銀行，就是其他公司存放的現金）；而殘渣銀行沒有資產，只取得剩餘的債務。這樣一來，過渡銀行是完全健全的銀行，有足夠的資金緩衝，可以繼續借貸和交易；至於殘渣銀行，自然變成了一個即將倒閉的空架子。

這樣做，不等於是在搶劫殘渣銀行的債權人嗎？別急，接下來才是奧妙所在：殘渣銀行擁有過渡銀行。所以，當殘渣銀行破產，債權人開始找能夠變現償債的東西時，其中就包括過渡銀行的股份。擁有這些股份當然比只能拿原始銀行的殘存資產去變現更好，而在此同時，過渡銀行仍持續在支持經濟的正常運轉[31]。

聽完這種方法，你可能會覺得不可思議，心想怎麼可能在不挹注新資金、不沒收資產的情況下，就像玩帽子變出兔子的戲法一樣，突然變出一家營運健全的過渡銀行。但是，這種方式似乎真的可行。

另一種更激進（可能也更安全）的方法是經濟學家約翰．凱想出來的，又稱為「狹義銀行」（narrow banking）。約翰．凱建議把現代銀行的「賭博」功能和「實用」功能分開：實用銀行要確保自動提款機能吐鈔、信用卡能使用、一般人不必擔心存款有風險；賭場銀行則包含更偏投機性的一面——融資給企業去收購、投資不動產抵押債券，或是用信用衍生性商品獲利。所謂的狹義銀行，就是提供銀行系統的一切實用功能，完全不碰賭博功能。狹義銀行的概念，就是確保提供實用功能的銀行不參與投機活動。

當然，實際情況沒那麼單純。再說把一切有風險的銀行活動都比喻成賭博，也有失公允。第三章提過，新點子或新構想需要比較投機的資金來源，就像下場賭一把一樣，而確實很多好點子都以失敗收場。把資金花在可能創造驚人成果的東西上面，過程就帶有賭博的意味，所以要是少了創投基金這種類似「賭博」的活動，這個世界會變得更糟，更缺乏創新。此外，要區別「實用」和「賭博」活動也沒那麼容易，有些看似「賭博」的活動其實是合理的，甚至是保守的避險。如果我是賭鄰居的房子可能燒毀，別人會起疑，但如果我是賭自己的房子燒毀，那叫保險，不僅是合理的，在很多國家也是強制要求的。同理，一家銀行的某種金融交易究竟算是賭博，還是合理的風險管理，就要看這家銀行還做什麼其他的業務而定。

無論如何，狹義銀行的概念或許是可行的。約翰．凱認為，狹義銀行需要執照才能營運，為了取得執照，銀行必須符合主管機關的規定，包括：銀行的存款必須有充足的資本做後盾，嚴格限制「賭博」活動，只能用來支持「實用」活動，而不是用來為自己牟利。最後，只有狹義銀行才能合法自稱為「銀行」，接受小公司和消費者的存款，使用銀行之間的支付系統（亦即把錢從一個銀行帳戶轉到另一個銀行帳戶，這是ATM網路的基礎），以及有資格獲得納稅人提供的存款保障。

這樣聽起來好像主管機關干預太多了，但約翰．凱指出，在某些方面，干預其實是較少的[32]。因為這樣一來，主管機關不再是以含糊的方式監管整個金融系統，而是專注於比較簡單的任務，也就是只管某家銀行是否有資格取得狹義銀行的執照。至於其他的金融機構可以拿股東的錢去承擔一般的風險，甚至還可以擁有自己的狹義銀行。萬一母公司的賭博銀行陷入麻煩，狹義銀行可以直接從麻煩中脫離，獨自在更安穩的環境中繼續運作，不會波及存款人或是硬要納稅人買單。這就像電力公司破產後，發電廠雖然易主，但仍持續運作一樣。

這一切又讓人回想起保金斯基的第二原則：即使失敗仍可存活。一般來說，進行大量的小試驗（變異和選擇），意味著有一部分的試驗能夠通過考驗，存活下來。但是在高耦合性的系統中，一個試驗的失敗可能會危及其餘所有部分，所以鬆開系統的耦合度是很重要的。

約翰．凱說：「當希斯洛機場控股公司（Heathrow Airport Ltd）的清算人想辦法理出頭緒時，我們不能讓飛機一直在倫敦上空盤旋。」[33]這句話正是洛馬斯的團隊想釐清雷曼亂象時的真實寫照。約翰．凱想替未來尋找一種更合理的解決方案，他的想法是對的。他提出的方法和當前盛行的監管理念形成強烈對比，後者在無意間鼓勵銀行朝更大、更複雜的方向發展，也鼓勵銀行利用帳外資產負債表的會計手法。我不確定約翰．凱的答案是否正確，但是從「常態意外」的理論來看，他確實提出了正確的問題。

市場的日常——疏失、錯誤和違規

災難學家詹姆斯．瑞森在教工程師預防事故時，喜歡舉李森和霸菱銀行的例子。他詳細區分了三種不同的差錯：最直接的是「疏失」，因笨拙或粗心而做了不想做的事。二〇〇五年，一位年輕的日本交易員想以六十萬日元賣出一張股票，結果卻以一元拋售了六十萬張股票。交易員常把這種疏失稱為「肥手指錯誤」（fat finger errors），上述這個例子的代價是二億英鎊[34]。

另一種差錯是「違規」，這是指故意犯錯。安隆做假帳或馬多夫（Bernard Madoff）的投資騙局都是違規，對他們來說，財務上的誘因大於產業誘因。

最具潛在危害性的是第三種差錯——錯誤，這是指你有意去做，但因為對外界的想法有誤，而得到了出乎意料的結果。阿爾法鑽油平台的管理者啟動拆卸的備用泵，就是犯了這種錯誤。他們的打算是啟動備用泵，也遵循正確的步驟，問題就出在他們對備用泵的推斷——

備用泵完好可用——是錯誤的。CDO背後的數學推斷也是個錯誤，設計CDO的天才誤判了風險分布，CDO的架構又大幅放大了那個錯誤。

災難發生後，我們通常會花很多心思去區分違規和錯誤。如果是違規，表示有人應該受罰、革職或入獄。如果是錯誤，就比較不會讓人憤慨不平。但是錯誤和違規的共同點，至少和它們之間的差異一樣重要：兩者通常都不像疏失那樣容易辨識，所以常導致瑞森教授所說的「潛在錯誤」（latent error）。

潛在錯誤在最糟的一刻發生之前都無人察覺，例如維修工人意外關上備用冷卻泵的閥門，或是修理單擋住了警示燈等等。這類安全防護設施，本質上就是在緊急狀況下才會用到。安全設施越多，潛在錯誤越有可能拖到最後一秒才被發現。潛在錯誤往往微不可察，通常只有在第一線的現場才有可能發現。套用詹姆斯．瑞森的起司比喻，重疊的一片片起司上的洞漸漸重合在一起，而且沒有人注意到災難的風險越來越大。

金融系統特別容易出現潛在錯誤，部分原因在於它本來就比較複雜，同時也因為違規的動機在金融業特別強烈。飛行員、醫生、核電廠的操作員都是人，犯錯在所難免，他們有時會便宜行事，但我們通常可以相信他們都有心避免意外發生。不過，對於金融系統，我們就沒有這樣的信心了，因為違反規定所造成的後果，可能在作惡者中飽私囊很久之後，才在離他很遠的地方爆發開來。

不過，即使是在金融系統內，還是可能在傷害發生以前就發現並改正潛在錯誤，問題在於怎麼做。金融法規的根本假設是，如果銀行犯了潛在錯誤（無論是刻意違規或無心之過），查帳員和主管機關會發現風險，畢竟那是他們的職責所在。但他們真的能做到嗎？為了解開這個答案，三位經濟學家針對企業詐欺案例進行透徹的研究。當然，不是所有的潛在問題都涉及詐欺。但是能夠發現詐欺，大致上就能發現其他的潛在錯誤。亞歷山大・戴克（Alexander Dyck）、艾黛兒・莫爾斯（Adair Morse）、路易吉・津加萊斯（Luigi Zingales）研究一九九六到二〇〇四年間美國企業發生的二一六樁重大詐欺案。取樣時，他們排除了微不足道的小案子，收錄的都是眾所周知的醜聞，例如世界通信（WorldCom）和安隆案[35]。

他們的發現完全顛覆了傳統觀點。那些遭到揭發的詐欺行為中，只有六分之一是查帳員和主管機關查獲的，所以究竟是誰發現這些企業詐欺呢？有些嚴重的案子是記者發現的，而美國聯邦航空總署（Federal Aviation Administration）之類的非金融監管機關所發現的詐欺案件，更是證管會的兩倍。顯然的，比起查帳員的例行查帳，非金融監管機關與某企業因營運所需的日常接觸，反而更可能揭發不法勾當。

這表示最有可能發現詐欺行為或組織內任何潛在風險的人，其實是在組織第一線工作的員工，他們對於問題了解最深。果然如此，戴克、莫爾斯和津加萊斯在研究中發現，由員工揭發的詐欺案真的比其他人來得多。

讓你的團隊不怕「說出真相」

但是，揭弊需要勇氣。詐欺和其他潛在錯誤通常都是等到情況危急時才會被發現，原因就在揭弊者往往因為仗義執言而吃盡苦頭。

保羅．摩爾（Paul Moore）訪談了英國最大的房貸銀行HBOS（蘇格蘭哈里法克斯銀行）的一百四十名一線員工，他說：「感覺就像掀起壓力鍋的鍋蓋——碰！真是大開眼界！」二〇〇二到二〇〇五年間，摩爾擔任HBOS的集團風險控制部門的主管，職責是確保銀行不會投入太多的風險活動。他發現HBOS主要分支「哈里法克斯」（Halifax）的員工壓力很大，他們擔心公司逼他們不計一切推銷房貸並達到業績目標，不必考慮風險。一位員工跟他抱怨，主管推出「現金和甘藍」方案，達到每週銷售業績的人可獲得現金獎勵，達不到的人則在眾目睽睽下得到一顆甘藍菜。另一位員工說：「按規矩銷售，永遠也達不到業績目標。」拖垮次級房貸市場的就是這樣的風險：HBOS的員工在業績壓力下，會把資金貸放給無力償還的人。摩爾收集了證據，向HBOS的董事會提出強而有力的簡報。

他說HBOS的董事長及查帳委員會的主席都感謝他揭露這些嚴重的問題[36]，不久後當時HBOS的執行長詹姆斯・克洛斯比（James Crosby）就召見他了。摩爾說，克洛斯比不僅駁斥他對於HBOS經營風險的擔憂，還把他解雇了。摩爾走出HBOS，站在公司前面的大街上，淚水奪眶而出[37]。克洛斯比的描述則截然不同：公司對於摩爾擔心的狀況做了全面調查，並無發現異狀[38]。

如果你覺得摩爾倒楣透頂，那麼市場分析師雷・德克斯（Ray Dirks）的遭遇就更慘了。德克斯是個異類，至少按一九七三年紐約金融家的標準來看是如此。他身材矮胖，戴眼鏡，不修邊幅。他不像華爾街從業人員那樣打扮得光鮮亮麗，也更喜歡格林威治村的雙層樸素公寓。公寓只有簡單的螺旋梯、兩部電話，以及偶爾來訪的女友。德克斯在另一方面也與眾不同：那個年代很多分析師只會喊買進，但德克斯向來直言不諱，從來不怕揭露企業的負面消息。話雖如此，他從產權基金公司（Equity Funding Corporation）得到的壞消息，還是讓他難以置信。

產權基金一個甫離職的資深員工，覺得德克斯是適合透露公司驚人內幕的對象。產權基金多年來用自家的電腦系統搞出了一個龐大的騙局，他們設計出一些不存在的壽險保單，賣給其他的保險公司。十年來，產權基金販售的壽險保單中，有半數都是假的，他們賣的是這些假保單的未來收益流——亦即以今天的現金換取未來的現金收入。保單到期後，只要偽造更多的保單籌資就行了。

德克斯一聽，大為震驚，等他開始明察暗訪後，更是心驚膽顫：他聽說產權基金公司與黑手黨牽扯不清。某次他到洛杉磯造訪產權基金公司時，接到了老闆的電話。老闆告訴他，討論產權基金公司是否詐欺，可能會被控告誹謗。兩天後，產權基金以前的查帳員勸告德克斯，為了自身安全，最好躲起來。隨著疑慮與日俱增，德克斯把疑點告訴《華爾街日報》、產權基金的查帳員及證管會，但並未讓客戶知道他的憂慮。

產權基金倒閉後不久，德克斯就因為先前的努力而付出代價：證管會控告他涉嫌內幕交易，這個指控至少會讓他從此結束華爾街的職業生涯。德克斯為這個案子打了十年的官司，後來美國最高法庭才宣判他無罪[39]。

證管會似乎沒有記取教訓。前基金經理人哈利．馬科波洛斯（Harry Markopolos）把馬多夫詐騙的證據提交證管會時，也沒人理他（但至少他沒遭到起訴）。有的揭弊者確實是因為心有不甘，別有居心。有些是不滿的離職員工想找碴，馬科波洛斯是馬多夫的死對頭，摩爾也有很多理由對HBOS心生不滿，無論他的申訴是否有理。外人難以斷定孰是孰非，但是當案子涉及幾十億美元時，漠視揭弊者都是不智的[40]。

許多揭弊者後來都說他們後悔說出真相，在戴克、莫爾斯、津加萊斯的研究中，超過五分之四的揭弊者說他們不得不辭職，或是被開除或是被降職。如果我們只依靠員工仗義執言來揭發詐欺、無良業者、數學模型缺失、維修不當或其他潛在的風險，等於是依賴個人冒著巨大的風險來為整個社會謀福利。許多人會寧願抱著得饒人處且饒人的想法，箇中原因不難理解。

只有擇善固執的人才能堅持下去，但是堅持不懈的特質可能也是他們難以獲得他人正視的原因。德克斯先天就很執拗反骨，這個特質讓他敢做敢言，也因此遭到孤立。摩爾似乎是受到宗教信念的驅動，不時會提到「犯了罪」、「深刻檢視我的良心」或「經常禱告」。這種開口閉口不離宗教的虔誠信仰，在英國的風險管理者身上很罕見，這個特質可能讓他在面對恫嚇時更加堅定不移，但也削弱了他的可信度。揭弊者確實都會遭到恫嚇，摩爾說有位同事曾把身子靠過來警告他：「別跟我為敵。」但摩爾還是堅持立場，即使他語帶顫抖地說：「說出真相對我沒什麼好處。」[41]

不過，根據戴克、莫爾斯、津加萊斯的研究顯示，要鼓勵揭弊者看到金融事故或工安事故時說出真相，並不是毫無可能。他們關注過醫療保健，這個領域的收入大都仰賴納稅人的稅金。正因如此，檢舉者可以因為幫納稅人省錢而拿到獎金。獎金為數不小，足以令人心動，研究顯示這些揭弊者平均可獲得近五千萬美元的獎勵[42]。這種類似中頭彩的獎勵，確實會打動更多的員工大膽揭弊，也使得醫療保健領域的揭弊案件數目是其他領域的三倍之多。

再來看另一個例子：美國國稅局最近提高了檢舉可疑逃稅的獎金，檢舉數量因此增加了六倍。話說回來，現在只要牽扯到逃漏稅動輒就是上億美元，比以前要高出太多了。

要鼓勵揭弊者揭發隱而不顯的潛在錯誤比較困難，但這個問題值得深思。因為在金融危機的醞釀期，很多人顯然都發現個別銀行及金融機構內部有問題的蛛絲馬跡，但看不出仗義執言有什麼好處。

摩爾站在HBOS大樓前流下男兒淚後，不到四年，HBOS（包括有三百年歷史的蘇格蘭銀行）已瀕臨破產邊緣，連續兩次紓困才得以脫險：先是被迫把自己賣給對手駿懋銀行（Lloyds TSB），緊接著合併後的集團又接受英國政府高達一百七十億英鎊的援助。這一切都令大家非常意外，尤其主管機關英國金融監理局（Financial Services Authority, FSA）更是大吃一驚。當時FSA的副局長是誰呢？就是解雇摩爾的克洛斯比[43]。

萬一失敗也還能活下去，你有什麼好怕的？

金融危機的衝擊實在太大了，讓人不禁覺得應該立法根除所有的銀行風險，禁止使用任何花稍的金融工具，而且要強迫銀行持有大量的資本做為緩衝。但是這樣的結論等於是把銀行帶給我們的好處視為理所當然，同時又對那些好處構成了威脅。根除金融界的錯誤，將會扼殺新點子，連帶也會終結我們所知的多數銀行業務。

思念總在分手後，失去後總會讓人念念不忘。一九六〇年代，我岳父去申請房貸，卻遭到婉拒，因為他是自己出來執業的牙醫，銀行認為這樣的個體戶風險太大了。當時的房地產是由一小群富有的地主所壟斷，在沒什麼人跟他們競爭的情況下，他們可以便宜買入，然後再出租給民眾。最難獲得貸款購屋的，是外來的移民和有色人種。別忘了，即使我們後來做得太過火，隨便讓還不起錢的人輕鬆貸款，但是當初開放這些貸款的方向並沒有錯。金融業就像其他產業一樣，有些創新難免會失敗。這些難以避免的失敗，都是為了成功的創新需要付出的代價，不過，前提是即使失敗也不會影響到活下去。約翰．凱提出的「狹義銀行」架構，是為了讓金融系統在不危及整個系統的情況下，持續承擔風險及研發寶貴的新產品。

這是我們從工業安全所獲得的關鍵教訓。我們可以找一些更可靠的指標，讓主管機關了解事態的發展，預測系統性問題，並在危機發生時切實了解狀況。我們可以想辦法獎勵那些仗義執言的人，或至少保護他們，以便更快發現潛在錯誤，防微杜漸。我們也可以更有系統地發布潛在錯誤：核電業現在有一套系統，用來記錄「近似差錯」*，並把資訊傳給可能快要犯下同樣錯誤的其他核電廠。但最重要的是，我們應該想辦法鬆開金融系統中高耦合度的連結，確保失敗是個獨立事件，不會波及無辜。

二〇〇八年金融危機的關鍵那幾天，美國政府先是放任雷曼倒閉，接著對ＡＩＧ紓困，許多人認為政府應該對ＡＩＧ和雷曼一視同仁。那麼，政府究竟是應該讓ＡＩＧ像雷曼那樣自生自滅，還是應該像援助ＡＩＧ那樣出手拯救雷曼？然而，真正的教訓卻是：我們應該想辦法在不傷及整個金融體系下，讓雷曼和ＡＩＧ自然倒下。避免銀行「大到不能倒」，心態是正確的，但說法有誤。以骨牌打比方，說一張骨牌大到不能倒實在很荒謬，我們應該在金融體系裡建立類似安全欄的機制，讓任何骨牌倒下時都無法波及太多的骨牌。

在探討如何防範未來的金融危機時，我們需要謹記的是，在一個系統中有兩個因素會讓失敗無可避免地泛濫成災：一是複雜度，二是高耦合度。工安專家認為，降低不同流程的耦合度及複雜度才是最好的防範之道，金融監管機關也應該認清這一點。

面對如此複雜的世界，千萬別奢想從不失敗

二〇一〇年四月二十日傍晚，邁克・威廉斯（Mike Williams）在墨西哥灣鑽油平台上的工作室值班，這個鑽井台是工程上的創舉，台面長四百英尺、寬二五〇英尺，深度超過三萬五千英尺（超過珠穆朗瑪峰的高度），是全球最深的深水鑽井台。鑽井團隊剛結束鑽探任務，封好了馬康多（Macondo）油井，當天還招待鑽井營運商泛洋公司（Transocean）及油井擁有者英國石油公司的管理人員，慶祝這七年的工程沒有顯著的意外事故[44]。但即將爆發的事故卻遠遠超出「顯著」的程度，成為美國史上最嚴重的環境災難。這個鑽井的名字就是深海地平線。

當鑽井的引擎突然瘋狂運轉時，威廉斯注意到情況不對勁，他沒想到是容易爆炸的甲烷氣體正從水面下一英里的海底冒出。甲烷被吸入鑽井的引擎，迫使引擎加速運轉。警報響起，電燈亮到爆裂，威廉斯桌上的電腦螢幕爆炸時，他剛好推開桌子起身[45]。接著，更大的

＊又作「跡近差錯」（near-miss），是指不經意或即時介入行動，使得原本可能導致的意外或傷害事件並未真正發生。

爆炸把他震到房間的另一端，也震飛了三寸厚的防火鋼門，直接壓在他身上。他爬向出口，但第二扇震飛的門又朝他襲來，再次把他頂到房間的另一端。威廉斯頭破血流，好不容易爬到鑽井平台上，發現工作人員都已經撤離，沒有意識到他和其他幾個工作人員才是這次事故的倖存者。威廉斯最後想著妻子和幼女，默默禱告後，就從深海地平線的平台縱身入海。他和阿爾法鑽井災難的倖存者一樣，都是從十層樓高的高度跳海。威廉斯大難不死，但其他十一名同伴不幸罹難。

深海地平線爆炸及隨後大量原油外洩的究責，連同幾十億美元的災難處理成本，就留待法院處理。這起災難導致近五百萬桶原油傾瀉到離路易斯安那州沿岸僅四十英里的墨西哥灣。事故究竟是怎麼發生的？

要歸咎的對象，可能包括鑽井營運商泛洋公司、用水泥密封油井的承包商哈利伯頓公司（Halliburton）、負責核准鑽探計畫的主管機關，當然還包括擁有馬康多油井及負責整個專案的英國石油公司。這幾個單位都有強烈的金錢誘因，把責任推到其他單位頭上。不過，在這一團混亂中，從事件披露的細節裡，我們再次看到如今已經不陌生的模式。

這起事故帶給我們的第一個教訓是，**安全防護系統經常失靈**。救起威廉斯的船隻回到起火燃燒的鑽井去拖離救生筏時，卻發現救生筏被安全繩拴在井架上。鑽井營運商泛洋公司禁止員工攜帶刀具，結果這艘船和救生筏因為安全防護措施，而被牽制在燃燒的井架上（後來安全繩終於斷開，船上人員順利獲救）。還有一個安全裝置叫「液氣分離器」（mud-gas separator）：油井漏油時，泥漿和氣體都噴濺到鑽井平台上，工作人員把那些含有氣體的泥漿導入液氣分離器中，但那台機器很快就吃不消了，導致大半個鑽井台都瀰漫著易爆的氣體。如果沒有這個安全裝置，工作人員只要把噴出來的泥漿導到鑽井的另一側，最糟的事故也許就能避免。

第二個教訓是**潛在錯誤可能相當致命**。英國石油公司自己檢討事故的結論是：八道不同防線都被突破了。套用詹姆斯．瑞森的比喻，就是層層的瑞士起司片上，有八個洞重合成一線。但這其實沒什麼好訝異的，在這類超級大災難中，多道防線幾乎總是同時失守。其中最明顯的故障應該是防噴器，這是能在事故中封住油井的一個安全設備，由一組超大的海底閥門和液壓缸組成。在國會的聽證會中提到，當時那個防噴器的狀態非常不妙：一個自動觸發器沒電，另一個觸發器的元件故障，液壓油從防噴器漏了出來。這意味著最後當自動潛水器終於啟動防噴器時，它已經沒有動力可以封住油井了。聽起來很嚇人，但是像防噴器這樣的故障防護系統往往維修狀況不良，因為在理想化的世界裡永遠用不到這類裝置。深海地平線鑽井台的防噴器安裝在海面下一英里的極端環境中，最後一次檢查是在事故發生的五年前[46]。

第三個教訓是，如果**揭弊者能勇於揭發真相或許可以避免事故發生**。馬康多油井在事故前幾週就已經很不穩定，英國石油公司的工程師幾個月來一直提到，他們認為油井的某些設計有缺失[47]。事故發生的三個月前，油井的管理人員就已經提報防噴器有問題[48]。早在事故發生的幾年前，泛洋公司的安全紀錄就已經每況愈下：在經歷合併後，該公司出現難以承受壓力的跡象[49]。書面上，英國石油公司有明確的政策，保護揭露安全隱憂的員工。但實務上，即使有白紙黑字的政策，在近海鑽井台上一起工作的群體卻因關係緊密，很容易會產生第二章所提過的團體迷思。不管是石油公司或銀行，都需要想辦法鼓勵員工大膽揭露弊端[50]。

第四個教訓是，鑽井台系統的耦合度太高，**一個失敗通常會引發另一個失敗**。鑽井台的設計可以預防大大小小的漏油：安裝液氣分離器可用來預防小規模漏油，同時也加裝了防噴器。但是在鑽井台最需要堵住漏油的時刻，一連串的爆炸把鑽井台炸得四分五裂。由於第一次爆炸就已經切斷了電源線，工作人員無法從平台上啟動防噴器，情形就像阿爾法鑽井事故的控制室在一開始就被炸毀一樣。更安全的設計，應該是解除防噴器和鑽井台控制室的連結，改由其他地方操控防噴器。

第五個教訓就像洛馬斯所說的，事先備妥應急計畫會有幫助。大家後來發現，英國石油公司及其他大型的石油公司對大規模漏油的應急計畫，竟然還包括保護當地海象數量的措施。這根本毫無必要，墨西哥灣發生漏油事件時，海象通常都懂得自保，牠們會繼續待在自己生活的北極圈內。由此可見，英國石油和其他石油公司的應急計畫，原本是為了阿拉斯加或北海鑽井台所設計的，他們只是原封不動照搬罷了。

第六個教訓是「常態意外」理論：**意外一定會發生，我們必須做好準備以因應後果**。美國政府批准馬康多鑽井專案，是因為覺得風險不大。也許風險確實不大，但是事故發生的機率永遠不可能是零。

隨著經濟日益複雜，支撐經濟運轉的工程技術及連結一切的金融體系通常也會變得更複雜。深海地平線專案是挑戰深海鑽探工程的極致，三哩島核電廠是建立在核電技術不斷創新的時代，而信用衍生性商品的蓬勃市場則是在探測金融界的界限。一般用來因應複雜狀況的試誤法，並不足以因應既複雜又高耦合性的系統，因為錯誤的代價實在太高了。

對於出錯，我們的本能反應是根除所有可能出現的錯誤，但這無疑是天方夜譚。替代方法是盡可能把這些高風險的系統予以簡化並降低耦合度，以及鼓勵揭弊者找出伺機發威的潛在錯誤，還有為最糟的情況做好準備。不論是石油工程師或金融工程師，都有必要一再記取這些教訓。

| 第7章 |

如果你是孔雀魚

帶領團隊，如何迎變

二十世紀初，馬克斯主義把意志堅強的人類轉變成溫順的員工，驚人的規模和成效，即使不是馬克斯主義者也要嘆為觀止[1]。

——蓋瑞．哈默爾（Gary Hamel）

你不會一試就對，你要為錯誤做好安排和打算[2]。

——阿薩．拉斯金（Aza Raskin），火狐（Firefox）設計師

一九七〇年代，當生態學家約翰．安德勒（John Endler）開始研究委內瑞拉和千里達河川裡的孔雀魚時，注意到了一個有趣的模式：在瀑布下方水池裡的孔雀魚，顏色通常單調，而在上游水池裡的孔雀魚則是色彩斑爛。安德勒對於兩者的差異，做了以下的猜測：孔雀魚能逆流而上穿越瀑布，但吃孔雀魚的慈鯛無法逆流而上，所以上游的

水塘裡沒有慈鯛。色彩單調的孔雀魚因為生活在危險的環境，演化出了一身的保護色。至於生活在有瀑布保護，形同伊甸園的孔雀魚，因為沒有慈鯛的威脅，盡可能花枝招展地吸引其他發情的孔雀魚。

安德勒決定在嚴格控管的環境中驗證這個假設，他在大溫室裡擺了十個水池養孔雀魚[3]。有些池底放鵝卵石，有些池底鋪上細砂。安德勒在這兩種池子裡，各挑了幾個池子放入危險的慈鯛，其他的池子裡則是放入比較溫和的食肉魚類或完全不放。十四個月內，經過十代繁殖的孔雀魚已經能適應所屬的環境了。在危險的池子裡，只有色彩最單調的孔雀魚存活下來繁衍後代，而且牠們身上的保護色還跟水池內側的顏色一樣：在鋪鵝卵石的水池中，孔雀魚身上的圖案較大；在鋪沙礫的水池中，孔雀魚身上的圖案較小。至於比較安全的水池，斑紋鮮豔的孔雀魚繁衍較多，雌孔雀魚似乎偏愛有鮮豔波點的雄孔雀魚。

安德勒教授的孔雀魚實驗是現代演化生物學的經典，充分顯示物種如何隨著新問題的出現（例如放進慈鯛）而應變及適應。牠們不僅應變迅速，對環境也相當敏感：如何正確回應慈鯛的出現，是看水池底部的材質而定。這是一個去中心化的過程，因為沒有孔雀魚會事先規畫回應的對策。此外，這也是由失敗驅動的過程，因為有些孔雀魚被慈鯛吃了，存活下來的孔雀魚則會繁衍出更多調適良好的後代。

如果這是一本教人如何追求事業成功及個人成長的指南，這時作者就會敦促你運用什麼簡化的法則來獲致財富和成就，例如一天只要工作一小時，或是去創建下一個蘋果或Google公司。現實世界真有那麼簡單就好了。

迎變，不見得是我們主動做的，也可能是**被動接受的**。我們可能自以為是安德勒教授，但實際上我們是孔雀魚。不是每條孔雀魚在主動做調適或應變，而是一些孔雀魚避開了被吃掉的命運，而有些不幸被吃掉了。目前為止，本書一直是採用安德勒的角度來看待事情。我們看到了政策制定者及組織領導人如何建立各種制度，或是獎勵或是壓抑適應性行為。比如說，碳稅有助於生態環保；高額創新獎金可以激發新點子；唐納德．倫斯斐的思想控制，阻礙了美軍在伊拉克的應變力；「大到不能倒」的紓困政策反而鼓勵銀行擴張規模。不過，在最後這兩章裡，我們要用孔雀魚的角度，來探討迎變的原則如何運用在公司策略和個人生活這兩個領域。

隨著慈鯛的步步進逼，有鮮豔波點的孔雀魚即將成為犧牲品，即使牠知道自己的犧牲可以換取跟鵝卵石同色的姪子姪女們繁衍下去，牠也不會感到欣慰。同樣的，撐不下去的創業家，也不可能想到自己創業失敗是創造性破壞的一環，而因此感到有絲毫慰藉。

所以，我們要先承認一個關鍵差異：個體與群體不一樣，個體不必調適應變就能成功。

經由試誤的過程，孔雀魚的**魚群**進化出鵝卵石的保護色，只靠一條孔雀魚做不到這一步：每條孔雀魚不是天生就有夠好的保護色，要不然就沒有保護色。同樣的，這本書裡提到的很多英雄人物（雷金納・米切爾、馬里奧・卡佩奇及麥克馬斯特）之所以令人佩服，不是因為他們主動變通來適應環境，而是因為他們在從眾的巨大壓力下，還有勇氣繼續試驗新點子。在商場上，只要你在對的時間出現在對的地點，又碰巧使用對的策略，不需要應變力也能把生意做得風生水起。以亞馬遜為例，它的故事不是在講一家企業主動試驗出成功營運的方式，而是在講創辦人有運氣或遠見去發現網路零售的新商機並及時把握。

但我們不是亞馬遜，不是米切爾、卡佩奇那樣的天才，也不是鵝卵石斑紋的孔雀魚，我們不見得能一舉成功。幸好，我們還有孔雀魚所沒有的特質：隨機應變的能力。孔雀魚一輩子只有一種花色，只要生錯顏色，不是成了慈鯛的食物，就是找不到對象交配。但我們的失敗鮮少是致命的，我們可以在某個範圍內逐步試驗或同時進行多個試驗：我們可以先試鵝卵石花色，萬一行不通，再轉變成波點花色，或者同時試驗兩種花色。

企業如何迎變——從一個了無新意的老產業說起

在商場或日常生活上「迎變」，有三個重要的步驟，基本上不脫離保金斯基的三原則。第一，嘗試新事物，並預期其中必有失敗。第二，讓失敗不影響生存：為失敗創造一個安全空間或小步前進。就如同我們在銀行和城市發展所見的，訣竅在於做試驗要找到合適的「度」：規模要大到足以改變現狀，但又不能是豪賭，不至於一著不慎就滿盤皆輸。第三，確保失敗時自己有所察覺，否則永遠無法記取教訓。在下一章中，我們將會談到人生中的應變，而最難做到的就是第三點。

首先，本章要探討的是公司如何能更像孔雀魚群而不要像單條的孔雀魚，也就是多做嘗試，再採納可行的方法。我們已經看到一個這樣的例子：在公司體制外建立臭鼬工廠，打造一個孵化創新點子的加拉巴哥群島。不過，還有一些其他的方法和組織也採用了類似保金斯基的原則（多元化、逐步試驗以及從錯誤中學習），而且成效斐然。這些例子並不代表商業成功的唯一途徑，而是指出一種可行的方向。

以下我要介紹的是一家成長迅速的公司，把迎變的某些原則發揮得淋漓盡致。我們姑且稱這家公司為「異器」（Difference Machine），它在幾個不同的地點營業，採去中心化管理，每個分部都有六個以上的小組，運作都是以小組為中心。每個小組的組員都有很大的自主權，可以自行決定提供顧客什麼產品、定價多少，以及推出哪些行銷活動。這些決定都由地方自行決定，不必提報總部，甚至不需徵得分部資深管理人的同意。這種運作模式讓新點子可以在小範圍內進行試驗，也能及時回應特殊的狀況。

更極端的是，這些小組是自己篩選成員：新進員工先加入一個團隊試用四週，試用期結束後，只要獲得三分之二成員的同意，就能繼續留下來（好團隊的特徵是，成員敢挑戰組長的意見，以及把無法勝任的新成員踢出去）。不僅分部是採用這種篩選方式，公司總部的高層也採用這種方式。

異器公司也積極提倡「良心事業」的理念，做為這個因地制宜組織的營運宗旨。「良心事業」的使命感，再搭配極端的員工授權模式，可能會讓人以為他們沒把獲利看得太重，但其實不然。幾年前公司的執行長在部落格寫道：「我們必須有高盈餘，才能完成使命。」員工都很清楚公司的獲利狀況，很多員工都有優先認股權，而分部員工對獲利的看重更是直接：每個小組上個月的獲利只要超過一定門檻，就能拿到獎金。他們提倡無祕密、完全透明的良性競爭，員工可以取得公司很多的財務數據，每個小組也知道其他小組的績效——這種機制讓不好的點子無所遁形，可以防微杜漸，也讓好點子能在整個公司橫向傳播。

這種把權力和責任都下放給一線員工的激進做法，成效斐然：這家公司長期高居《財星》雜誌百大「最佳就業公司」的榜單；二〇〇九年公司的營收高達八十億美元，而且自從公開上市以來，每三年的營收就增加一倍[4]；公司的市值與員工數，跟規模大十倍的競爭對手不相上下。

這家堪稱創新典範的企業是屬於哪個產業？你可能會猜它是目空一切的軟體新創公司、環保技術公司、基因研究公司，或規模龐大的全球外包公司。事實上，這家「異器」不是Google的化名，而是出自全世界最無聊的產業之一：超市。說起超市，幾乎讓人立即聯想起沒前途的工作及沒權力的員工。在這裡，所有的決策都由總部下達，以電腦和會員卡協調一切營運。這家化名「異器」的公司走的是高級有機路線，提供種類繁多的商品，它的真實身分就是二〇一八年被亞馬遜併購的全食超市（Whole Foods Market）。關於這家公司的管理實務，可以參閱蓋瑞．哈默爾的著作《管理大未來》（*The Future of Management*）[5]。

當然，這種商業模式並非是成功經營超市的不二法門。有些採用集中管理的超市業者顯然也獲利很好，例如美國的沃爾瑪、英國的特易購。這些業者還是會做試驗，但會設法把流程中央化及自動化。然而，全食超市的成功，卻代表即使在這個奉行高度控管的產業裡，員工主導的商業模式還是能出奇制勝，不讓矽谷新創企業專美於前。

全食超市不是特例，上述每項創新手法同樣出現在英國某個不起眼的品牌：廷普森（Timpson）。廷普森有好幾百家分店，在英國許多大街上都能看到[6]，提供打鑰匙、修鞋、修錶及鐫刻等各種小而美的服務。廷普森和全食超市一樣採取「無祕密」的全透明政策，經常發送內部刊物給全體員工，說明公司的營運狀況及銀行帳戶狀況。他們也像全食超市那樣，由各家分店的員工自行決定貨架上要擺什麼商品，是否提供促銷活動等等，董事長約翰．廷普森（John Timpson）說這叫「自下而上的管理」。如果有個男孩到店裡要刻個東西送給祖母，但沒有足夠的錢，店員可以自行決定是否降價。假如有顧客投訴，最基層的商店助理也有權力花錢解決問題，上限是五百英鎊。廷普森的總部沒有大型的申訴部門，因為根本不需要。分店的小團隊每週都可以根據團隊的績效領取獎金，也難怪每次廷普森先生走訪分店時，每個員工都對店內的業務瞭若指掌。廷普森先生經常到各家分店走動，他每週有四天不辦公，專門到分店找員工聊天[7]。

廷普森每次買下一家店，第一件事就是先搬走店裡的電子收銀機（ＥＰＯＳ，專業名稱叫銷售時點情報系統）＊，改換成傳統的老式收銀機。「電子收銀機方便總部的人管理事業，」廷普森解釋：「但我**不希望**總部的人插手。」透過ＥＰＯＳ，總部的人能夠權力一把抓，但是難以靈活應變，也難以滿足顧客需求。廷普森說，有一次他在優惠暢飲時段，特地到飯店的酒吧點半價飲料，但點完飲料還沒結帳時，優惠時段就結束了。由於酒吧的EPOS無法輸入半價優惠，他只能付全額。他討厭沒有權限的員工只能無奈地告訴生氣的顧客：「抱歉，我結不了帳。」

廷普森先生和全食超市的創辦人約翰・麥基（John Mackey）都學到了類似麥克馬斯特在伊拉克的經驗：全世界最好的電腦系統也無法取代親自到現場走一趟、了解情況，以及立即回應隱晦的情境線索（按照海耶克的說法，就是「特定時點的知識」）。中央控管和因地制宜之間要如何拿捏，端視情況而定。比如核電廠，我們希望工程師彼此監督，但不希望他們臨時想出操控反應爐的新方法。同樣的，我們也不願坐視AIG那樣擁有十二萬名員工的大企業，被只有百名員工的單位搞垮[8]。

總之，就如第二章所見，越來越多公司採取去中心化、組織扁平化，以及支付績效獎金給基層員工的的管理方式。之所以如此，是因為這個世界給能夠因地制宜的人越來越多的回報。麥克馬斯特力斥「透過電腦螢幕就能掌握局勢」的想法，而廷普森的回應更加直率，但

＊銷售時點情報系統（Electronics at the Point Of Sale, EPOS），是廣泛應用在零售業、餐飲業及旅館業的電子系統，主要功能在於統計商品的銷售、庫存與顧客購買行為。

無論這兩人的職責或個性有多麼大的不同，都得出了相同的結論。

讓員工「票選」公司領導人，你敢不敢？

「我們只有兩條規定，」廷普森說：「第一條是像模像樣，打好領帶、上班準時、親切待客。第二條是把錢收好。」第二條規定很妙，既然給員工那麼多自主權，想要中飽私囊並不難。而這其實只是問題的冰山一角：如果組織賦予成員很大的自主權，如何確保員工會顧及整體的利益，而不是只追求一己私利？

部分要靠純粹的信任。廷普森公司在員工培訓手冊中列了二十種侵吞公款的簡單方法，讓大家明白公司很清楚風險所在，但依然信任員工。很多人因為受到信任，而變得更值得信賴。另一部分則是靠對績效的重視：廷普森和全食超市都會密切追蹤績效並不吝獎勵。不過，這種系統之所以有效，主要是因為員工彼此監督，對偷懶與欺騙絕不寬宥。

廷普森說：「我們會更關注員工本身，因為這種經營方式只有在找到對的工作夥伴時才有效。」[9]他強調，業績不佳的員工不僅對公司有害，也連累同事。「要是有人對上班沒興趣，只是來混口飯吃，我們不想要那樣的人，其他員工也不想和他共事。」廷普森公司的員工中，有一半是朋友引薦的，換句話說，廷普森是靠自己的員工招募「對的夥伴」。前面提到，全食超市的新進員工有四週的試用期，試用期結束後，要獲得三分之二的組員投票認可才能留任。

全食超市和廷普森都運用了「同儕監督」（peer-monitoring）系統，這樣做很有道理：既然把權力下放到第一線，第一線就要負責區分好壞點子，也要區分好壞人選。這就是穆罕默德尤努斯提倡的「小蟲視角」，也和上一章提到的揭弊者有異曲同工之妙：能夠發覺異狀的人，往往長期駐守在特定崗位或特定分部。問題在於如何鼓勵員工看到異狀時能夠說出來，這就是廷普森和全食超市為何會那麼看重團隊績效，並且每月或每週衡量、公布及獎勵員工。當然，同儕監督不見得一定有效，同儕聚在一起可能只追求私利，甚至同流合污（這也難怪廷普森要花那麼多時間走訪分店）。不過，這種同儕監督的微妙與敏銳度是總部監督所做不到的。

同儕監督有多種形式。廷普森和全食超市的做法是確保每個人各司其職，恪盡職責。Google 也盛行這種方式，他們的同儕監督在於維持智力挑戰的氛圍。Google 的董事長及前執行長艾立克・史密特（Eric Schmidt）認為，他在 Google 的職責是調解爭端及促使別人做決定，而不是由他自己下決策[10]（公司也沒給他什麼展現權威的派頭，他第一天到 Google 上班時，發現給他的辦公室裡頭有兩張辦公桌，其中一張已經有工程師占用了，他也不以為意，直接使用第二張桌子）[11]。

在研發出 Gore-Tex 材質的戈爾公司（W. L. Gore）裡，執行長是由同儕選出來的：董事會先在所有「員工」（在戈爾公司，員工不論職位高低，一律統稱為 associate）中做民調，讓他們從公司裡挑選願意追隨的領導人，泰莉．凱莉（Terri Kelly）就這樣被推選了出來，並馬上獲任為執行長。在戈爾公司，沒有組織架構圖，「員工」可以自己挑選同事和專案，並借助專案來招攬人才，而不是拿權勢來壓人。一位戈爾公司的「員工」指出：「你要是對這裡的人頤指氣使，他們就再也不會為你做事了。」[12]廷普森說這叫「由下而上的管理」，但這種做法顯然不只適用於大街上的商店。

虛擬世界也跟同儕監督息息相關，例如 Google 的搜尋演算法是根據某網站受到其他網站的受歡迎程度來給予權數，eBay 讓買家和賣家相互評價可信度，維基百科讓每個人都可以編輯別人的文章，而開源軟體運動則促成火狐和 Apache 這些成功的例子。不過，就如廷普森的例子所顯示的，同儕監督的方式不只限於用在眾包領域。

我造訪辛克利角核電廠時，就親眼看到同儕監督的典型例子。來自英格蘭施洛普郡（Shropshire）的物理學家彼得．希金森（Peter Higginson）一臉慈祥，辛克利角兩座先進的氣冷反應器都是由他負責確保安全的，他為我做了辛克利角安全文化的簡報。安全文化一詞聽起來令人肅然起敬，但同樣要仰賴同儕監督。所有重要的舉動（例如扳動反應器控制室的開關）都要經過另一位同事確認；每位員工（包括接待員、警衛及媒體公關）都要上核安課程；每個人都有責任照顧其他的人。這些聽起來都很棒，但又好到不太真實。

後來我們換上防護衣鞋，準備到渦輪機的廠房參觀。正要離開會議室時，一位戴著安全帽、體型福泰的中年女士推著裝滿三明治的推車進來，她看了我們一眼，禮貌但態度堅定地提醒接待我們的人：把鞋子放在那裡容易害人絆倒，要求我們把鞋子拿開。也許這有點小題大作了，比起反應爐核心燒毀，被鞋子絆倒真的是不值一提。不過能親眼看到同儕監督上演，還是令人難忘：遇到問題立即糾正，不管問題有多麼微不足道；雙方當事人一方是負責反應器安全的長官，而另一方是負責送下午茶的女士，但在此完全擺脫了層級之別[13]。

Google 的策略就是……沒有策略

在辛克利角，首要之務是確保核電廠能夠確切按照計畫運轉，不能有絲毫偏差。但是對其他公司來說，要面對的挑戰是不能故步自封，每天都要嘗試新東西，這正是 Google 的真實寫照。

二〇〇二年 Google 執行長施密特走進賴利・佩吉（Larry Page）的辦公室時，看到了讓他深感意外的東西。佩吉是 Google 的共同創辦人，PageRank（佩吉排名）演算法就是以他的名字命名。不過，這天施密特看到的東西很不一樣：那是佩吉自己打造的一台機器，可以切下書脊，把整本書逐頁掃描成電子格式[14]。佩吉想知道 Google 能不能把全世界的書都掃描成可搜尋的電子版，但他沒有讓實習生來安裝機器，也沒有委託顧問公司進行分析，而是找 Google 的副總裁梅麗莎・梅爾（Marissa Mayer）一起合作，看看兩人可以多快把三百頁的書變成圖檔。這兩位 Google 的資深管理人使用膠合板框架、兩個大夾子、一個節拍器、一台數位相機，親自下場試驗。那本書從紙本變成圖檔，總共花了四十分鐘[15]。

佩吉把時間花在這個專案上，不是因為他是 Google 的創辦人可以為所欲為，而是因為**每位** Google 的工程師都有權力這樣做，他也不例外[16]。Google 有個廣為人知的政策：二〇%的自由時間：任何員工都可以把二〇%的上班時間花在任何看似值得投入的專案上。Google News、Google Suggest、Adsense、社群網站 Orkut，以及 Google 許多的成功產品，都是從個人專案誕生的，當然其中也包括為數驚人的失敗作品[17]。

全食超市要是讓員工隨興去做自己喜歡的專案，可能得不到什麼好處，但 Google 的二〇%自由時間，運用的其實是全食超市所仰賴的同一個基本機制：同儕認可。管理者不會干預員工的個人專案，而是由其他的工程師決定哪些專案該加快發展，哪些專案該放棄。如果你無法說服同事幫你開發點子，那就不會成功。管理者可以提供創新的空間，但多數的時間和精力則有賴同事投入。如今 Google 的規模已經相當龐大，施密特、佩吉及謝爾蓋・布林（Sergey Brin）把支持創新的流程正式化。即使如此，目的並不是要遏制更多的專案，而是要為兩萬名員工中可能被埋沒的專案，提供額外的資金和資源[18]。

比較一下修鞋連鎖公司廷普森及網路搜尋巨擘 Google，很難想像還有哪兩家公司的差距比他們還大，但看看下面的描述有多麼相似：Google 希望自己永遠是一個「沒有笨蛋」的公司，廷普森則堅持把「蠢蛋」趕出公司。笨蛋是指不夠優秀的工程師，而蠢蛋是指不關心生意、不夠盡責的店員。兩家公司的根本理念是相同的：當公司是把隊友當成篩選機制，而不是採用由上而下的規定時，無法把工作做好的人就沒有生存空間[19]。

「二〇%自由時間」的策略並非 Google 獨有，不僅在矽谷廣被倣效，而且早在 Google 創辦以前，這種模式就已經行之有年。戈爾公司採用類似的政策已長達半個世紀，每個員工每週都有半天的所謂「試水時間」（dabble time），開發他們自己的點子。我們再次看到，儘管許多矽谷公司是落實試驗法的典範，他們打造的線上社群更是把試驗法發揮到極致，但試驗法的根本概念其實早在網際網路出現以前就已經存在了，而且相當成功[20]。

像Google和戈爾公司這種追求不斷創新的企業都知道，只要給聰明人一些空間，就能研發出噴火戰鬥機、解決經度問題、找到改造老鼠基因的技術，或是開發出Gmail。只要有機會能夠獲得這樣的大成就，就值得投入大量的時間。戈爾如今稱霸市場的Elixir系列吉他弦就是一例，這是戈爾的工程師大衛・邁爾斯（Dave Myers）經過漫長試驗才開發出來的，他先用Gore-Tex聚合物做越野單車的煞車線，後來才拿來製作吉他弦。戈爾公司從未涉足音樂界，邁爾斯的研發也沒獲得管理高層的核准，因為他不需要[21]。

管理大師蓋瑞・哈默爾指出，Google是達爾文演化策略的積極追隨者，極盡可能地推出多種不同產品——不是單條孔雀魚，而是裝滿各種孔雀魚策略的溫室。Google基本上就是一個進化組織：從搜尋引擎起家，接著和美國線上（AOL）及雅虎聯手把網站點擊變成收入，後來開發出同時顯示搜尋結果和廣告的系統，接著又冒出Adsense的點子，這個廣告播放平台可以讓廣告和任何網頁的內容相關。這項發明是開發Gmail時偶然觸發的靈感，他們本來打算透過Gmail收信匣發送關聯廣告，後來點子擴大成Google應用程式及其他專案。哈默爾提到，「就像某種有機體憑一時好運，在遺傳過程中受到青睞一樣，Google的成功主要也是靠這種機運。」很多成功的公司都是如此，全食超市的麥基也說自己是「誤打誤撞的雜貨商」，只不過 Google 把機運昇華成指導原則。

有哪家公司在主動嘗試新事物時，就已經抱著失敗在所難免的打算？答案是 Google。當初幫佩吉一起拼湊出第一台書本掃描機的副總裁梅麗莎．梅爾說，Google 的產品中，有八〇％注定會失敗，但那也無所謂，因為大家只會記得成功的產品[22]。確實是如此，Google 的形象並沒有因為 Knol 或 SearchMash 的平庸表現而受挫。Knol 是類似維基百科的服務，但並未流行起來；SearchMash 是替代 Google 搜尋引擎的試驗品，有位搜尋專家曾說那是「Google 有史以來最糟的產品」，現已停用。頗具影響力的 TechRepublic 網站指出，二〇〇九年五個最差的技術產品中，Google 就包辦了二個，而且還是 Google 的主打產品：Google Wave 和 Android 1.0 手機作業系統[23]。但多數上網者還是很依賴 Google 搜尋引擎、Google 地圖及圖片搜尋，還有很多人是 Gmail、Google 閱讀器、Blogger 的愛用者。只要公司不挹注太多錢在失敗的產品上，少數出奇成功的產品就足以證明大量試驗的價值[24]。

這就是 Google 的經營之道，他們建立了類似安德勒那樣的孔雀魚池，而且看著成果顯現。Google 的企業策略就是沒有策略。

成功與否，要看你二十四小時能做多少試驗

幾年前，織品連鎖店喬安紡織（Jo-Ann Fabrics）推出一個驚喜方案。不是什麼出奇的創意，也沒有出奇大方，事實上，這是個出奇無聊的行銷活動：買兩台縫紉機，第二台打八折。誰會想買兩台縫紉機？但那次促銷活動卻出奇成功。消費者覺得每台縫紉機省一〇%太有吸引力了，所以他們主動去找也想買縫紉機的朋友。換句話說，這個古怪的促銷活動在無意間招募了一群業餘的推銷員。

更妙的，是當初發現這種促銷方法的過程：喬安紡織把自家的網站 JoAnn.com 當成實驗室。顧客連上網站時，會看到電腦隨機分配的不同網站設計和優惠組合。他們已經做好準備，知道其中有很多方案行不通，但這不影響公司的營運。喬安紡織這樣的做法，符合了保金斯基三原則的前兩條。在這種隨機實驗的過程中，他們發現「團購」這種看似沒搞頭的方案竟然出奇成功，而且使用隨機實驗後，網站平均每位訪客的消費是原來的三倍以上[25]。

伊恩．艾瑞斯（Ian Ayres）在《什麼都能算，什麼都不奇怪：超級數據分析的祕密》（*Super Cruncher*）一書裡寫道，類似喬安紡織的例子日益普遍。發行信用卡的公司從很久以前就在他們寄發的垃圾郵件裡做組合試驗，透過層層疊加的隨機廣告來創造豐富的數據，比

我們之前看到的隨機試驗還要強大。試驗的結果全用來改善郵件廣告，以吸引更多顧客。以前，這種試驗需要統計專家和先進的電腦技術，但現在能輕易在網路上進行。任何人都可以在 Google Adwords 上投放兩種或多種廣告，看哪一種比較有效（艾瑞斯就這樣做了，所以他後來決定把書名取為 Super Cruncher，而不是他更喜歡的 The End of Intuition）。如果是更大的專案，可以找專業人士幫忙，把組合試驗的威力發揮到極致。

這類試驗不只限於網路上，超市也可以隨機測試定價、商品上架的位置，以及寄給會員的折價券，或是在地方報紙上刊登的廣告。日常消費品公司也會在主打品牌的包裝上做試驗；出版商有時會為雜誌或書籍設計不同的封面，看哪種封面的銷量較好。

企業在私底下做試驗已有上百年的歷史。即便是有「門羅公園魔法師」（Wizard of Menlo Park）美譽的愛迪生*，也要等到一八八七年在西奧蘭治市（West Orange）北方幾英里處建立大型實驗室後，才讓實驗達到工業化的量產規模[26]。他在這間「發明工廠」中雇用了好幾千名員工，隨時確保儲藏室的原料充足，並妥善規畫實驗室的空間，好在最短的時間

---

*編按：愛迪生擁有一千多件發明專利，他在紐澤西州門羅公園（Menlo Park）有間實驗室，因此才有「門羅公園魔法師」之稱。

內做最多的實驗。愛迪生堪稱工業研究之父，他曾說過以下名言：「如果我發現一萬種材料都不能用，那不算失敗，我不氣餒，因為每淘汰一種無用的材料，就是往前邁進了一步。」[27]他更一語道破試誤流程的工業化：「衡量成功的真正標準，是看你二十四小時能做多少試驗而定。」[28]

自從有了廉價的超級電腦及其他系統化的試驗技術以後，如今試驗的次數可以是幾十次、幾百次，甚至是幾萬次。製藥廠運用「組合化學」的技術，在種類繁多的可能藥品中搜尋可用的新藥品：幾千種不同的化合物可以在單一矽晶片上合成[29]，或是黏在粒狀聚合物的表面以便進行混合及進一步合成，或者在無人干預的機器實驗室裡進行大量合成。如此產生的混合物可以同時進行測試，以回答一些簡單但很重要的問題：它們有毒嗎？人體能吸收嗎？矽晶片廠商在虛擬環境中設計客製化的矽晶片，再做測試和改良。電腦的運算速度越快，就能設計並測試更快的電腦晶片。汽車的空氣動力學研究，或衝撞時的安全性研究，也是運用同樣的流程。這些試驗之所以需要大量同時進行，根本原因都是一樣的：當問題的複雜度超過一定水準時，快速的系統化試誤流程，遠比正經八百的理論實用多了[30]。

我們在第四章看到，把隨機試驗用在醫學和援外開發的領域時，會讓有些人感到不安，商業領域也是如此。幾年前，一家消費品公司找上杜克大學及麻省理工學院的行銷教授丹・

艾瑞利（Dan Ariely），請他建議如何對顧客進行試驗。這是相當精明的一招：在著作《誰說人是理性的》（*Predictably Irrational*）成為暢銷書後，艾瑞利就成了炙手可熱的行為經濟學家。他經常使用試驗來研發及驗證心理學和行為經濟學的概念，例如「免費」不光是定價等於零；「買一送一」和「買二打對折」一樣，但感覺不同。企業可以把這些洞見拿到真實世界使用，而艾瑞利也可以透過這些合作經驗，來為自己的學術研究搜集大量資料[31]。

一開始都很順利，他們準備好幾個不同的網站和多種促銷組合，就等著啟動試驗。但公司裡的一些高階管理人卻突然提出質疑，他們反對的理由跟長久以來其他領域對隨機試驗的態度無異：這種實驗會剝奪了部分消費者獲得好處的機會。「因為我們推出的優惠方案不同，」艾瑞利解釋：「有些顧客可能買到不是最合適的東西，或是花較多的錢，或得到的優惠方案不如別人。」就某些方面來說，這些高階管理人的擔憂，比起第五章駁斥的那些理由更有道理。反對隨機試驗的兩個主要論點是：受試者是在知情且同意下參加試驗；試驗帶來更多的社會效益。但這兩點並不適用在商場上。在這類商業試驗中，你不能先告知消費者他們付的是全價，而其他消費者是付折扣價，因為公司想看折扣有什麼影響。而且在這種為了提升公司獲利的試驗中，顧客也不見得受惠。

但這些顧慮還是可以輕易解決的。比如說，零售商只是想測試折扣是否會增加銷量，創造出薄利多銷的效果，還是有簡單的方法可以補償在試驗中付全價的消費者：在他們做了購買決策後，依舊給他們折扣價，可以在結帳時馬上打折或是在試驗結束後償還現金。

最後，高階管理人還是決定採用他們比較放心的方式：請艾瑞利直接告訴他們最好的行銷方法。這就是亞契．考科藍所謂的「上帝情結」，在這個例子，艾瑞利成了上帝那個角色。但是艾瑞利不認為他個人的專業意見，會比試驗得出的見解更有價值，他不禁感嘆：「公司寧可花大錢，請那些過於相信個人直覺的顧問直接給他們答案。」於是，這個案子就這樣胎死腹中了。

雖然這類挫敗屢見不鮮，但愛迪生推崇的常規試驗法如今已經廣泛獲得採用。比起二〇%的自由時間及由下而上管理法，這種方法感覺起來讓人更放心，不是那麼天馬行空，對公司現有的權力架構或現狀也比較不會構成威脅。一旦試驗變成例行常規，沃爾瑪或第一資本（Capital One）之類的大公司就可以在不動到組織層級的情況下，從總部運算大量數據。相反的，在商品部門為員工創造空間，讓員工自行開發領先市場的吉他弦品牌，這種事在事後看起來令人大為振奮，但是在研發當下可能會讓多數的企業感到極度不安。過去這五十年來，鮮少公司能真正倣效戈爾公司的做法，肯定其來有自。話說回來，即使戈爾或 Google 的做法已經相當異類了，在有些商業學者的眼中，仍認為他們還稱不上真正的破壞性創新。

當公司變成恐龍……

孔雀魚繁衍得很快，所以安德勒可以在幾個月內就促成孔雀魚進化。哈佛商學院的克雷頓．克里斯汀生（Clayton Christensen）想了解為什麼一些看來實力雄厚的公司會突然在競爭市場中遭到淘汰，他想在經濟領域中尋找一個跟養滿孔雀魚的溫室相當的例子。磁碟機業者是他研究的第一個產業：在這個產業裡，新創事業經常竄起，搶占領導地位。就像安德勒的孔雀魚實驗一樣，克里斯汀生從研究中發現了一個更為普遍的真理。

對於磁碟機製造商的「生命週期短暫」，一開始克里斯汀生提出的解釋是「科技土石流」[32]：技術日新月異，許多公司拚命衝向技術的高峰，但腳下的土石流還是無情地流失。難怪一度傲視市場的製造商，十年後都成了敗兵殘將。但這個看似可信的理論，在仔細檢視後卻不太合理，頂尖的磁碟機製造商有充裕的資金可以持續研發，精進流程，並根據顧客的意見反饋不斷改善。他們在土石流中比新進企業位於更高的山坡上，在純粹的技術競賽中也一再打敗新進對手。例如，磁碟機製造大廠先推出速度更快、儲存量更大的磁碟機；相機製造大廠先推出最新、最清晰的鏡頭；運動鞋大廠先推出最新風格、設計更好的鞋底。

克里斯汀生發現，讓這些市場領導者失勢的不是先進科技，而是全新的方法。這種新方法通常在技術上還很原始，對市場領先者的主要顧客來說沒多大的價值。一九七〇年代末期，硬碟機的領導廠商為主要客群不斷精進產品，他們的主要客群是大企業和銀行，所使用的超大型主機跟屋子一樣大，對體積較小（儲存量也少很多）的新一代磁碟機毫無興趣。但是在王安電腦和惠普等公司開創的桌上型電腦市場中，這種新磁碟機找到了新市場。等到小型磁碟機的技術變得更精良後，連超大型主機的顧客也開始購買，這時傳統的磁碟機大廠已經完全落後了。

大家更熟悉的數位攝影例子，也是如此。數位相機剛上市時很貴，畫質也差，儲存空間很小，對業餘拍照者（嫌貴）或專業攝影師（嫌畫質差）來說都沒有多大的用處。底片相機大廠從照相技術問世以來就一直稱霸市場，他們可能對於數位技術有所警惕，但是從當時的市場來看，並沒有擔心的理由。

不過，早期的數位相機還是吸引了一些原本對底片相機沒什麼興趣的小眾用戶。例如一九九〇年代末期，我就用數位相機拍下公司會議的掛圖，存在軟碟中，以便會後抄下內容。對我來說，相機的價位或畫質不好都不是問題，重點是可以輕易轉存到電腦，再用電子郵件寄給總部的助理。這個小眾市場為後續的技術進步奠定了基礎，而且技術進步得很快，一下子就只剩一些懷舊派還堅持使用底片。此時，影印機廠商佳能已經在市場上占據重要地位，而富士、柯達、奧林巴斯、徠卡等老字號大廠才回過神來，在徹底改變的市場中慌忙追趕。

桌面電子郵件軟體和網路電子信箱之間的戰爭，就某些方面來說，更能明顯看出這種世代交替。一九九〇年代，桌面程式 Microsoft Outlook 顯然是最有優勢的產品，因為當時的網路電子信箱儲存空間有限，不好操作，以數據機撥接上網時又異常緩慢。多數企業使用 Outlook 處理郵件，Outlook Express 也滿足了當時還小的家庭市場，多數使用者覺得比起網路信箱要好用很多。但網路信箱確實有個小眾市場，網路的重度使用者把它拿來當備份帳號，可以免費上網的學生希望在校園各地用不同的電腦都能收發郵件。後來，連線速度、儲存成本、瀏覽器的設計都出現顯著改善，讓網路信箱得以充分展現功能：可歸檔與儲存收到的每封郵件；可當檔案備份工具；可當主要的郵件帳號；提供許多功能；可離線使用。驚人的是微軟竟然難以因應這個轉變，即使微軟很早就收購了當時領先的網路電子郵件服務商 Hotmail，而且網路郵件對微軟的軟體工程師來說也不是多複雜的技術。然而，Hotmail 的功能還是不敵後來追上的 Gmail。

破壞性創新之所以有破壞力，正是因為傳統消費者對新技術不感興趣：新技術從本質就不一樣，對傳統客群來說也不夠優異。但是對小眾市場的新顧客來說，這種顛覆性的新產品正符合他們的需求。他們想要更小、更便宜的磁碟機，或是能拍出數位圖檔的相機，或是可從任何電腦收發郵件的電子信箱，他們願意接受新產品在許多傳統面向都不如原有產品的事實。新產品站穩了小眾市場後，開始有機會精進技術，最後終於對原有產品造成威脅。

在舊市場中稱霸的大廠之所以沒落，不見得是因為缺乏創新的能力，而是因為缺乏創新的意願。顛覆性技術出現時，可能令這些大廠困惑，因為那種技術與時下盛行的技術迥異（對數位相機來說是如此，但是對網路信箱、小型磁碟機來說則不是，它們都是利用現有的技術）。克里斯汀生發現，問題往往不是出在技術，而是出在心理和組織層面：大廠很難關注獲利微不足道或難以讓重要客戶感興趣的新點子。沒錯，微軟收購了 Hotmail，但是要微軟把 Hotmail 看得比 Outlook 還重要依舊很難。微軟的主要企業客戶覺得網路信箱根本不重要，但 Google 的用戶不是這樣想的。Google 只做網路應用程式，開發 Gmail 是再適合不過的選擇。

我們已經知道，對可能面臨破壞性創新的公司來說，有一種可能的解決方案：設立臭鼬工廠（亦即特別專案小組），這是公司版的呂貝克城，自成一國，完全不受公司原有的文化、優先要務和政治所影響。洛克希德公司的臭鼬工廠（Skunk works），原名是 Skonk works，因為該單位原本是設在一個馬戲團的帳篷裡，帳棚旁邊就是一家臭氣沖天的塑膠工廠。參與這個高度機密專案的工程師工作壓力很大，他們經常互相惡搞來紓解壓力（即使是一九五〇年代，他們也穿得很隨性）。洛克希德公司的企業文化，無論是好的或壞的，幾乎都對這群工程師毫無影響[33]。

「臭鼬工廠」這種模式可以套用在半獨立的部門，或甚至另外成立一個全新的組織。它可以用新方法來推動公司的核心事業（類似原始臭鼬工廠的模式），或是用來拓展全新的業務。

這種構想不只可以運用在軍工業上，更可以廣泛運用到各行各業。折扣零售商塔吉特（Target）原本是傳統連鎖百貨戴頓赫德森（Dayton Hudson）旗下一員，但塔吉特是獨立經營的個體，隨著郊外量販店的新模式因應變通後，最後成長到光芒蓋過母公司——這個結果遠比戴頓赫德森公司被其他新興企業超越更好。券商嘉信理財（Charles Schwab）決定跨入網路經紀業務時，是先設立完全獨立的網路券商來經營網上的股票交易服務。沒想到網路券商的業務成長極其迅速，十八個月就完全取代了母公司。要是當初嘉信理財採取的是更謹慎的方式，母公司的既得利益者可能會扼殺網路服務，嘉信理財可能在兩三年內就被其他的網上對手所取代[34]。

布蘭森的維珍集團也是一例，布蘭森在創立維珍唱片公司以前，從事的是音樂經銷。他後來跨足的行業五花八門，包括跨大西洋的航空公司、低價航空公司、手機服務、客運、婚紗、可樂、伏特加、頂級旅遊（包括太空旅遊）、電台及金融服務。這些業務都是由另外成立的獨立公司負責，有時是在不同國家成立好幾家獨立公司。有些事業並未成功，例如維珍可樂就引起可口可樂的致命反擊；有的事業則是好景不常，因為商業模式沒落而結束，例如維珍唱片城（Virgin Megastore）。整個維珍集團在不同的行業之間一直保有很高的獨立性，這種架構讓不同組織可以專注於自己的主要業務，也讓個別的失敗不至於波及整個集團[35]。

美軍在越戰中面臨遊擊戰這種「破壞性創新」時，軍方極不願意承認戰爭的本質已經改變了，他們從先進戰場上辛苦累積的經驗，在越戰上完全派不上用場。一位高階將領表示：「要是為了打贏這場差勁的戰爭，而讓美軍部隊、整個制度、信條、傳統就此摧毀，我罪該萬死。」[36]當領先市場的先進事業被看似無厘頭的新技術衝撞得無力反擊時，公司的資深管理人想必都有這樣的感受。顛覆性夠強的創新，幾乎能讓公司的每一個人都避無可避：主要客戶的通訊錄變得毫無用處，原有的技術變得一無是處，幾十年的業界經驗也變得一文不值。總之，要是破壞性創新在公司內部流行起來（不管是有意或無意），在公司裡算是一回事的人物都將風光不再，所以他們往往會想盡辦法阻止。結果，公司可能後來才發現沉痾難拔，甚至破產。我們在第一章曾提到畢德士的研究：「如今哪家企業卓越依舊？」很多公司都可能面臨這樣的命運，就連本章所稱頌的那些公司也不例外。

但是公司都破產了，這還重要嗎？

企業之所以存在，是因為我們其實不關心企業死活

企業已經變成我們生活中的一個固定角色，感覺它們好像永遠不會消失。企業做為一個依法成立的機構，本質上應該是允許失敗的安全場所。有限責任公司的存在，是為了鼓勵大家試驗、創新及調適應變，因為這會讓大家明白，即使事業失敗，受損也僅止於抽象的法人實體，不至於波及到他們自己。

我曾在殼牌石油工作過幾年，這家公司特別關注業界可能出現的破壞性創新，所以涉足多種能源，例如太陽能、風電場以及其他再生能源技術，但那些投入似乎都還沒出現成果。陰謀論者可能會說，這是因為殼牌有主宰市場的邪惡計畫，企圖破壞再生能源技術帶來的威脅。我很懷疑這種論點，如果真的有比較划算的再生能源可以取代原油，把新能源商業化對殼牌更加有利。所以殼牌在再生能源領域遲遲沒有成果的原因很簡單：根據克里斯汀生的邏輯，我們沒有理由指望石油公司特別擅長發明、製造或推廣光伏太陽能板。石油公司另有所長，例如和非洲及中東政府協商、鑽探油井、興建和經營煉油廠與化工廠，或是在路邊加油站賣液態燃料。而當再生能源興起時，也沒有理由指望殼牌、美孚、英國石油等大廠能從中獲利，就像目前頂尖的網路公司是Google，而不是德州儀器（Texas Instruments）或通用自

動電腦（Univac）一樣，沒什麼好訝異的。

面對破壞性創新，即使有臭鼬工廠那樣的運作模式也不能保證成功。臭鼬工廠本質上是獨立於母公司之外，所以擁有創新的自由，也擁有失敗不會拖累母公司的自由。但是光那樣還不夠，好點子可能永遠受困在臭鼬工廠裡，因為母公司不了解它們。如果是那樣，公司依然難逃淘汰命運。

好吧，反正也沒有法律規定事業一定要永垂不朽，而且我們在第一章也看到，市場體系之所以能夠成功，就是因為不斷汰弱擇強。假設現在某家新興公司開發出比石油或天然氣更便宜的再生能源，而且即將上市，那麼殼牌、美孚、英國石油之類的公司可能都會很快遭到淘汰，大家也不會感到不捨。這種汰換可能為公司員工帶來不便，讓股東損失慘重。但是，員工可以找到施展才能的其他工作，而聰明的股東可以接納風險、分散投資，不再把雞蛋全放在一個籃子裡。在此同時，這些公司的前員工和前股東也可以和其他人一樣，享用更便宜、更乾淨的能源。

公司之所以存在，是因為我們不在乎也不應該在乎抽象的法人實體何時會遭到淘汰。我們在乎的是個人，所以我們最後一章要談的是個人如何應變、學習和成長。

第8章

親愛的，請給我「放心失敗的感覺」

迎變世代與你

他不是小心翼翼的數學家，他犯了很多錯誤，但那些錯誤都是往正確的方向邁進……我努力模仿他，但發現要犯好的錯誤非常困難[1]。

——數學家志村五郎談友人谷山豐

我們試著犯錯一次吧[2]。

——崔斯坦·查拉（Tristan Tzara）

二〇〇二年七月十九日星期五，《破浪而出》（*Movin' Out*）在芝加哥的舒伯特劇院首演。這齣芭蕾音樂劇是由令人意外的組合崔拉·夏普（Twyla Tharp）和比利喬（Billy Joel）連手打造，夏普是個理性又勇於挑戰的編舞家，而比利喬寫過不少膾炙人口的流行歌曲，整齣戲預計三個月後轉戰百老匯，豈料首演後惡評如潮。

「老套到令人傻眼，單調到讓人難受。」《芝加哥太陽報》如此評論[3]。《芝加哥論壇報》說它「七拼八湊」[4]，「牽強附會，構思欠妥」，並提到有一幕「愚蠢程度不亞於《大麻狂熱》（*Reffer Madness*）」，還有一幕「讓一半的觀眾看得滿頭霧水，不禁問另一半觀眾：『剛剛怎麼回事？誰掛了？啥？』」

更慘的是，紐約的《今日新聞報》還破例轉載了芝加哥媒體的惡評。新聞界往常都了解，即將搬到百老匯演出的戲碼都會先到波士頓、芝加哥或費城等地短暫演出，以求改進，所以紐約的媒體通常會等改進版在百老匯上演後才發表評論。但這次紐約媒體等不及百老匯上演就開砲了，也許是因為這次的評論特別狠毒，再加上比利喬又那麼有名，《今日新聞報》覺得機不可失。

這個爛攤子最後落到了夏普的肩上，因為是她說服比利喬把畢生的作品交給她，整齣戲由她構思、執導及編舞，比利喬刻意退居到幕後（「你要是礙到夏普，你就完了！」他半開玩笑地說）[5]。這齣戲總共投入八百萬美元，芝加哥媒體的嚴詞批評使得全體演員的士氣蕩然無存，紐約媒體則是等著看這齣戲在百老匯慘敗收場。

這麼快就由黑翻紅，如何辦到的？

音樂劇改寫後由黑翻紅的例子屢見不鮮，例如《春光滿古城》（*A Funny Thing Happened on the Way to the Forum*）剛上演時並不成功，也沒有精采的開場曲目〈歡樂今宵〉（Comedy Tonight）；還有由失敗劇《房事告急》（*Away We Go*）改編而成的《奧克拉荷馬》（*Oklahoma!*）[6]。不過，這次夏普面臨的挑戰相當艱鉅，要修改即將搬上百老匯演出的音樂劇，不像用文書處理軟體修改文章那樣簡單，顯然為時已晚了。《破浪而出》不僅已是大家公認的失敗作品，還拖累了很多人。那些人不僅擔心職業生涯受到波及，受創的自尊也需要撫慰。夏普在修改對白、削減角色的同時，還要安撫那些受傷的心靈及提振士氣。在此同時，這次失敗也嚴重打擊到團隊對她的信賴。不僅如此，這些心靈受創又飽受驚嚇的舞者還必須每晚面對越來越少的觀眾，撐著表演，每天早上又要到舞蹈室排練新的編舞。有天晚上，一位主角伊莉莎白．帕金森（Elizabeth Parkinson）就僵在舒伯特劇院的舞台上，卡在早上剛學的舞步及晚上該跳的舞步之間不知所措，她說：「我給弄糊塗了。」[7]

三個月後，全新的《破浪而出》在百老匯上演，博得滿堂彩。《紐約時報》的評論家說它「精采描述美國世代」[8]，另一位評論家說「比利喬的忠實粉絲給予芭蕾舞者和搖滾樂手這兩組參演人馬狂熱的喝采，可見夏普女士的作品多麼令人激賞」[9]。還有這齣戲「不可同日而語」、「精采絕倫」等等評論。新的《破浪而出》確實一鳴驚人，為〈一如既往〉（Keeping the Faith）這首經典歌曲所編的舞，可以看到男女舞者充滿速度、創意及優雅力道的舞姿，令人難以相信自己的眼睛。

不久，這齣劇就拿下兩座東尼獎，一座是頒給夏普，一座是頒給比利喬和編曲者斯圖亞特·馬利納（Stuart Malina）。大家一致認為這是多年來改編最快也最徹底的百老匯戲劇。當初《芝加哥論壇報》的評論家邁克·菲力浦（Michael Phillips）因毒舌的評論被《今日新聞報》轉載而引發熱議，這次連他都對新劇讚不絕口，但他也問了一個大家都很感興趣的問題：「這是怎麼辦到的？」[10]

死不認錯是天性，因為人人都先想到自保

部分答案在於外地試演的慣例，這相當於演藝圈的臭鼬工廠：創造一個試驗的空間，讓失敗成為有助益又能修正的學習機會。夏普在著作《創意是一種習慣》（*The Creative Habit*）裡寫道：「最棒的失敗，是發生在你一個人獨處的房間內，沒人看到的失敗最棒了。」[11]確

實如此，這讓你可以從失敗中學習，又不覺得丟臉。退而求其次，另一種失敗也不錯：在有限的觀眾面前失敗。所以，如果你的新戲可能失敗，最好在搬上百老匯以前就發生，讓你有機會在登上大舞台前先修正。

有失敗的意願，是在日常生活中採行「調適應變」的第一步。夏普每天都會想辦法讓自己在私底下經歷失敗，她每天早上五點半起床運動，一個人即興編舞，或是找年輕的舞者一起編舞（她跳到五、六十歲時，越來越常找年輕的舞者一起編舞），絞盡腦汁，尋找新點子。她錄下三小時的即興編舞過程，如果可以從中找到三十秒可用的內容，她就很開心了。「就像爵士樂手即興彈奏一小時，然後從中尋找有趣的一小節一樣，編舞者也會尋找有趣的舞蹈動作……靈感來自片段的動作，有時就在一瞬間。」[12]下一步是隨時尋找允許失敗的安全空間：當她對外公開新作時，不是直接搬上百老匯（因為一開始就在百老匯受到打擊，很難東山再起），而是先在允許反應不如預期的地方上演。

雖然是兩個截然不同的情境，但夏普的方法在根本上和保金斯基的原則不謀而合：首先，嘗試新事物；第二，在失敗不會影響存活的環境裡做嘗試；第三，也是最後一個重點，是面對失敗。人類大腦先天有幾個奇怪的特質，通常會妨礙我們從失敗中學習，阻礙我們成功。夏普巧妙地避開了那幾個特質。

大腦的第一個奇怪特質是否認犯錯。這就是為什麼克洛斯比在聽完保羅．摩爾對銀行的真實批評後，非但不接受，還開除他的原因；也是史達林發現保金斯基對蘇聯工程專案的正確分析後，下令處死他的原因；以及倫斯斐禁止資深將領使用「叛亂分子」這幾個正確字眼的原因。坦承自己犯了錯並改正錯誤，似乎是全世界最難的事。夏普對這種現象提出完美的解釋：因為「那會讓你去質疑自己造成的現狀」[13]。

《破浪而出》在芝加哥上演失敗時，夏普已六十一歲，當時她在業界已久享盛名，跟許多名家都合作過，包括菲利普．葛拉斯（Philip Glass）、大衛．拜恩（David Bryne）、米洛斯．福曼（Milos Forman）、米夏．巴瑞辛尼可夫（Mikhail Baryshnikov）。像她這樣的大師，大可出言駁斥外界批評，拒絕修改作品，讓投資人血本無歸，坐視年輕舞者的職業生涯受創，並且終其一生都堅信是全世界誤解了她的傑作。

只要你是人，都會有認知失調

為什麼否認會是人類的先天傾向呢？心理學為這種現象的根本原因取了一個名稱，後來連許多非心理學家都知道這個專業術語：認知失調。認知失調是指大腦難以同時抱持兩種明顯矛盾的想法。以夏普的例子來說明，無法共存的就是「我是個有能力、經驗豐富又備受敬重的編舞家」，以及「我的最新作品老套到令人傻眼」。半個世紀以前，一個巧妙的實驗室試驗首次發現這種古怪的現象[14]。心理學家利昂．費斯汀格（Leon Festinger）和詹姆斯．卡爾史密斯（James Carlsmith）要求受試者做一項單調無趣的任務：單手把線軸放進托盤再拿出來，如此反覆做半個小時。接著實驗人員以看似合理的理由，給三分之一的受試者每人各一美元（即使在一九五九年這也是小錢，約一小時的工資），請他們告訴下一位受試者（其實是演員）這個實驗很好玩。實驗人員又給另外三分之一的受試者每人二十美元（約半週的工資），請他們做同樣的事情。剩下的三分之一受試者沒拿錢，直接填寫問卷，所有的問卷都是問同一個問題：你玩得開心嗎？（每位受試者最後都要填問卷）。

不出所料，多數人都說他們不開心，但也出現奇怪的例外現象：第一組受試者（拿一美元並被要求告知陌生人實驗很好玩的那批人）比較可能回答他們喜歡那個遊戲。他們潛意識的認知過程似乎是：「我如果沒什麼感覺，卻告訴那個陌生人我玩得很開心，那跟我『覺得遊戲很無聊』互相矛盾，所以我肯定是是玩得開心才會那樣說，對吧？」相反的，拿到二十美元的人，腦子裡比較能夠區分真相：「嘿，既然報酬還不錯，說點善意的謊話又何妨？」

否認的力量有多驚人？可以來看看法院的例子。當法院採納ＤＮＡ證據，許多看似有理有據的判決遭到推翻時，一些律師的反應最能描繪這個現象。以德州檢察官邁克．麥克道格（Michael McDougal）為例，嫌犯羅伊．克瑞納（Roy Criner）被控姦殺一名年輕女子，但後來證據顯示被害人體內的精液不是克瑞納的[15]。麥克道格接受了DNA證據，卻拒絕接受證據所隱含的意義，他表示：「這表示被害人體內的精液不是他的，但不表示他沒姦殺被害人。」德州上訴法院的審判長雪倫．凱勒（Sharon Keller）指出，克瑞納可能在姦殺被害人時戴保險套。

像這樣的否認並非特例。要是被害人體內精液的DNA和嫌犯不同，而被害人只有八歲呢？很簡單。也許她是個八歲就性生活活躍的孩子；又或者她十一歲的姊姊性生活活躍，又穿妹妹的內褲；也可能是女孩的父親在她們的內褲上手淫；或者嫌犯是擁有兩種不同DNA結構的生理怪物（醫學史上只有三十個這樣的案例）。以上說法都是蒙大拿州首席檢察官麥克．麥格拉斯（Michael McGrath）看到一樁姦殺案被DNA證據翻案時，所提出的假設。在這個案子中，吉米．雷．布朗卡（Jimmy Ray Bromgard）被控強姦女童，遭到定罪，後來DNA證據顯示他是無辜的，但他已經坐牢十五年了[16]。

對檢察官來說，「起訴錯了人」這個念頭會讓他感到不安。社會心理學家理查．奧夫希（Richard Ofshe）指出，這是「最糟的專業錯誤之一，就像外科醫生截錯了手臂」[17]。當然，解決這種明顯矛盾的正確方式，就是相信「我是好人，也是經驗豐富的檢察官，但我還是犯了錯」。不過，對於顯然無法了解「我說我喜歡堆線軸，其實是撒謊」的大腦來說，要做到這一點可能太難了。夏普談及那場首演時說：「我沒把自己當成明星來宣傳，我自己就是一顆星，現在我想成為星河。」[18]對夏普來說，她當時肯定特別想壓制「我是明星」和「我的新作很可笑」這兩個認知之間的衝突感。

為了彌補錯誤，你會越陷越深……

大腦設下的第二個陷阱是，讓我們為了彌補損失而越陷越深。回想一下遊戲節目《一擲千金》中那個不幸的參賽者法蘭克：他放棄裝有五十萬歐元的箱子後，又拒絕接受莊家提出的更合理價碼，最後落到滿盤皆輸。套用心理學家康納曼和特沃斯基的說法，這都是因為他「不甘損失」。

坦然接受損失可能相當困難，連夏普也不例外。一九六五年，她和藝術家鮑勃．胡特（Bob Huot）相戀，胡特想結婚生子，但她想全心放在舞蹈上。後來夏普還是懷孕了，她選擇去非法診所墮胎，診所不僅沒幫她上麻藥，還把大出血的她棄置在紐澤西一家冰淇淋店裡。她在自傳裡寫道：「那次經歷讓我痛不欲生，甚至讓我懷疑，追求專業及藝術的夢想是否值得付出那樣的代價。」[19]

然後，翻盤的時刻到了：夏普嫁給了胡特。直到後來她才看清當初結婚的動機：「胡特和我失去了孩子，結婚是為了證明我們依然相愛，再次確認我們的關係。」[20]

那段婚姻只維持了四年。

三十年後，夏普不再因為想翻盤而越陷越深。她肯定很想維持原版的《破浪而出》不改，欺騙自己說紐約的評論家可能更有眼光，或紐約的觀眾會更喜歡這齣戲，會還她一個公道。但她沒有，她坦然接受了損失，馬上努力修改，以重新贏回評論家和觀眾的認同。

至於夏普避開的最後一個風險，我們可以稱之為「快樂編輯」（hedonic editing）*，這是借用行為經濟學家塞勒在《推力》（*Nudge*）一書中自創的理論。否認是拒絕承認錯誤的過程；翻盤是急著掩飾錯誤因而越陷越深的過程；至於快樂編輯的意思就比較微妙了，這是說服自己犯錯也沒有關係的過程。

快樂編輯的其中一種方式，是把損失和利得綁在一起，就像小孩把不愛吃的健康食物和愛吃的東西混在一起，直到難以分辨可以入口為止。再想想職場上（其實人生也一樣）最管用的「三明治原則」（praise sandwich），亦即在批評前後，中間夾進一兩句打動人心的讚美：「我覺得這件事做得很棒，如果能夠……（加入重要的意見回饋）……就更好了，不過整體來說，我覺得很棒了。」這是避免跟共事者疏離的好方法。反之，把批評放在讚美之間很可能會被忽略掉。例如你說：「這很棒，但你需要改……」我就只會聽成：「整體上很棒。」這讓我感覺很好，但我不會變得更好。

另一種不同的心理過程也會產生類似的效果，影響我們從失敗中學習的能力：把失敗硬掰成成功。我們會說服自己，所做的事情沒那麼糟糕，而且會越來越好。以夏普為例，她可以這麼想：「我的作品是另類藝術，不是為了迎合大眾市場，所以評論家無法理解，正好證明了這一點。」她可以找幾個喜歡作品的觀眾，然後說服自己，這些觀眾獨具慧眼，應該更在意他們的評論。

＊所謂快樂編輯理論，是指人們在心理運算過程中追求的不是理性認知上的效用最大化，而是情感上的滿足最大化。塞勒認為消費者在選擇兩項以上的商品時，會追求快樂極大化。

給六幅畫，你會帶走哪一幅？

心理學家丹尼爾・吉伯特（Daniel Gilbert）和一群研究人員以實驗證明，大腦這種自我欺騙的傾向有多麼強烈。研究人員讓受試者看六幅莫內的複製畫，包括睡蓮、國會大廈、乾草堆等等，請他們按照喜歡的順序排列。接著，研究人員故意說他們剛好有兩張多出來的複製畫，受試者可以挑一張帶走。實驗人員總是把受試者排在中間的那兩張複製畫（即第三張和第四張）當成「多出來的」，讓受試者挑選。受試者當然是選第三幅，因為他們才剛剛把那幅畫排在第四幅畫的前面[21]。

後來，實驗人員再次拿出那六幅畫，請受試者重新按照自己喜歡的順序排列，這次排序卻改變了：現在受試者把先前挑中的那幅畫排在第一或第二，更令人驚訝的是，先前沒選的那幅畫會往後排到第五或第六位。吉伯特開玩笑說，這是「人工合成的幸福感……『我選的那幅畫確實比我所想的還要好！我沒選的那幅越看越差勁！』」[22]我們總是習慣把先前的決定想得比實際還要好。

這聽起來可能令人詫異，但心理學家已經觀察及測量這種傾向長達半世紀了。更驚人的是，這個實驗的受試者都有嚴重的順行性失憶症，完全無法形成新記憶。吉伯特和其他同仁不是在幾週後或幾個月後才做第二次實驗，而是兩次實驗只間隔三十分鐘，在這麼短的時間內，受試者就已經把先前做了什麼忘光光了。他們完全記不得曾經看過莫內的畫作，卻對先前選中的畫情有獨鍾，即使他們根本不記得自己選過那幅畫。可見我們大腦把做過的決定重新詮釋及美化，已經是一種非常根深柢固的本能了。

以上就是阻礙我們「從錯誤中學習」的三大障礙，分別是：否認（因為我們無法區別錯誤和自我價值）、自我毀滅的行為（就像遊戲參賽者法蘭克或夏普執意嫁給胡特那樣，想翻本卻越陷越深）、自我安慰（亦即吉伯特和塞勒描述的那種阿Q精神，把過去的錯誤硬掰為成功，或是把失敗和成功攪和在一起）。這些障礙該如何克服呢？

旁觀者清，其實你一直都知道

為了「糾正過去」而做傻事（例如嫁給你不久前才為他墮胎的人），一點都不罕見，這是人性使然。真正罕見的，是夏普能在自傳中自我剖析動機，記取教訓，從而變得更堅強。

有些人似乎天生就比較擅長做這些事，臨床流行病學家亞契．考科藍似乎就是這樣的人。他在沒有問自己是否有可能犯錯、萬一犯錯會怎樣，以及有什麼方法可以檢驗自己的做法之前，不會輕易下決定。反之，其他人要學習的是質疑自己。美國陸軍上將大衛・裴卓斯還是個年輕軍官時，就因為死不認錯而聲名狼藉，他的長官傑克・高爾文（Jack Galvin）還特別開導他每個人都會犯錯[23]。

如果我們像夏普或裴卓斯那樣，沒有先天自我質疑的能力，需要後天學習，我們該怎麼做？高爾文要求裴卓斯當他私人的糾察員，指出他的錯誤——這麼做不僅對他自己有利，對當時年輕的裴卓斯來說也是一種隨身教育。裴卓斯後來編寫反叛亂手冊時，也刻意傾聽不同的聲音。當然，不是每個人都能做到知錯能改，比如倫斯斐和克洛斯比就壓抑反對的意見，最後自食惡果。我們身邊都需要一個吹哨子的人，提醒我們犯了「潛在的錯誤」，或是哪些問題將伺機而起。總之，每個人都需要一個肯直言正諫的糾察員，因為大多數的人在自我批判時都不夠坦白。我們需要有人幫我們釐清兩種互相衝撞的念頭：一個是「我不是個失敗者」，一個是「但是我犯了錯」。

我們需要一些這樣的朋友：會挺你，但也會實話實說。夏普稱之為「可信的團隊」（validation squad）。好的朋友會鼓勵你振作，我們時不時會需要這樣的鼓勵，但不是每個朋友都會在你犯錯時指出錯誤。《破浪而出》在芝加哥首演後的隔天早晨，夏普和老搭檔燈光設計師珍妮佛・蒂普頓（Jennifer Tipton）共進早餐。早在一九六五年，兩人在合作夏普的第一齣芭蕾劇《潛水》（*Tank Dive*）時，蒂普頓就曾經質疑夏普的作品。夏普知道這位老友兼工作夥伴會直言不諱，她們一起看那些嚴苛的劇評時，蒂普頓也沒用三明治原則對她，「她沒試著安慰我，她說的是：『你知道他們沒說錯。』」[24]

在夏普「可信的團隊」中，也包括他的兒子傑西，傑西會仔細讀過所有負評，歸納出相似點，並評估哪些批評確實有理。夏普解釋，傑西會「過濾無地放矢的毒舌，專注於有實質內容的批評」。但如果你讀過芝加哥媒體最初對《破浪而出》的劇評，你會發現裡面並沒有譁眾取寵的惡言惡語，那些評論雖然嚴苛，卻都很中肯[25]，並沒有取笑夏普或對她做人身攻擊，不是刻意找碴，有些評論還直接指出哪些地方需要改進。傑西挺身保護母親不受評論傷害，不是因為那些批評帶著惡意。老實說，劇評講的都是事實，但對一般人來說，有時真相可能已經夠狠毒的了。

夏普篩選「可信團隊」成員的標準很簡單，但要達到標準並不容易：「那些人要對自己個人生活的其他領域，有良好的判斷能力。他們要能關心你，願意無條件給你最誠實的意見。」[26]

市場有個被大家忽視的優點：它具備「可信團隊」的多數要件。顧客都很清楚自己的最佳利益，透過買或不買某樣商品，無條件地給出了自己真實的意見。沒錯，市場「不會在乎你」，但是「成交」本身就是對商家的肯定，而且還是來自完全不認識的人，意義自然不同。研究人員發現，個體戶之所以比受雇者快樂，或許原因就在這裡：每做成一筆生意對個體戶來說都是一種肯定，而一般受雇者比較不常獲得這種意見反饋，即使有，也不是那麼有意義[27]。

正如我們在本書中看過的很多例子，當市場測試不存在或不恰當時，我們需要找其他方式來檢驗我們的構想或點子：比如說，霍丹製作了金融壓力的「熱區圖」；麥克馬斯特在卡森堡模擬巴格達場景，讓士兵角色扮演；以及隨機派為反貧窮巧妙設計的隨機試驗等等。至於對個人來說，沒有熱區圖或雙盲試驗可用，甚至有時候你可能還要擔任自己的可信團隊或糾察員。例如，我在寫作時會用的一個簡單方法，把寫好的章節先擱置幾個禮拜後，再用全新觀點重新看一遍，更容易找出瑕疵。此外，有些表演者會錄下自己的表演留待日後觀看，以便製造出必要的距離感，這個距離有兩個面相：一是時間上的距離，讓你以第三者的觀點自我檢討，無論是影片或檔案都是過往成果的客觀紀錄；二是記憶並不可靠，只靠記憶不足以成事。但這類做法有其限制，還是來自他人的誠實建議效果更好。

進化生物學家都知道，自然界的成功都是從失敗而來的：大自然不停在有機體內產生隨機變異，淘汰讓有機體變差的多數變異，只保留讓有機體更好的少數變異。這種過程只要重複的次數夠多，就會出現奇蹟。當你只有三個月的時間把芝加哥的失敗作品扭轉成轟動百老匯的成功作品時，你格外需要一個不費勁的選擇過程，此時夏普的「可信團隊」就很重要。這個團隊不是在旁邊加油打氣而已，還要幫她決定如何修改作品。即便夏普已經大刀闊斧地修改自己的即興創作，還是需要進一步去蕪存菁。既然很多新點子都不可行，就需要動用良好的篩選機制，優秀的「可信團隊」會更好地編輯我們的試驗，遠比我們自己做的還要好。

為你與你的團隊，打造一個失敗的安全空間

約翰．凱的著作《商業的真相》（*The Truth about Markets*）對本書有深遠的影響，他用「有紀律的多元化」（disciplined pluralism）來描述市場運作的方式：探索許多新的點子，但毫不留情地淘汰失敗的點子，無論那些點子是全新的或已沿用數百年。雖然約翰．凱沒有明言，但「有紀律的多元化」也是成功人生的信條。

多元化很重要，因為人生缺乏新的體驗（接觸新朋友、新環境、新挑戰），就毫無意義了。但紀律同樣重要：我們不能把人生當成由一連串新奇體驗組成的隨機旅行。有時候，我們必須把時間精力放在有用的事物上面，例如決定哪些嗜好值得發展成專長；該寫小說的時

候就去寫小說，該讀夜校拿文憑就去讀；或是該結婚時就去結婚。同樣重要的是，有時我們也需要做相反的承諾，以免浪擲生命，比如說，下定決心辭掉糟糕的工作，或是甩掉糟糕的男朋友。

回想一下第一章提到的「適存度地形」，這是一片不斷變化的遼闊地形，裡面有失敗的低谷，以及成功的山峰。進化踩著隨機組合的大躍進和小碎步，在這片地形上探索。大躍進多數都跳進了谷底，但有時會跳到新山脈的山坡上。小碎步則是一步步往上爬，但也許只能爬上小丘頂。

生活中，我們更常注意及崇拜那些大膽躍進的人，比如退休的護理師主動加入無國界醫生組織，隻身前往剛果；再比如同事拿所有積蓄買下薩丁尼亞島的一座小橄欖園。同樣的，在藝術領域裡，我們也會對那些在關鍵時刻徹底改變一切的作品讚嘆不已，比如喬伊斯的《尤利西斯》、畢卡索的「格爾尼卡」（*Guernica*）、艾略特的〈普魯夫洛克的情歌〉（*The Love Song of J. Alfred Prufrock*），或是披頭四的《比伯軍曹寂寞芳心俱樂部》（*Sgt. Pepper's Lonely Hearts Club Band*）。然而，經濟學家大衛・蓋倫森（David Galenson）有不同的觀點，蓋倫森研究創意的生命週期，他收集藝術家、建築師、詩人及作曲家等等推出代表作的時間。我們往往認為所謂的天才都是早慧型，蓋倫森的確看到很多早慧天才的例子，但他也看到同樣多相反的例子。每出現一個像畢卡索、艾略特那種大躍進型的藝術家，就有另一個苦幹型的藝術家在不斷試驗中穩定進步，例如荷蘭畫家皮耶．蒙德里安（Piet Mondrian）及美國詩人羅伯．佛洛斯特（Robert Frost）。佛洛斯特有很多詩作是在五十歲以後寫的，蒙德里安最出色的作品是在七十一歲畫的。蓋倫森認為，當畢卡索、名導奧森．威爾斯（Orson Welles）、畫家賈斯培．瓊斯（Jasper Johns）及音樂家巴布．狄倫（Bob Dylan）從一個制高點飛躍到另一個制高點時，這些苦幹型的藝術家也在緩慢但踏實地精進本身的技藝，逐步攀上顛峰[28]。

無論我們的個人目標是什麼，多數人都應該試著結合這兩種方式。我們都認識這樣的人，他們在一個又一個的山腳下徘徊，看到每座山的景觀都覺得很新奇，但是在開始爬上山以前，又被其他誘人的山峰所吸引，不然就是沒有爬上山的勇氣而自動放棄。反之，我們也認識有些人，他們會花好幾年時間專注征服他遇到的第一座高山。要在這兩種人之間拿捏得宜，並不容易。

對很多人來說，上大學是人生大躍進的一個時刻，大學給了我們一個相對安全的空間，也給了我們一個對的時間去探索性、點子及自我認同。還有哪裡可以像大學的社團那樣，提供無限的機會，讓新血來來去去，自由選擇是否加入產業社團、自由主義社團、戲劇社、巴哈伊社*，甚至是漂流木社。此外，大學生都知道，只要不亂搞或把學生政治玩得太過火，畢業時都能學到很多東西，拿到一張能證明你資格的寶貴證書。所以說，全世界再也找不到比大學更安全的試驗環境了。

相反的，當我們拿到第一份工作後，我們會和一群固定的同事坐在一起，學習特定的技能，展開特定的職業生涯。新工作報到的頭幾個禮拜，你不是有了更多的新選擇，而是需要你關閉其他選擇，只專注於眼前的工作。雖然在很多方面，踏入職場就像踏入校園一樣（比如認識新朋友、接觸新環境、學習新技能），但兩者的本質是不一樣的。不是所有公司都像Google一樣，有類似史丹佛大學研究所那樣隨心所欲的試驗環境，所以能在Google工作，才會被大家所豔羨。

在一般的公司工作，通常會先失去剛進大學的那種興奮感，畢竟職場不是大學，沒有無限的可能等你發崛及放心試驗。但我們不必如此悲觀，因為新的可能性永遠都存在。專注投入是一回事，作繭自縛又是一回事。也許隨著年齡增長，我們越來越沒有勇氣進行試驗，因為我們越來越明白本書所強調的一項真理：在這個複雜的世界，我們不太可能一舉成功。想在日常生活中調適應變，就要接受在過程中跌跌撞撞的事實。所以，這裡要再次重申，**為什麼**很多試驗明知一定會失敗，卻還是值得繼續試驗。這是因為比起被錯誤壓垮，修正錯誤的過程才能讓你真正擺脫困境，即使犯錯當下的感覺並不好受。原因就在於，只要有一次成功的試驗，就足以打造出噴火戰鬥機，或是一個有實際作戰力的反叛亂政策。只要有一次試驗成功，就能讓我們的生活變得更好；而一次的試驗失敗，只要不是一味否認或不甘損失硬拗，就不足以讓生活變得更糟。重要的是要勇於嘗試新事物，不斷變通，直到成果出現，夏普拿到東尼獎就是最好的證明。

試驗可能令人心慌慌，因為我們會不斷犯錯，也不清楚方向是否正確。作家凱薩琳・舒茲（Kathryn Schulz）在《犯錯的價值》（*Being Wrong*）一書中描述，當我們發現自己的根本信念有誤時，內心會感到極度不安[29]。她說那種狀態就像兩三歲的小孩在曼哈頓市中心走失一樣，但事實上，試驗不必然如此。我讀到舒茲那段文字的當天，我三歲的女兒就在倫敦市中心走失了，地點就在泰晤士河南岸，那裡除了禁止汽車通行以外，幾乎跟紐約時代廣場一樣令人眼花繚亂。但是，我女兒完全不覺得，她推開咖啡館的門，開始玩起捉迷藏。事後有目擊者告訴我們這些急瘋的家人，她沿著泰晤士河漫步，在街頭裝置上玩耍，一下子藏到長椅後面，一下子蹦蹦跳跳，探索那個她覺得有趣的地方。她走失的那十分鐘裡，似乎很確定

＊編按：Baha'i是起源於伊朗的一種宗教信仰。

她會找到家人，或是家人會找到她。

迎變，需要的就是這種安心的感覺，相信自己承擔得起失敗的代價。有時候我們需要真正的勇氣，有時候只需要像幼童走失時那種莫名的樂觀就行了。無論信心來自何處，我們都需要擁有冒險一試的意願。少了意願，任何事都不可能真正成功。

附註

第1章　從一台最簡單的麵包機掛掉說起

1 Friedrich von Hayek, *The Fatal Conceit* (Chicago: University of Chicago Press, 1991).

2 http://www.toaster.org/1900.php

3 電話採訪 Thomas Thwaites, 30 June 2009.

4 Eric Beinhocker, *The Origin of Wealth* (London: Random House, 2007),p. 9.

5 Barack Obama, 'Speech at the White House Correspondents' Dinner, 2009'. Available at: http://politicalhumor.about.com/od/barackobama/a/obama-white-house-correspondentstranscript_2.htm

6 Eric Beinhocker, *The Origin of Wealth*, p. 9.

7 Philip E. Tetlock, *Expert Political Judgement* (New York: Princeton University Press, 2005).

8 Louis Menand, 'Everybody's an Expert', *New Yorker* , 5 December 2005.

9 *Business Week*: 'Oops! Who's Excellent Now?', 5 November 1984; Christopher Lorenz, '"Excellence" Takes a Knock', *Financial Times*, 1 November 1984.

10 Leslie Hannah, 'Marshall's "Trees" and the Global "Forest": Were "Giant Redwoods" Different?', in N. Lamoreaux,

341

D. Raff and P. Temin (eds), *Learning by Doing in Markets, Firms and Countries* (London: University of Chicago Press, 1999).

11 《金融時報》全球五百大企業，2008. Available at: http://media.ft.com/cms/8aa8acb8-4142-11dd-9661-0000779fd2ac.pdf

12 Paul Ormerod, *Why Most Things Fail* (London: Faber and Faber, 2005), p. 12.

13 同上, p. 15.

14 Tom Scocca, 'The First Printed Books Came with a Question: What Do You Do with These Things?', *Boston Globe*, 29 August 2010. Available at: http://www.boston.com/bostonglobe/ideas/articles/2010/08/29/cover_story/?page=full

15 Ormerod, *Why Most Things Fail*, p. ix.

16 Eric Beinhocker, *The Origin of Wealth*, p. 333.

17 John Kay, *The Truth about Markets* (London: Penguin Allen Lane, 2003), pp. 101–103.

18 http://www.toaster.org/museum.html

19 進化一直都是時興的議題，在此我採用的是 Eric Beinhocker 著作 *The Origin of Wealth*. 精闢的摘要。

20 參見 Karl Sims, 'Evolving Virtual Creatures'Computer Graphics', *Siggraph '94 Proceedings*, July 1994, pp. 15–22. Available at: http://www.karl-sims.com/papers/siggraph94.pdf. Videos available at: http://www.karlsims.com/evolved-virtual-creatures.html

21 Eric Beinhocker, *The Origin of Wealth*, ch. 9.

22 Paul Ormerod, *Why Most Things Fail*, chapters 9 and 10.

23 Paul Ormerod, *Why Most Things Fail,* ch.11; and Paul Ormerod and Bridget Rosewell, 'How Much Can Firms Know?', Working Paper, February 2004. Available at: http://www.paulormerod.com/pdf/intent6mar03.pdf

24 有關鐵路工頭蓋吉，迪肯大學的 Malcolm McMillan 教授有相當珍貴又完整的資料，可上以下網站取得，http://www.deakin.edu.au/hmnbs/psychol-ogy/gagepage/

25 Loren Graham, *The Ghost of the Executed Engineer: Technology and the Fall of the Soviet Union* (Cambridge, MA: Harvard University Press,1993), pp. 51–5.

26 同上，p. 69.

27 Stephen Kotkin, *Steeltown USSR* (Berkeley: University of California Press, 1991), p. 254.

28 Loren Graham, *The Ghost of the Executed Engineer*, p. 75.

29 同上，p. 46.

30 Andy Warhol, *The Philosophy of Andy Warhol* (New York: Harcourt, 1975), p. 100.

31 Tim Harford, 'How a Celebrity Chef Turned into a Social Scientist', *Financial Times,* 7 November 2009. Available at: http://timharford.com/2009/11/how-a-celebrity-chef-turned-into-a-social-scientist/; and Michele Belot and Jonathan James, 'Healthy School Meals and Educational Achievements', Nuffield College Working Paper. Available at: http://cesswb. nuff.ox.ac.uk/downloads/schoolmeals.pdf

32 參見 James Surowiecki, *The Wisdom of Crowds* (London: Abacus, 2005), pp. 253–4. Surowiecki 書中提到了得出這個結論的兩項研究，但我未能找到精確的引文。

33 Mancur Olson, *Power and Prosperity* (New York: Basic Books, 2000), pp. 138–9.

34 Tim Harford, 'The Poker Machine', *Financial Times*, 6 May 2006. Available at: http://timharford.com/2006/05/the-poker-machine/; and Tim Harford, *The Logic of Life* (New York: Random House, 2008).

35 Gary Smith, Michael Levere and Robert Kurtzman, 'Poker Player Behavior after Big Wins and Big Losses', *Management Science*, Vol. 55, No. 9 (September 2009), pp. 1547–55.

36 Daniel Kahneman and Amos Tversky, 'Prospect Theory: An Analysis of Decision under Risk', *Econometrica*, Vol. 47, No. 2 (1979), p. 287.

37 Thierry Post, Martijn J. Van den Assem, Guido Baltussen and Richard H. Thaler, 'Deal or No Deal? Decision Making under Risk in a Large-Payoff Game Show', *American Economic Review*, Vol. 98, No. 1 (March 2008). Available at: http://ssrn.com/abstract=636508. 另外可參見 Jonah Lehrer, *How We Decide* (Boston, MA: Houghton Mifflin Harcourt, 2009).

38 Terrance Odean, 'Are Investors Reluctant to Realize Their Losses?', *Journal of Finance*, Vol. 53, No. 5 (October 1998), pp. 1775–98. Available at: http://faculty.haas.berkeley.edu/odean/Papers%20current%20versions/AreInvestorsReluctant.pdf.

第 2 章　你牆上，是否也有張通往失敗的路線圖

1 摘錄自 George Packer, 'The Lesson of Tal Afar', *The New Yorker* , 10 April 2006.

2 出自 David Petraeus 媒體採訪稿，*The Washington Post*, 9 February 2010 , http://views.washingtonpost.com/leadership/panelists/2010/02/transcript-genpetraeus.html

3 Thomas Ricks, *The Gamble* (New York: The Penguin Press, 2009), pp. 3–6.

4 'A hard look at Haditha', *New York Times* , 4 June 2006, http://www.nytimes.com/2006/06/04/opinion/04sun1.html

5 Mark Oliver, 'Haditha marine "watched superior kill surrendering civilians"', *Guardian*, 10 May 2007.

6 'Collateral damage or civilian massacre in Haditha?', *Time Magazine*, 19 March 2006, http://www.time.com/time/magazine/article/0,9171,1174682,00.html

7 Thomas E. Ricks, *The Gamble*, pp. 3–6.

8 Thomas E. Ricks, *The Gamble*, chapter 2, and George Packer,'The Lesson of Tal Afar'.

9 國防部長 Donald H. Rumsfeld 及參謀長聯席會議主席 Peter Pace 聯合新聞發布會，29 November 2005, http://www.defense.gov/transcripts/transcript.aspx?transcriptid=1492

10 George Packer, 'The Lesson of Tal Afar'.

11 Eric Schmitt, 'Pentagon contradicts General on Iraq occupation force's size', *New York Times* , 28 February 2003, http://www.nytimes.com/2003/02/28/politics/28COST.html?th; and Thom Shanker, 'New strategy vindicates ex-Army Chief Shinseki', *New York Times* , 12 January 2007, http://www.nytimes.com/2007/01/12/washington/12shinseki.html?_r=1

12 Cloud & Jaffe, *The Fourth Star*, pp. 27–34 & 84–7.

13 同上，pp. 113–14.

14 Thomas E. Ricks, *The Gamble*, pp. 16–17.

15 H.R. McMaster, *Dereliction of Duty* (Harper, 1997), p. 52.

16 Robert McMaster, *Dereliction of Duty*, pp. 88–9.

17 同上，pp. 60, 109.

18 S. E. Asch, 'Effects of group pressure upon the modification and distortion of judgment', in H. Guetzkow (ed.), *Groups, Leadership and Men* (Pittsburgh, PA: Carnegie Press, 1951).

19 S. E. Asch, 'Opinions and social pressure', *Scientific American*, 193 (1955), pp. 31–5.

20 Vernon L. Allen & John M. Levine, 'Social support and conformity: the role of independent assessment of reality', *Journal of Experimental Social Psychology*, vol. 7(1) (Jan. 1971), pp. 48–58.

21 Lu Hong & Scott E. Page, 'Groups of diverse problem solvers can outperform groups of high-ability problem solvers', *Proceedings of the National Academy of Sciences*, vol. 101, no. 46, 16 November 2004, pp. 16385–9, http://www.cscs.umich.edu/~spage/pnas.pdf

22 Robert McMaster, *Dereliction of Duty*, pp. 89–91.

23 同上，p. 324.

24 在此一小節的參考資料主要來自 George Packer, 'The Lesson of Tal Afar'. 其他出處包括 Ricks, *The Gamble;* Cloud & Jaffe, *The Fourth Star;* 以及我自己於 2009 年三月及五月與 H.R. McMaster 的訪談。.

25 George Packer, 'The Lesson of Tal Afar'，另見 Jim Garamone, '"Head Fobbit" works for quality of life at forward operating base', *Armed Forces Press Service*, http://www.defense.gov/news/newsarticle.aspx?id=18520

26 作者採訪 John Nagl, 4 February 2010.

27 George Packer, 'The Lesson of Tal Afar'.

28 Thomas E. Ricks, *The Gamble*, p. 60.

29 H.R. McMaster 的媒體訪談，*Sunday Times*, 'Leaving now not the way out of Iraq', 29 July 2007.

30 Cloud & Jaffe, *The Fourth Star*, pp. 199–200, 207.

31 作者採訪 H.R. McMaster, 18 March 2009.

32 Cloud & Jaffe, *The Fourth Star*, p. 291.

33 http://smallwarsjournal.com/blog/2007/07/contrary-peterprinciple/ and http://www.outsidethebeltway.com/archives/hr_mcmaster_passed_over_-_reverse_peter_principle/

34 Niel Smith & Sean MacFarland, 'Anbar awakens: the tipping point', *Military Review*, 1 March 2008.

35 Thomas E. Ricks, *The Gamble*, pp. 60–72.

36 George Packer, 'Knowing the enemy', *The New Yorker* , 18 December 2006.

37 David Kilcullen 的媒體訪談 *Men's Journal* http://www.mensjournal.com/is-this-any-way-to-fight-a-war/3

38 作者與 Andrew Mackay 將軍的通信 , February 2010.

39 Travis Patriquin, 'How to win the war in Al Anbar by Cpt. Trav', available in various locations online including http://abcnews.go.com/images/us/how_to_win_in_anbar_v4.pdf

40 Andrew Lubin, 'Ramadi from the Caliphate to capitalism', *Proceedings Magazine*, April 2008, http://www.usni.org/magazines/proceedings/story.asp?STORY_ID=1420

41 Cloud & Jaffe, *The Fourth Star*, chapter 7.

42 同上，p. 217.

43 Richard Norton-Taylor & Jamie Wilson, 'US army in Iraq institutionally racist, claims British officer', *Guardian*, 12 January 2006.

44 Thomas E. Ricks, *The Gamble*, pp. 23–5.

45 James Fallows of *The Atlantic*, as described by John Nagl in the *Counterinsurgency Manual* foreword: http://www.press.uchicago.edu/Misc/Chicago/841519foreword.html

46 作者採訪 John Nagl, 4 February 2010.

47 Thomas E.Ricks, *The Gamble*, p. 22.

48 Cloud & Jaffe, *The Fourth Star*, p. 42.

49 Irving Janis, *Victims of Group Think* (Boston: Houghton Mifflin Company, 1972).

50 Cloud & Jaffe, *The Fourth Star*, p. 172.

51 Cloud & Jaffe, *The Fourth Star*, p. 220; and Ricks, *The Gamble*, pp. 24–31.

52 Thomas E.Ricks, *The Gamble*, p. 96, Jack Keane, David Petraeus and Ray Odierno 全程討論如何改變對伊拉克的戰略。

53 作者採訪 John Nagl, 4 February 2010, and Peter Maass, 'Professor Nagl's war', *New York Times* , 11 January 2004, http://www.nytimes.com/2004/01/11/mag-azine/professor-nagl-s-war.html?pagewanted=all

54 作者採訪 Andrew Mackay, May 2009.

55 Michael Ellman, 'Economic calculation in socialist countries', *The New Palgrave Dictionary of Economics*, ed. Steven N. Durlauf & Lawrence E. Blume (Palgrave Macmillan, 2008).

56 Raymond Fisman & Edward Miguel, *Economic Gangsters* (Princeton:Princeton University Press, 2008), pp. 160–7.

57 Eden Medina, 'Designing freedom, regulating a nation: socialist cybernetics in Allende's Chile', *J. Lat. Amer. Stud.* 38 (2006), pp. 571–606, http://www.informatics.indiana.edu/edenm/EdenMedinaJLASAugust2006.pdf

58 Andy Beckett, 'Santiago dreaming', *Guardian*, 8 September 2003, http://www.guardian.co.uk/technology/2003/sep/08/sciencenews.chile

59 Stafford Beer, *The Brain of the Firm* (Chichester: Wiley, 2nd edition, 1981), chapters 16–20.

60 James Kitfield, 'The counter-revolution in military affairs', *National Journal*, 5 December 2009; and Cloud & Jaffe, *The Fourth Star*, p. 171.

61 Cloud & Jaffe, *The Fourth Star*, p. 111.

62 Medina, 'Designing freedom, regulating a nation', pp. 571–606, http://www.informatics.indiand.edu/edenm/EdenMedinaJLASAugust2006.pdf

63 Friedrich A. Hayek, 'The use of knowledge in society', *American Economic Review*, XXXV, no. 4 (September 1945), pp. 519–30, http://www.econlib.org/library/Essays/hykKnw1.html

64 H.R. McMaster, 'On war: lessons to be learned', *Survival* 50:1 (2008), 19–30.

65 H.R. McMaster YouTube訪談記錄片 'ColdWarWarriors', http://www.youtube.com/watch? v=aBG_G678Trg&feature=related

66 Robert Scales, *Certain Victory: The U.S. Army in the Gulf War* (Office of the Chief of Staff, U.S. Army, 1993), chapter 1, and Tom Clancy, *Armoured Cav* (Berkeley Trade, 1994).

67 Raghuram Rajan & Julie Wulf (2003), 'The flattening of the firm', NBER Working Paper 9633.

68 Daron Acemoglu, Philippe Aghion, Claire Lelarge, John van Reenen & Fabrizio Zilibotti, 'Technology, information and the decentralization of the firm', *Quarterly Journal of Economics*, November 2007, and Erik Brynjolfsson & Lorin M.Hitt, 'Beyond computation: information technology, organizational transformation and business performance', *Journal of Economic Perspectives*, vol. 14, No. 4 (Fall 2000).

69 John Nagl 在 King's College London 演講稿，2 February 2010.

70 Cloud & Jaffe, *The Fourth Star*, pp. 146–7.

71 Thomas E.Ricks, *The Gamble*, p. 70.

72 Eli Berman, Jacob N. Shapiro & Joseph H. Felter, 'Can hearts and minds be bought? The economics of counterinsurgency in Iraq', NBER Working Paper no. 14606, December 2008.

73 Fred Kaplan, 'Challenging the generals', *New York Times*, 26 August 2007, http://www.nytimes.com/2007/08/26/magazine/26military-t.html?_r=2&ref=magazine&pagewanted=all&oref=slogin

74 Cloud & Jaffe, *The Fourth Star*, p. 291, and Ricks, *The Gamble*, p. 276. Ricks 表示裴卓斯是於 2007 年十一月搭機飛回五角大廈，而 Cloud & Jaffe 則說是在 2008 年。拔擢案名單則於 2008 年夏天公布。

75 2001 年美國陸軍聯合作戰最高指導信條引述自 H.R. McMaster, 'Centralization vs. decentralization: preparing for and practicing mission command in counterinsurgency operations', in *Lessons for a Long War: How America Can Win on New Battlefields*. 2009 concept is available at: dat"http://www.tradoc.army.mil/tpubs/pams/tp525-3-0.pdf">http://www.tradoc.army.mil/tpubs/pams/tp525-3-0.pdf

76 2009 年美國陸軍聯合作戰最高指導信條的推廣視頻：http://www.vimeo.com/7066453

第 3 章　好點子都是「變」出來的

1 David Pye, *The Nature of Design*, 摘自 Daniel Roth, 'Time your attack', *Wired*, January 2010.

2 Robert Friedel, 'Serendipity is no accident', *The Kenyon Review*, vol. 23, no. 2 (Spring 2001).

3 Leo McKinstry, *Spitfire: Portrait of a Legend* (London: John Murray, 2007), p. 37.

4 同上，p. 47.

5 同上，pp. 3–6.

6 Andrew Roberts, 'Hitler's England: what if Germany had invaded Britain in May 1940?', in Niall Ferguson (ed.), *Virtual History: Alternatives and Counterfactuals* (New York: Basic Books, 1997), p. 284.

7 Leo McKinstry, *Spitfire*, pp. 188–9.

8 Andrew Roberts, 'Hitler's England', pp. 285–6.

9 同上，pp. 310, 320.

10 Leo McKinstry, *Spitfire*, p. 51, and Lawrence H. Officer, 'Purchasing power of British pounds from 1264 to present', MeasuringWorth, 2009, http://www.measuring-worth.com/ppoweruk/

11 Nassim Nicholas Taleb, *The Black Swan* (New York: Random House, 2007).

12 Leo McKinstry, *Spitfire*, p. 12.

13 Richard Dawkins, *The Greatest Show on Earth* (London: Bantam, 2009), pp. 254–73.

14 另見 Richard Florida, 'The world is spiky', *The Atlantic Monthly*, October 2005, my *The Logic of Life* (2008), Matt Ridley's *The Rational Optimist* (2010) and Steven Johnson's *Where Good Ideas Come From* (2010).

15 Leo McKinstry, *Spitfire*, pp.17–18.

16 同上，p. 20.

17 同上，p. 31.

18 同上，p. 29.

19 同上，p. 32.

20 同上，p.194.

21 除了本書所述之外，Tyler Cowen 在 *The Great Stagnation* 一書中 (Dutton, 2011)，提供了更多證據來表明創新趨緩的事實。

22 Chris Anderson, 'In the next industrial revolution, atoms are the new bits', *Wired*, February 2010, http://www.wired.com/magazine/2010/01/ff_newrevolution/

23 Clay Shirky, *Here Comes Everybody* (London: Penguin, 2008).

24 http://www.pbs.org/newshour/bb/health/jan-june01/aids_6-27.html

25 Benjamin F. Jones, Brian Uzzi & Stefan Wuchty, 'The increasing dominance of teams in the production of knowledge', *Science*, May 2007, http://www.kellogg.northwestern.edu/faculty/jones-ben/htm/ResearchframeTeams.htm

26 Benjamin F. Jones, 'Age and great invention', *Review of Economics and Statistics*, forthcoming, http://www.kellogg.

northwestern.edu/faculty/jones-ben/htm/AgeAndGreatInvention.pdf

27 'The making of Elite', *Edge*, 29 May 2009, http://www.edgeonline.com/magazine/the-making-of-elite?page=0%2C0

28 Clive Thompson, 'Learn to let go', *Wired*, January 2010, http://www.wired.com/magazine/2009/12/fail_duke_nukem/all/1

29 'Frontier reveals Elite 4', http://uk.pc.ign.com/articles/092/092218p1.html

30 二十五年是從以政府規格開始正式研發至投入使用計算。資料出處：http://en.wikipedia.org/wiki/F-22_Raptor; Ben Rich & Leo Janos, *Skunk Works* (New York: Sphere, 1994), p. 350; Samuel H. Williamson, 'Six ways to compute the relative value of a U.S. dollar amount, 1790 to present', MeasuringWorth, 2009, http://www.measuringworth.com/uscompare/

31 因為 John Kay 的提醒，我才注意到了 Kahn & Wiener 的預測。The Hudson Institute, *The Year 2000: A Framework for Speculation on the Next 33 Years* , Herman Kahn & Anthony J. Wiener (New York: Macmillan, 1967)。

32 http://www.economist.com/blogs/gulliver/2010/01/what_business_travellers_appreciate_most

33 Murray Aitken, Ernst R. Berndt & David M. Cutler, 'Prescription drug spending trends in the United States', *Health Affairs* Web Exclusive, 16 December 2008.

34 Benjamin F. Jones, 'The burden of knowledge', *Review of Economic Studies*, forthcoming, http://www.kellogg.northwestern.edu/faculty/jones-ben/htm/BurdenOfKnowledge.pdf

35 Bjorn Lomborg, 'We should change tack on climate after Copenhagen', *Financial Times*, 23 December 2009, http://

www.ft.com/cms/s/0/5369f3e8-ef69-11de-86c4-00144feab49a.html

36 Hal Varian, 'A patent that protects a better mousetrap spurs innovation. But what about one for a new way to amuse a cat?', *New York Times*, 21 Octo04, Section C, p. 2; Jeff Hecht, 'Boy takes swing at US patents', *New Scientist*, 17 April 2002; Adam Jaffe & Josh Lerner, *Innovation and its Discontents* (Princeton University Press, 2004).

37 Paul Klemperer, 'America's patent protection has gone too far', *Financial Times*, 2 March 2004.

38 Alex Tabarrok (2002), 'Patent theory versus patent law', Contributions to Economic Analysis & Policy, vol. 1, issue 1, article 9, http://www.bepress.com/bejeap/contributions/vol1/iss1/art9

39 Keith Bradsher with Edmund L. Andrews, 'Cipro', *New York Times*, 24 October 2001, http://www.nytimes.com/2001/10/24/business/24BAYE.html

40 James Kanter, 'Roche offers to negotiate on flu drug', *New York Times* , 19 October 2005, http://query.nytimes.com/gst/fullpage.html?res=9803EEDF123FF93AA25753C1A9639C8B63&sec=health

41 Mario Capecchi深刻動人的自傳可上諾貝爾獎網站下載：http://nobelprize.org/nobel_prizes/medicine/laureates/2007/capec-chi-autobio.html

42 http://www.hhmi.org/research/investigators/

43 霍華休斯醫學研究中心每年撥款七億美元鼓勵研發，2009年全球研發支出為十一億美元。參見 Gautam Naik, 'R&D spending in U.S. expected to rebound', wsj.com, 21 December 2009, sec. Economy, http://online.wsj.com/article/SB10001424052748703344704574610350092009062.html

44 Leo McKinstry, *Spitfire*, pp. 34–5.

45 更多的資料可參閱 Dava Sobel's 的著作 *Longitude* (London: Fourth Estate, 1996).

46 Officer, 'Purchasing power of British pounds', cited above, n. 10.

47 http://en.wikipedia.org/wiki/Nicolas_Appert

48 Maurice Crosland, 'From prizes to grants in the support of scientific research in France in the nineteenth century: The Montyon legacy', *Minerva*, 17(3) (1979), pp. 355–80, and Robin Hanson, 'Patterns of patronage: why grants won over prizes in science', University of California, Berkeley, working paper 1998, http://hanson.gmu.edu/whygrant.pdf

49 Hanson, 'Patterns of patronage'.

50 後續獎項因為引發隱私訴訟而取消。有 Netflix 的用戶聲稱，Netflix 發布的資料未充分保護其個人姓名及隱私，而讓其他人發現她是個女同性戀者。(Ryan Singel, 'Netflix spilled your Brokeback Mountain secret, lawsuit claims', *Wired*, 17 December 2009, http://www.wired.com/threatlevel/2009/12/netflix-privacy-lawsuit/)

51 作者訪談，13 December 2007.

52 'Russian maths genius Perelman urged to take $1m prize', BBC News, 24 March 2010, http://news.bbc.co.uk/1/hi/8585407.stm

53 以先期市場承諾來規劃臨床試驗及疫苗採購的構想出自經濟學家 Michael Kremer，可參見其論文 'Patent buyouts: a mechanism for encouraging innovation', *Quarterly Journal of Economics*, 113:4 (1998), 1137–67; but also see http://www.vaccineamc.org/ and the Center for Global Development's 'Making markets for vaccines', http://www.cgdev.org/section/initiatives/_archive/vaccinedevelopment

54 Medicines Australia, 'Global pharmaceutical industry facts at a glance', p. 3, http://www.medicinesaustralia.com.au/pages/images/Global%20-%20facts%20at%20a%20glance.pdf

55 Amanda Glassman, 'Break out the champagne! The AMC delivers vaccines', Center for Global Development, Global Health Policy blog, 13 December 2 0 1 0 : http://blogs.cgdev.org/globalhealth/2010/12/break-out-the-cham-pagne-the-amcdelivers-vaccines.php

56 THarford, 'Cash for answers', *FT Magazine*, 26 January 2008, http://timhar-ford.com/2008/01/cash-for-answers/

57 Leonard David, 'Brave New World? Next steps planned for private space travel', Space.com 06 October 2004, http://www.space.com/news/beyond_spaceshipone_041006.html

58 Ian Parker, Annals of Aeronautics, 'The X Prize', *The New Yorker*, 4 October 2004; and also see the Discovery Channel footage of SpaceShipOne Flight 15P, for instance at: http://www.youtube.com/watch?v=29uQ6fjEozI

59 Leonard David, 'Brave New World? Next steps planned for private space travel', Space.com 06 October 2004, http://www.space.com/news/beyond_space-shipone_041006.html

第4章　別貪多，做個選擇吧

1 Muhammad Yunus & Alan Jolis, *Banker to the Poor* (London: Aurum Press, 1999), p. 65.

2 Bill Gates, Harvard University Commencement Address, 2007, http://ow.ly/JwQH

3 Yunus & Jolis, *Banker to the Poor*, p. 3.

4 同上，p. 31.

5 'The hidden wealth of the poor', *The Economist*, 3 November 2005, http://www.economist.com/surveys/displaystory.cfm?story_id=5079324; and Tina Rosenberg, 'How to fight poverty: 8 programs that work', *New York Times* , 16 November 2006, http://select.nytimes.com/2006/11/16/opinion/15talkingpoints.html?pagewanted=3&_r=1

6 Yunus & Jolis, *Banker to the Poor*, p. 5.

7 Owen Scott, 'The Playpump III: the challenge of good i n q u i r y ' , http://thoughtsfrommalawi.blogspot.com/2009/11/playpump-iii-challenge-oftaking-photos.html; for the hand-pump versus PlayPump trial, see http://barefooteconomics.ca/2010/04/11/the-playpump-iv-playpump-vs-afridev/

8 凱斯基金會的聲明在此：http://www.casefoundation.org/blog/painful-acknowledgement-coming-short, and Laura Freschi, 'Some NGOs can adjust to failure: the PlayPumps story', 19 February 2010, http://aidwatchers.com/2010/02/some-ngos-can-adjust-to-failure-the-playpumps-story/. Also see the PBS report on PlayPumps, 'Troubled Water', http://www.pbs.org/frontlineworld/stories/southernafrica904/video_index.html

9 班傑明・斯波克醫師的例子取自 *Testing Treatments: better research for better healthcare* by Imogen Evans, Hazel Thornton & Iain Chalmers, with a new foreword by Ben Goldacre, downloadable at http://www.jameslindlibrary.org/testing-treatments.html

10 R.E. Gilbert, G. Salanti, M. Harden & S. See, 'Infant sleeping position and the sudden infant death syndrome: systematic review of observational studies and historical review of recommendations from 1940 to 2002', *International Journal of Epidemiology* (2005), 34:874–87.

11 Jan Baptist van Helmont, *Oriatrike, or Physick Refined The Common Errors Therein Refuted and the Whole Art*

Reformed and Rectified (London: Lodowick Loyd, 1662), p. 526, quoted in Iain Chalmers, 'Comparing like with like', *International Journal of Epidemiology* (2001), 30:1156–64. Note that van Helmont's book was published posthumously. He died in 1644.

12 Evans, Thornton & Chalmers, *Testing Treatments* , p. 3.

13 G. Sutton (2004), 'James Lind aboard Salisbury'. The James Lind Library (www.jameslindlibrary.org).

14 Evans, Thornton & Chalmers, *Testing* Treatments, p. 57.

15 Archie Cochrane with Max Blythe, *One Man's Medicine* (British Medical Journal, 1989), pp. 62–70.

16 Cochrane with Blythe, *One Man's Medicine* , pp. 7, 191–2.

17 同上，pp. 7, 211.

18 同上，p. 82.

19 Esther Duflo's talk at TED, February 2 0 1 0 , http://www.ted.com/talks/esther_duflo_social_experiments_to_fight_poverty.html and author interview, April 2009.

20 Paul Glewwe, Michael Kremer & Sylvie Moulin, 'Many children left behind? Textbooks and test scores in Kenya', NBER Working Paper 13300, August 2007.

21 Paul Glewwe, Michael Kremer, Sylvie Moulin & Eric Zitzewitz, 'Retrospective versus prospective analyses of school inputs: the case of flip charts in Kenya', NBER Working Paper 8018, November 2000.

22 Edward Miguel & Michael Kremer, 'Worms: education and health externalities in Kenya', Working Paper, May 2002.

23 Jeffrey Gettleman, 'Shower of aid brings flood of progress ' , *New York Times* , 8 March 2010, http://www.nytimes.com/2010/03/09/world/africa/09kenya.html

24 Michael Clemens, 'Why a careful evaluation of the Millennium Villages is not optional', *Views from the Center* , 18 March 2 0 1 0 , http://blogs.cgdev.org/globaldevelopment/2010/03/why-a-careful-evaluation-of-themillennium-villages-is-not-optional.php

25 Madeleine Bunting, 'The Millennium Villages project: could the development "wonk war" go nuclear?', Guardian online, Thursday, 4 November 2010, http://www.guardian.co.uk/global-development/poverty-matters/2010/nov/04/millen-niumvillages-sachs-clemens-demombynes?CMP=twt_gu

26 Ian Parker, 'The poverty lab', *The New Yorker* , 17 May 2010, pp. 78–89; 作者採訪 Edward Miguel, 16 March 2010. 另見 Michael Clemens & Gabriel Demombynes, 'When does rigorous impact evaluation make a difference? The case of the Millennium Villages', Center for Global Development Working Paper 225, http://www.cgdev.org/content/publications/detail/1424496/p>

27 作者採訪 Joshua Angrist, March 2010.

28 Benjamin Olken, 'Measuring corruption: evidence from a field experiment in Indonesia', *Journal of Political Economy*, vol. 115, no. 2 (2007), pp. 200–49.

29 Marianne Bertrand, Simeon Djankov, Rema Hanna & Sendhil Mullainathan, 'Obtaining a driving license in India: an experimental approach to studying corruption', Working Paper 2006, http://www.economics.harvard.edu/faculty/mullainathan/files/driving.pdf

30 Esther Duflo & Rema Hanna (2005), 'Monitoring works: getting teachers to come to school', NBER Working Paper No. 11880, http://www.nber.org/papers/w11880.pdf

31 Suresh de Mel, David McKenzie & Christopher Woodruff, 'Returns to capital: results from a randomized experiment', *Quarterly Journal of Economics*, vol. 123 (3) (2008), pp. 1329–72.

32 Dean S. Karlan, Margaret McConnell, Sendhil Mullainathan & Jonathan Zinman, 'Getting to the top of mind: how reminders increase saving', Working Paper, 1 April 2010, http://ssrn.com/abstract=1596281

33 Ian Parker, 'The poverty lab'.

34 世界銀行，'Liberia at a glance', September 2009, http://devdata.worldbank.org/AAG/lbr_aag.pdf

35 控方的指控都在這理：http://www.charlestaylortrial.org/trial-background/who-is-charlestaylor/#four. The testimony of Joseph 'ZigZag' Marzah is reported here: http://www.charlestaylortrial.org/2008/03/13/zigzag-marzah-says-taylor-orderedcannibalism-defense-works-to-discredit-his-testimony/

36 作者2009年二月於紐約採訪 Macartan Humphreys，並於2010年三月及六月電話採訪；James D. Fearon, Macartan Humphreys & Jeremy Weinstein, 'Can development aid contribute to social cohesion after civil war? Evidence from a field experiment in Liberia/block*American Economic Review Papers and Proceedings*, 99:2 (2009), pp. 287–91; and James D. Fearon, Macartan Humphreys & Jeremy Weinstein, 'Development assistance, institution building, and social cohesion after civil war: evidence from a field experiment in Liberia', Center for Global Development Working Paper 194, December 2009.

37 BBC News, 'UN official calls DR Congo "rape capital of the world"', 28 April 2010, http://news.bbc.co.uk/1/hi/

world/africa/8650112.stm

38 Cochrane with Blythe, *One Man's Medicine*, p. 183.

39 Owen Barder, 'What can development policy learn from evolution?', Blog Post, 27 October 2010, http://www.owen.org/blog/4018

40 Ritva Reinikka & Jakob Svensson, 'The power of information: evidence from a newspaper campaign to reduce capture of public funds', Working Paper, http://people.su.se/~jsven/information2006a.pdf

41 Martina Björkman & Jakob Svensson, 'Power to the people: evidence from a randomized field experiment of community-based monitoring in Uganda', *Quarterly Journal of Economics* (forthcoming), http://people.su.se/~jsven/PtP_QJE.pdf

42 César Hidalgo 的研究論文和產品空間圖可上網取得：http://www.chidalgo.com/. Other sources: author interviews with César Hidalgo and Bailey Klinger, summer 2007, and with Ricardo Hausmann, September 2010.

43 'Dying assets', *The Economist*, 30 July 2009, and 'Chilean salmon exports', PREM Notes Technology and Growth Series no. 103, World Bank, October 2005, http://www1.worldbank.org/prem/PREMNotes/premnote103.pdf

44 參見 Dani Rodrik, *One Economics, Many Recipes* (New Jersey: Princeton University Press, 2007), p. 104; Keith Bradsher, 'Once elusive, orchids flourish on Taiwanese production line', *New York Times* , 24 August 2004, http://www.nytimes.com/2004/08/24/business/once-elusive-orchids-flourish-on-taiwaneseproduction-line.html?fta=y&pagewanted=all; and a press release from the Taiwan International Orchid Show 2010, http://www.tios.com.tw/tios_test/eng/5_2taiwan.php

45 Jim Pickard, 'Venture capital fund turned £74m into £5m', *Financial Times*, 9 March 2010, http://www.ft.com/cms/s/0/76859892-2ae1-11df-886b-00144feabdc0.html; and Josh Lerner's opening statement in The Economist debate on Industrial Policy: http://www.econo-mist.com/debate/overview/177/Industrial%20policy

46 Sebastian Mallaby, 'The politically incorrect guide to ending poverty', *The Atlantic*, July/August 2010, http://www.theatlantic.com/magazine/archive/2010/07/the-politically-incorrect-guide-toending-poverty/8134/1/; Wikipedia; Simon Heffer, 'Lübeck: the town that said no to Hitler', *Daily Telegraph*, 2 June 2009, http://www.telegraph.co.uk/travel/citybreaks/5428909/Lübeck-The-town-that-said-no-to-Hitler.html

47 Paul Romer, 'For richer, for poorer', *Prospect*, issue 167, 27 January 2010.

48 David Warsh, 'Learning by doing', *Economic Principals*, 19 July 2009, http://www.economicprincipals.com/issues/2009.07.19/571.html

49 作者採訪 Paul Romer, 20 September 2010.

50 Sean Campbell, 'Metropolis from scratch', *Next American City*, issue 8, April 2005, http://americancity.org/magazine/issue/i08/; and Greg Lindsay, 'Cisco's big bet on New Songdo: creating cities from scratch', *Fast Company*, 1 February 2010, http://www.fastcompany.com/magazine/142/the-new-new-urbanism.html

第5章　真相……很複雜

1 出自 Prince Charles 接受 BBC 採訪內容，October 2005, http://news.bbc.co.uk/1/hi/uk/4382264.stm

2 Professor Leslie Orgel, *The Times*, 6 December 2007, http://www.timesonline.co.uk/tol/comment/obituaries/

article3006557.ece

3 Gabrielle Walker & Sir David King, *The Hot Topic* (Bloomsbury, 2008), pp. 14–18; Wikipedia entry on John Tyndall, http://en.wikipedia.org/wiki/John_Tyndall; & James Rodger Fleming, *Historical Perspectives on Climate Change* (New York: Oxford University Press, 2008), pp. 68–71.

4 政府間氣候變化專門委員會第三次評估報告，表 6.1, http://www.grida.no/publications/other/ipcc_tar/?src=/climate/ipcc_tar/wg1/221.htm#tab61

5 引用 James Rodger Fleming, *Historical Perspectives*, pp. 70–1.

6 '350 science' at 350.org http://www.350.org/about/science; and 'Top climate scientists share their outlook', *FT Magazine*, 20 November 2009.

7 傑夫是我虛構的人物，不過我老婆在 1990 年代初看完高爾的書 *Earth in the Balance* 後真的成了環保人士，可知高爾的訴求真的很能打動人心。

8 Martin Cassidy, 'Tackling problem of belching cows', BBC News website, 3 June 2009, http://news.bbc.co.uk/1/hi/northern_ireland/8078033.stm

9 'The environmental, social and economic impacts associated with liquid milk consumption in the UK and its production', Department for Agriculture and Rural Affairs, December 2007, http://www.defra.gov.uk/foodfarm/food/industry/sectors/milk/pdf/milk-envsoceconimpacts.pdf

10 直接測量水壺的耗電量。

11 這是牛津大學納菲爾德學院的 Elizabeth Baldwin 幫我做的實驗。一千瓦烤麵包機花九十秒烤兩片吐司，每片會產生七克二氧化碳。每片吐司本身有五十二克二氧化碳，而每盎司奶油則有八十克二氧化碳。Elizabeth Baldwin 每片吐司只塗了三克奶油（碳含量有九克。如果是我，奶油會塗得更厚）。所以計算下來，一片烤奶油吐司會產生六十八克的二氧化碳。以上數據來自 Prashant Vaze, *The Economical Environmentalist* (London: Earthscan, 2009) via Elizabeth Baldwin, http://www.eatlowcarbon.org/Carbon-Calculator.html

12 Mike Berners-Lee, *How Bad Are Bananas?* (London: Profile, 2010), p. 86.

13 Vaze, *The Economical* Environmentalist, chapter 3.

14 有一種學派認為只要在畜養時注意氣候變遷的問題，為了環保吃純素就沒必要了。參見 George Monbiot, 'I was wrong about vegan-ism', *Guardian*, 6 September 2010, http://www.guardian.co.uk/commentisfree/2010/sep/06/meat-production-veganismdeforestation

15 *Going Local* 的作者 Michael Shuman 質疑這個數字，他的重點不在於對錯，而在於這個數字是可以改變的。他認為如果英國農民改用更環保的畜牧方法，加上英國的能源更多來自可再生資源，因此英國羊肉的碳足跡會更低。http://www.ethicurean.com/2007/08/10/shuman-on-lamb/.

16 Prashant Vaze, *The Economical Environmentalist,* p. 57.

17 Berners-Lee, *How Bad Are Bananas?*, p. 78.

18 同上，p. 18.

19 a Prius emits 104g/km according to http://cars.uk.msn.com/features/green-motoring/articles.aspx?cp-documentid=147863613 and 89g/km according to http://carpages.co.uk/co2/

20 Tim Harford, 'A marginal victory for the well-meaning environmentalist', *Financial Times Magazine*, 6 February 2010. Also see Justin Rowlatt's blog posts for the BBC at: http://www.bbc.co.uk/blogs/ethicalman/2009/11/why_cars_are_greener_than_buses.html and http://www.bbc.co.uk/blogs/ethical-man/2010/01/justin_piece.html

21 David MacKay, *Sustainable Energy –without the Hot Air* (Cambridge: UIT, 2009), p. 58, Figure 9.3.

22 Brendan Koerner, 'Is a dishwasher a clean machine?', Slate, 22 April 2008, http://www.slate.com/id/2189612; and Berners-Lee, *How Bad Are Bananas?*, p. 63. Berners-Lee 計算排碳量：用手洗碗 540 克至 8000 克，使用攝氏五十度洗碗機洗碗 770 克。要奉行低碳生活，洗碗時可以使用兩個水槽，一個放肥皂水，一個用於清洗，不要讓碗盤接近流動的水。最「揮霍」的洗法是用手洗，再放在洗碗機洗。

23 Berners-Lee, *How Bad Are Bananas?*, p. 84.

24 David MacKay, *Sustainable Energy*, p. 268.

25 同上，p. 70.

26 我假設主電力每小時每瓦特的排碳量約六百克，這個數字在英國及美國是對的，不過對使用水力及核能發電的歐盟來說，這個數字應該是接近三五〇克。(MacKay, *Sustainable Energy*, p. 335).

27 英國碳信託公司，'Product carbon footprinting and labelling: the new business opportunity', October 2008, and author interview with Euan Murray, 4 June 2009.

28 這個數字是 2008 年英國星巴克在宣傳活動時所聲稱的。A 2006 article in *The Economist* ('Face value: staying pure', 23 February 2006, http://www.economist.com/business/displaystory.cfm? story_id=E1_VVQVVJD) put it at 55,000, so the number seems to be rising quite fast.

29 民調數據報告 Vaze, *The Economical Environmentalist* (London: Earthscan, 2009), pp. 8–9. The polls were conducted in the UK in 2007 and each questioned over 2000 adults.

30 http://bioenes=00nl.gov/papers/misc/energy_conv.html. Wikipedia's page on carbon taxes also contains a handy table on the price implications of a carbon tax on different fuels: http://en.wikipedia.org/wiki/Carbon_tax, accessed 3 November 2010.

31 與能源顧問 Tim Crozier-Cole 的一番對話提醒我「默頓法規」及其意料之外的後果。其他參考包括 'Councils aim to enforce microgeneration targets', ENDS Report, 28 August 2009; Bibi van der Zee, 'Renewables rule making green a reality', Guardian Unlimited, 11 December 2007; Vicki Shiel, 'Mayor's city energy policy faces debate', *Planning*, 12 October 2007; 'Golden rule hits backlash', *Planning*, 14 September 2007; Emma Clarke, 'The truth about … the Merton rule', Climate Change Corp, 30 Jan. 2009, http://www.climatechangecorp.com/content.asp? ContentID=5932

32 作者採訪 Geoffrey Palmer, Thursday, 19 November 2009.

33 CAFE 標準，參見 Pinelopi Koujianou Goldberg, 'The effects of the corporate average fuel efficiency standards in the US', *Journal of Industrial Economics*, vol. 46, no. 1 (Mar. 1998), pp. 1–33; Feng An & Amanda Sauer, 'Comparison of passenger vehicle fuel economy and greenhouse gas emissions standards around the world', The Pew Center on Climate Change, pp. 6–7 and Fig. 1, http://www.pewclimate.org/docUploads/Fuel%20Economy%20and%20GHG%20Standards_010605_'Fuel economy fraud: closing the loopholes that increase U.S. oil dependence', Union of Concerned Scientists, 2005, p. 4, http://www.ucsusa.org/assets/documents/clean_vehicles/

exec-utive_summary_final.pdf; and Christopher Knittel, 'Automobiles on steroids', July 2009, NBER Working Paper w15162, http://www.econ.ucdavis.edu/faculty/knittel/papers/steroids_latest.pdf

34 Susanne Retka Schill, 'EU adopts 10 percent m a n d a t e ', *Biodiesel Magazine*, February 2009, http://www.biodieselmagazine.com/article.jsp?article_id=3140; and 'EU in crop biofuel goal rethink', BBC News, 11 Sept. 2008, http://news.bbc.co.uk/1/hi/world/europe/7610396.stm

35 聯合國環境署，'Assessing biofuels', October 2009, http://www.unep.fr/scp/rpanel/pdf/Assessing_Biofuels_Full_Report.pdf, pp. 53–54; John Gapper, 'Corn kernels are no cure for oil junkies', *Financial Times*, 29 January 2007; and Gabrielle Walker, 'Biofuels: the sweet smell of power', *Daily Telegraph*, 12 August 2008.

36 Nicola Rooney & David Sargan, 'Pedigree dog breeding in the UK: a major welfare concern?', a report commissioned by the RSPCA.

37 Alan Gibbs, 'Does tariff protection cost jobs?', speech in Wellington, 25 June 1990, http://www.nzbr.org.nz/documents/speeches/speeches-90-91/tariff-spch.pdf

38 David Popp, 'Induced innovation and energy p r i c e s ' , *American Economic Review*, 92(1), March 2002, pp. 160–80, http://www.jstor.org/stable/3083326

39 George Monbiot, 'I was wrong about veganism', *Guardian,6* September 2010, http://www.guardian.co.uk/commentis-free/2010/sep/06/meat-production-veganismdeforestation

40 'Quest to make cattle fart like marsupials', *The Age*, 7 December 2007, http://www.theage.com.au/news/climate-watch/quest-to-make-cattle-fartlike-marsupi-als/2007/12/06/1196812922326.html

第6章　讓自己有「失敗的實力」

1 John Maynard Keynes, 'The Great Slump of 1930', first published London, *The Nation & Athenæum*, issues of 20 and 27 December 1930, http://www.gutenberg.ca/ebooks/keynes-slump/keynes-slump-00-h.html

2 BBC, *On This Day*, http://news.bbc.co.uk/onthisday/hi/dates/stories/july/6/newsid_3017000/3017294.stm; Piper Alpha Wikipedia page, http://en.wikipedia.org/wiki/Piper_Alpha; The Fire and Blast Information Group, http://www.fabig.com/Accidents/Piper+Alpha.htm

3 John Kay, 'Same old folly, new spiral of risk', *Financial Times*, 14 August 2007, http://www.johnkay.com/2007/08/14/same-old-folly-new-spiral-of-risk/ and personal communication with an insurance lawyer.

4 已有不少研究人員及作家研究或評論金融與工業事故的關聯，包括 Stephen J. Mezias, 'Financial Meltdown as Normal Accident: The Case of the American Savings and Loan Industry', *Accounting Organizations & Society*, 18: 181–92 (1994); James Reason, *Managing the Risks of Organizational Accidents* (Ashgate Publishing Limited, 1997); Charles Perrow, *Normal Accidents*, second edition (Princeton: Princeton University Press, 1999); Andrew Lo, 'The Three P's of Total Risk Management', *Financial Analysts Journal*, 55 (1999), 13–26; Richard Bookstaber, *A Demon of Our Own Design* (New Jersey: Wiley & Sons, 2007) and James Surowiecki, 'Bonds Unbound', *The New Yorker* (11 February 2008).

5 作者採訪 James Reason, February 2009.

6 Charles Perrow, *Normal Accidents* (Princeton: Princeton University Press, 1999; first edition published by Basic Books, 1984).

7 作者採訪 Charles Perrow, 25 February 2010.

8 A.M. Dowell III & D.C. Hendershot, 'No good deed goes unpunished: case studies of incidents and potential incidents caused by protective systems', *Process Safety Progress* 16, 3 (Fall 1997), pp. 132–9.

9 Charles Perrow, *Normal Accidents*, pp. 50–4.

10 Gillian Tett, *Fool's Gold* (London: Little, Brown, 2009), pp. 51–6.

11 John Lanchester, *Whoops!* (London: Allen Lane, 2010), p. 65.

12 參見 See Steven Peterson, George Hoffer, & Edward Millner, 'Are drivers of air-bag-equipped cars more aggressive? A test of the offsetting behavior hypothesis', *Journal of Law & Economics*, University of Chicago Press, vol. 38(2) (October 1995), pp. 251–64.「佩茲曼效應」（Peltzman effect）的另一種觀點見 Alma Cohen 和 Liran Einav,'The effects of mandatory seat belt laws on driving behavior and traffic fatalities', Discussion Paper No. 341, Harvard Law School, November 2001, http://www.law.harvard.edu/programs/olin_center/papers/pdf/341.pdf

13 James Surowiecki, 'Bonds unbound', *The New Yorker* , 11 February 2008; and Aline van Duyn, 'Banks and bond insurers ponder CDS costs', *Financial Times*, 24 June 2008, http://www.ft.com/lepo/0/f6e40e9a-4142-11dd-9661-0000779fd2ac,dwp_uuid=b6abe56e-d0c2-11dc-953a-0000779fd2ac,s01=1.html

14 Charles Perrow, *Normal Accidents*, chapter 1; and Trevor Kletz, *An Engineer's View of Human Error* (Rugby, Warwickshire: Institution of Chemical Engineers, 2001; first edition published 1985).

15 Richard Bookstaber, *A Demon of Our Own Design* (New Jersey: Wiley & Sons, 2007), pp. 149–50.

16 Charles Perrow, *Normal Accidents*, chapter 1; and John G. Kemeny, 'President's Commission: the need for change: the legacy of TMI', October 1979, Overview, http://www.threemileisland.org/resource/item_detail.php?item_id=00000138

17 作者採訪 Philippe Jamet, 24 March 2010.

18 Andrew Ross Sorkin, *Too Big to Fail* (London: Allen Lane, 2009), pp. 235–7.

19 同上，p. 372.

20 Squam Lake Working Group on Financial Regulation, 'A new information infrastructure for financial markets', February 2009, http://www.cfr.org/publication/18568/new_information_infrastructure_for_financial_markets.and Andrew Haldane, 'Rethinking the financial network', speech given on 28 April 2009 to the Financial Student Association in Amsterdam, http://www.bankofengland.co.uk/publications/speeches/2009/speech386.pdf, and author interview with Andrew Haldane, August 2010.

21 雷曼兄弟在歐洲破產的說法，我更信賴 Jennifer Hughes 的精闢研究，詳見 'Winding up Lehman Brothers', *FT Magazine*,8 November 2008, http://www.ft.com/cms/s/2/e4223c20-aad1-11dd-897c-000077b07658.html

22 Andrew Haldane, 'The $100 billion question', speech given at Institute of Regulation & Risk, Hong Kong, 30 March 2010, http://www.bankofengland.co.uk/publications/speeches/2010/speech433.pdf

23 Jane Croft, 'Definition on Lehman client money sought', *Financial Times*, 10 November 2009; and Anousha Sakoui & Jennifer Hughes, 'Lehman creditors face long delays', *Financial Times*, 14 September 2009.

24 Henny Sender & Jeremy Lemer, '"epo 105" accounting in focus', *Financial Times*, 12 March 2010, http://www.

ft.com/cms/s/0/1be0aca2-2d79-11df-a262-00144feabdc0.html

25 Sakoui & Hughes, 'Lehman creditors'.

26 Andrew Haldane, 'The $100 billion question'.

27 BBC News, 'Sparrow death mars record attempt', 19 November 2005, http://news.bbc.co.uk/1/hi/world/europe/4450958.stm; and embedded video a t http://news.bbc.co.uk/player/nol/newsid_4450000/newsid_4452600/4452646.stm?bw=bb&mp=wm&news=1&bbcws=1

28 'Reforming capital requirements for financial institutions', Squam Lake Working Group Paper, April 2009, http://www.cfr.org/content/publications/attachments/Squam_Lake_Working_ Paper2.pdf

29 Lex, 'CoCo bonds', *Financial Times*, 11 November 2009, http://www.ft.com/cms/s/3/d7ae2d12-ced1-11de-8812-00144feabdc0.html; Gillian Tett, 'A staple diet of CoCos is not the answer to bank failures', *Financial Times*, 13 November 2009, http://www.ft.com/cms/s/0/d791f38a-cff4-11de-a36d-00144feabdc0.html; and interview with Raghuram Rajan, July 2010.

30 'Improving resolution options for systemically relevant financial institutions', Squam Lake Working Group Paper, October 2009, http://www.cfr.org/content/publications/attachments/Squam_Lake_Working_Paper7.pdf

31 Willem Buiter, 'Zombie solutions: good bank vs. bad bank approaches', VoxEU, 14 March 2009, http://www.voxeu.org/index.php?q=node/3264; Robert Hall & Susan Woodward, 'The right way to create a good bank and a bad bank', VoxEU, 24 February 2009; Tim Harford, 'A capital idea to get the banks to start lending again', *FT Magazine*, 4er, 09, http://timharford.com/2009/04/a-capital-idea-to-get-the-banks-to-start-lending-again/

32 John Kay, 'The reform of banking regulation', 15 September 2009, http://www.johnkay.com/2009/09/15/narrowbanking/; 以及作者的訪談 , September 2010.

33 John Kay, 'Why too big to fail is too much for us to take', *Financial Times*, 27 May 2009, http://www.johnkay.com/2009/05/27/why-%E2%80%98too-big-to-fail%E2%80%99-is-too-much-for-us-to-take/

34 Leo Lewis, 'Exchange chief resigns over "fat finger" error', *The Times*, 21 December 2005, http://business.timesonline.co.uk/tol/business/markets/japan/article775136.ece

35 Alexander Dyck, Adair Morse & Luigi Zingales, 'Who blows the whistle on corporate fraud?', European Corporate Governance Institute Finance Working Paper No. 156/2007, January 2007, http://faculty.chicago booth.edu/finance/papers/Who%20Blows%20The%20Whistle.pdf

36 HBOS Whistleblower Statement: http://news.bbc.co.uk/1/hi/uk_politics/7882581.stm; and Paul Moore's interview on the Radio 4 documentary *The Choice*, Tuesday, 9 November 2009.

37 保羅・摩爾將 HBOS 告到了勞工法庭，後來雙方和解，和解條款包括一條噤聲令。

38 克洛斯比的辯論全文可以上網查閱，here: http://news.bbc.co.uk/1/hi/business/7883425.stm

39 Brian Trumbore, 'Ray Dirks v. the SEC', http://www.buyandhold.com/bh/en/education/history/2004/ray_dirks.html; and Ronald Soble & Robert Dallos, *The Impossible Dream* (New York: G.P. Putnam's Sons, 1975).

40 John Gapper, 'King Lear proves the point: listen to that whistleblower', *Financial Times*, 14 February 2009, http://www.ft.com/cms/s/0/09a0a19c-fa07-11dd-9daa-000077b07658.html

41 保羅・摩爾的訪談內容，*The Choice*, 9 November 2009.

42 David Kocie-niewski, 'Whistle-blowers become investment option for hedge funds', *New York Times* , 19 May 2010, http://www.nytimes.com/2010/05/20/business/20whistleblower.html?pagewanted=all

43 BBC News, 'Time-line: The Bank of Scotland', http://news.bbc.co.uk/1/hi/scotland/7620761.stm; Robert Peston, 'Lloyds to buy HBOS', 17 September 2008, http://www.bbc.co.uk/blogs/thereporters/robertpeston/2008/09/lloyds_to_buy_hbos.html; and BBC News, 'UK Banks receive £37bn bail-out', http://news.bbc.co.uk/1/hi/business/7666570.stm

44 Ben Casselman, 'Gulf rig owner had rising tally of accidents', *Wall Street Journal,10* May 2010. http://online.wsj.com/article/SB10001424052748704307804575234471807539054.html

45 'Blowout: the Deep-water Horizon disaster', *CBS 60 Minutes*, 16 May 2010, http://www.cbsnews.com/stories/2010/05/16/60minutes/main6490197.shtml

46 David Hammer, 'Rig's blowout preventer last inspected in 2005', *Times-Picayune*, 26 May 2010, http://www.nola.com/news/gulf-oilspill/index.ssf/2010/05/hearings_rigs_blowout_prevente.html

47 Ian Urbina, 'Documents show early worries about safety of rig', *New York Times* ,29 May 2010, http://www.nytimes.com/2010/05/30/us/30rig.html?_r=1

48 Julie Cart & Rong-Gong Lin II, 'BP testimony: officials knew of key safety problem on rig', *Los Angeles Times*, 21 July 2010, http://articles.latimes.com/2010/jul/21/nation/la-na-oil-spill-hearings-20100721

49 Casselman, 'Gulf rig ownehad rising tally of accidents'.

50 Elena Bloxham, 'What BP was missing on Deepwater Horizon: a whistleblower', *CNN Money*, http://money.cnn.

com/2010/06/22/news/companies/bp_horizon_macondo_whistleblower.fortune/index.htm. Transocean defended its safety record.

第7章　如果你是孔雀魚

1 Gary Hamel with Bill Breen, *The Future of Management* (Harvard Business Press, 2007), p. 130.
2 Cory Doctorow, 'How to prototype and iterate for fun and profit', 9 November 2010, http://www.bomg-boing.net/2010/11/09/howto-prototypeand.html
3 Richard Dawkins, *The Greatest Show on Earth* (London: Bantam Press, 2009), pp. 135–9, and http://highered.mcgrawhill. com/sites/dl/free/0072437316/120060/evolution_in_action20.pdf
4 Whole Foods Presentation at Jeffries 2010 Global Consumer Conference, 22 June 2010, http://www.wholefoodsmarket.com/pdfs/jefferieswebcast.pdf
5 The description of many of the management practices: Hamel with Breen, *Future of Management*, chapter 4.
6 Timpson 網站連結 July 2010, http://www.timpson.co.uk/
7 關於 Timpson 連鎖店的管理方法及董事長 John Timpson 的訪談，參考自 *In Business: Hell for Leather*, broadcast Thursday, 7 August 2009, 8.30 pm, BBC Radio 4, http://www.bbc.co.uk/programmes/b00lvlv3
8 John Kay, 'Too big to fail? Wall Street, we have a problem', *Financial Times*, 22 July 2009, http://www.johnkay.com/2009/07/22/too-big-tofail-wall-street-we-have-a-problem/
9 Glynn Davis, 'Interview with James Timpson', *HR Magazine*, 4 January 2010, http://www.hrmagazine.co.uk/

news/9749k/"iew-Top-Interview-James-Timpson-managing-director-Timpsons/

10 Hamel with Breen, *Future of Management*, p. 119.

11 Ken Auletta, *Googled* (London: Virgin Books, 2010), p. 71.

12 Hamel with Breen, *Future of Management*, pp. 88–92.

13 作者造訪 Hinkley Point 核電廠，22, July, 2010.

14 Auletta, *Googled*, p. 95.

15 Hamel with Breen, *Future of* Management, p. 115.

16 Ken Auletta, *Googled*, p. 18; 及 Google 網站，'What's it like to work in Engineering, Operations, & IT?'

17 Ken Auletta, *Googled*, p. 286.

18 'Creative tension', *The Economist*, 19 September 2009, pp. 80–1.

19 Hamel with Breen, *Future of Management*, p. 108.

20 同上，chapter 5.

21 同上，pp. 90–1.

22 同上，p. 104.

23 Jason Hiner, 'The five worst tech products of 2009', *TechRepublic*, 14 December 2009, http://blogs.techrepublic.com.com/hiner/?p=3430

24 Kevin Maney, 'What scares Google', *The Atlantic*, September 2009, p. 28.

25 Ian Ayres, *Supercrunche* (London: John Murray, 2007), p. 54.

26 Stefan H. Thomke, *Experimentation Matters* (Harvard Business School Press, 2003), chapter 3.

27 Stefan H.Thomke, *Experimentation Matters*, p. 24.

28 A. Millard, *Edison and the Business of Innovation* (Baltimore: Johns Hopkins University Press, 1990), p. 40, cited in Thomke, *Experimentation Matters*.

29 Stefan H. Thomke, *Experimentation Matters*, pp. 40–1

30 Stefan H. Thomke, *Experimentation Matters*, pp. 36–88; and Malcolm Gladwell, 'The treatment', *The New Yorker*, 17 May 2010.

31 Dan Ariely, 'Why businesses don't experiment', *Harvard Business Review*, April 2010, http://hbr.org/2010/04/column-why-businesses-dontexperiment/ar/1

32 Clayton M. Christensen, *The Innovator's Dilemma* (Harvard Business School Press, 1997).

33 Ben Rich & Leo Janos, *Skunk Works* (Little, Brown, 1994).

34 Clayton M. Christensen, *The Innovator's Solution* (Harvard Business School Press, 2003), p. 198.

35 Richard Branson, *Business Stripped Bare* (Virgin Books, 2008), pp. 169–214.

36 anonymous officer quoted in John Nagl, *Learning to Eat Soup with a Knife* (University of Chicago Press, 2005), p. 172.

第 8 章　親愛的，請給我「放心失敗的感覺」

1 摘自志村五郎的 'Andrew Wiles and Fermat's Last Theorem', MarginalRevolution.com, 29 August 2010, http://www.marginalrevolution.com/marginalrevolution/2010/08/andrew-wiles-and-fermatslast-theorem.html

2 Tristan Tzara, *The Dada Manifesto*, 1918.

3 Hedy Weiss, 'Good music, flashy moves can't fill emotional void', *Chicago Sun- Times*, 21 July 2002.

4 Michael Phillips, '"Movin' Out"? Maybe not; Broadway-bound Tharp-Joel show has to get acts together', *Chicago Tribune*, 22 July 2002.

5 Cathleen McGuigan, 'Movin' to Broadway: Twyla Tharp heads uptown with Billy Joel', *Newsweek*,28 October 2002.

6 Linda Winer, 'Top secret? Get out of town!', *Newsday*, 11 August 2002.

7 Robin Pogrebin, 'How Twyla Tharp turned a problem in Chicago into a hit on Broadway', *New York Times*, 12 December 2002.

8 同上

9 Anna Kisselgoff, 'The story is in the steps', *New York Times*, 25 October 2002.

10 Michael Phillips, 'Manhattan transfers successful and not so', *Los Angeles Times*, 20 December 2002.

11 Twyla Tharp and Mark Reiter, *The Creative Habit: Learn it and Use it for Life* (New York: Simon & Schuster, 2003), p. 213.

12 Tharp & Reiter, *The Creative Habit*, p. 99.

13 Tharp & Reiter, *The Creative Habit*, p. 218.

14 Leon Festinger & James M. Carlsmith, 'Cognitive consequences of forced compliance', *Journal of Abnormal and Social Psychology*, 58 (1959), 203–10.

15 Carol Tavris & Elliot Aronson, *Mistakes Were Made (But Not by Me)* (London: Pinter & Martin, 2008), p. 150.

16 Kathryn Schulz, *Being Wrong: Adventures in the Margin of Error* (London: Portobello, 2010), pp.233–8.

17 Tavris & Aronson, *Mistakes Were Made*, p.130.

18 Twyla Tharp, *Push Comes to Shove* (New York: Bantam, 1992), p. 82.

19 同上，p. 84.

20 同上，p. 98.

21 M. D. Lieberman, K. N. Ochsner, D. T. Gilbert, & D. L. Schacter, 'Do amnesics exhibit cognitive dissonance reduction? The role of explicit memory and attention in attitude change', *Psychological Science*, 12 (2001), 135–40.

22 Dan Gilbert at TED, February 2004, http://www.ted.com/talks/dan_gilbert_asks_why_are_we_happy.html

23 David Cloud & Greg Jaffe, *The Fourth Star* (New York: Crown, 2009), p. 43.

24 Tharp & Reiter, *The Creative Habit*, p. 221.

25 Reviews by Hedy Weiss, Michael Phillips & Sid Smith, references above.

26 Tharp & Reiter, *The Creative Habit*, p. 229.

27 Andrew Oswald, 'What is a happiness equation?', May 2006, http://www2.warwick.ac.uk/fac/soc/economics/staff/academic/oswald/happinessformula06.pdf

28 Tim Harford, 'What really counts', *FT Magazine*, 28 January 2006, http://timharford.com/2006/01/what-really-counts/; Malcolm Gladwell, 'Late bloomers', *The New Yorker* , 20 October 2008, http://www.gladwell.com/2008/2008_10_20_a_latebloomers.html; David Galenson, *Old* Masters and Young Geniuses: The Two Life Cycles of Artistic Creativity (Princeton University Press, 2005).

29 Kathryn Schulz, *Being Wrong*.

國家圖書館出版品預行編目（CIP）資料

迎變世代：臥底經濟學家，教你用失敗向成功對齊 / 提姆．哈福特（Tim Harford）著；洪慧芳譯．-- 初版．-- 臺北市：早安財經文化，2018.10
面；　公分．--（早安財經講堂；82）
譯自：Adapt : why success always starts with failure
ISBN 978-986-83196-2-2(平裝)

1. 成功法　2. 生活指導

177.2　　107016693

早安財經講堂 82

迎變世代

臥底經濟學家，教你用失敗向成功對齊

Adapt

Why Success Always Starts With Failures

作　　者：提姆．哈福特（Tim Harford）
譯　　者：洪慧芳
特約編輯：莊雪珠
封面設計：Bert.design
行銷企畫：楊佩珍、游荏涵

發 行 人：沈雲驄
發行人特助：戴志靜、黃靜怡
出版發行：早安財經文化有限公司
台北市郵政 30-178 號信箱
電話：(02) 2368-6840　傳真：(02) 2368-7115
早安財經網站：www.goodmorningnet.com
早安財經粉絲專頁：http://www.facebook.com/gmpress

郵撥帳號：19708033　戶名：早安財經文化有限公司
讀者服務專線：(02)2368-6840　服務時間：週一至週五 10:00~18:00
24 小時傳真服務：(02)2368-7115
讀者服務信箱：service@morningnet.com.tw

總 經 銷：大和書報圖書股份有限公司
電話：(02)8990-2588
製版印刷：中原造像股份有限公司
初版 1 刷：2018 年 10 月

定　　價：420 元
I S B N：978-986-83196-2-2（平裝）